新编中等职业教育
旅游类专业系列教材

酒店管理实务

主　编　蒋卫平

副主编　解旭岚　刘　强

重庆大学出版社

内 容 提 要

本书以中等职业学校酒店服务与管理专业学生为主要对象,重点阐述了酒店管理概论、酒店管理的基础理论、酒店营业部门的运行与协作、酒店设备管理和酒店安全管理五大方面。本书内容翔实,观点新颖,有较多相关链接和案例分析,也可作为酒店员工参加行业资格考试等的参考用书。

图书在版编目(CIP)数据

酒店管理实务/蒋卫平主编.—重庆:重庆大学出版社,
2008.7(2024.7 重印)
(新编中等职业教育旅游类专业系列教材)
ISBN 978-7-5624-4394-0

Ⅰ.酒… Ⅱ.蒋… Ⅲ.饭店—企业管理—专业学校—教
材 Ⅳ.F719.2

中国版本图书馆 CIP 数据核字(2008)第 014797 号

新编中等职业教育旅游类专业系列教材

酒店管理实务

主 编 蒋卫平
副主编 解旭岚 刘 强
责任编辑:马 宁 李 谦 版式设计:马 宁
责任校对:秦巴达 责任印制:张 策

*

重庆大学出版社出版发行
出版人:陈晓阳
社址:重庆市沙坪坝区大学城西路 21 号
邮编:401331
电话:(023) 88617190 88617185(中小学)
传真:(023) 88617186 88617166
网址:http://www.cqup.com.cn
邮箱:fxk@cqup.com.cn(营销中心)
全国新华书店经销
重庆市正前方彩色印刷有限公司印刷

*

开本:720mm×960mm 1/16 印张:14 字数:256 千
2008 年 7 月第 1 版 2024 年 7 月第 11 次印刷
印数:15 501—16 500
ISBN 978-7-5624-4394-0 定价:39.00 元

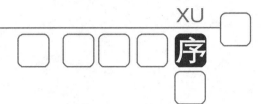

  随着现代经济的发展,旅游业已成为全球经济中发展势头最强劲和规模最大的产业之一。在 1996—2006 年的 10 年时间里,全世界旅游业保持着良好的发展态势,国际旅游接待人数与国际旅游收入的年均增长率分别为 4.6%,6.1%。2006 年全球接待国际游客总数达到 8.42 亿人,同比增长 4.5%。全球旅游业的发展达到了一个前所未有的高度。根据世界旅游组织预测,从现在起到2020 年,全球国际旅游人数年增长率可望保持在 4% 的水平,旅游业发展前景将继续展现出良好发展态势。

  在中国,旅游业已成为经济发展的支柱性产业之一。自 1996 年以来中国旅游业的增幅保持在 10% 左右,高于全球增幅 3～5 个百分点,在国民经济中占有一席之地。据预测,到 2015 年,中国旅游业增加值可达 2 万亿元,约占 GDP 的4.8%;旅游业约占服务业增加值的 11%;旅游直接与间接就业总量将达 1 亿人左右。根据中国旅游业快速发展的态势,世界旅游组织预测中国将成为世界第一旅游大国的时间,已由 2020 年提前到 2015 年。

  在全球旅游业快速发展的推动下,在中国旅游业强劲发展势头的带动下,在国家大力发展职业教育的号召下,旅游职业教育的提升与更新亦呼之欲出,尤其在中国旅游业迎来了行业发展的提升期之际,由拥有良好旅游资源的中西部地区的旅游职业学校共同推出的这套系列教材,无疑将对中国旅游职业教育的发展和旅游人才的培养产生深远的意义。

  该套教材坚持以就业为导向、以人的全面发展为中心,既注重了内容的实用性和方法的可操作性,又对教学资源进行了立体化开发,使教与学更加灵活,体现了旅游业发展的实际要求,是一套理论与实际相结合的旅游专业教材,也是旅游工作者的重要参考书。

  值此套教材出版之际,欣然为之作序。

2008 年 2 月

　　根据国家大力发展中等职业教育、满足中等职业学校酒店服务与管理专业教育的需要,在重庆大学出版社的策划下,我们编写了中职旅游教育的系列教材之一《酒店管理实务》。本教材以现代酒店业管理过程为主线,揭示现代酒店业经营管理的基本规律和基本方法,是旅游及酒店管理专业的一门重要专业课程。

　　目前,国家越来越重视中职教育,每年将增加 100 万人的招生数;全国有 20 多个省市自治区将旅游业作为本省的支柱产业或重点发展的产业,尤其是中西部地区,旅游资源丰富,旅游教育得到迅速发展和提升。经过近两年的时间准备,重庆大学出版社以中等职业学校一线的专业教师为主,规划编写一套切合中等职业教育的旅游服务类专业教材。本着这一编写指导思想,《酒店管理实务》编写组成员博众家之长,注重理论联系实践,体现教材的时代特色,尽可能避免与其他专业课程的冲突,并力求酒店管理体系的完整性,充分体现中职学生培养目标,使学生能够全面理解和掌握酒店管理基本规律和实践方法。本教材主要对象是旅游服务类中职学生,也可以作为成人专科、自学考试教材和旅游酒店初中级管理人员的培训教材,建议教学学时为 36 节。

　　本教材由蒋卫平任主编,解旭岚、刘强任副主编。各章节编写人员如下:第 1 章由四川省旅游学校解旭岚编写,第 2 章由四川省旅游学校蒋卫平编写,第 3 章由湖北省旅游学校刘强编写,第 4 章由四川省旅游学校熊鸣忠编写,第 5 章由湖北省旅游学校唐文编写。蒋卫平负责教材提纲的设计和教材的统稿工作。

　　在教材编写过程中,编者参考了许多相关的资料和信息,在书后一一列出参考资料书目,在此表示衷心感谢。由于编者的水平和时间有限,书中难免存有不足之处,敬请广大读者和专家们批评指正。

编　者

2008 年 1 月 10 日

第 1 章
酒店管理概述

【本章导读】

本章概述了酒店的基本概念和酒店业发展概况,通过本章学习,使读者了解酒店的含义、作用、类型和等级,熟悉酒店产品的含义和构成以及中、外酒店的发展简史,并掌握中外著名酒店集团的发展经营现状。

【关键词汇】

酒店含义　酒店作用　酒店类型　酒店等级　酒店产品　酒店简史　酒店集团

【案例导入】

假日酒店的创始

1951 年,美国房地产富商凯蒙·威尔逊带领全家驾车到华盛顿度假旅行,然而,一路上他们常为寻找住处焦急。当时大多数汽车旅馆设施低劣,价格昂贵且无舒适可言。最令他们苦恼的是,这些旅馆的房间狭小,卫生间条件差,很多旅馆还没有餐厅。这的确是一次"花钱买罪受"的旅行,就连他的老母亲也抱怨不已。凯蒙憋了一肚子气,在途中就表示,等他一回到孟菲斯,马上就自己建一家汽车旅馆。

汽车旅馆是在 20 世纪 20 年代首先在美国出现的简易客栈,从汽车营地发展起来的。凯蒙从他那次不愉快的旅行中悟出了:时代变了,旅游度假活动一定会迅速发展起来。1952 年他投资 30 万美元在通向田纳西州孟菲斯城的"夏天大道"上建成了一个拥有 120 个房间的汽车旅馆。设计师埃迪·鲁斯汀完成设计后,顺手在设计图下面写下了"假日酒店"的字样,这个名字是他在头一天晚上,从一个好莱坞的老罗斯比电影中看到的。没想到这个名字正中凯蒙的下怀,因为这个名字给人以"在家庭小客栈中温馨度假"的感觉。一个未来世界最大的酒店联号的名字就这样产生了。假日酒店定位于"中等价格、高标准服务",很快就吸引了占当地市场总量65%的中等价格市场的客人。当时,市场上几乎

没有中等价格的酒店,因此假日酒店的成功顺理成章。随后的两年时间里,他又建成了3家同样的汽车旅馆。到今天,假日酒店在全球拥有了1 500多家酒店。

1.1　酒店的含义与分类

1.1.1　酒店的含义及其作用

1)酒店的含义

现代酒店在英文中用"Hotel"表示,但酒店一词原本起源于法语,原指法国贵族在乡下招待贵宾的别墅。酒店一词的解释可追溯到两千多年以前。1800年出版的《国际词典》一书中对酒店这样解释:酒店是为大众准备住宿、饮食与服务的一种建筑或场所。即是给宾客提供歇宿和饮食的场所。从广义的概念来讲,酒店是指在功能要素和企业要素达到国家标准、能够为宾客提供住宿、饮食、购物、娱乐等综合性服务的企业。

根据我国2003年国家颁布的中华人民共和国国家标准《旅游饭店星级的划分与评定》(GB/T 14308—2003)正式规定,旅游酒店(tourist hotel)是"能够以夜为时间单位向旅游客人提供配有餐饮及相关服务的住宿设施。按不同习惯它也被称为宾馆、酒店、旅馆、旅社、宾舍、度假村、俱乐部、大厦、中心等。"

国外的一些权威词典是这样给酒店下定义的:

酒店一般地说是为公众提供住宿、膳食和服务的建筑与机构。(《利尔百科全书》)

酒店是在商业性的基础上向公众提供住宿也往往提供膳食的建筑物。(《大不列颠百科全书》)

酒店是装备完好的公共住宿设施,它一般都提供膳事、酒类以及其他服务。(《美利坚百科全书》)

酒店是提供住宿、膳食等而收费的住所。(《牛津插图英语辞典》)

总结上述定义,作为酒店应同时具备以下4个条件:

①是由建筑物及各种内部设施组成的接待场所;

②必须提供住宿、餐饮及其他相关服务;

③服务对象为公众,主要是外地旅游者和本地居民;

④是商业性的服务企业,以赢利为目的。

我国的酒店从整体范围来划分,可分为星级酒店和普通酒店两种。星级酒店指国家旅游局等相关部门根据国家标准《旅游饭店星级的划分与评定》来审定并正式行文批准的酒店,按其所达到的标准不同,可分为一、二、三、四和五星级酒店。普通酒店则是未参加星级评定的社会各类酒店,档次规格参差不齐。本书所指的酒店涵盖以上两类酒店,但以星级酒店为主。

2)酒店的功能

酒店的功能是指为满足宾客的需求而提供服务所发挥的效用。酒店的基本功能就是住宿和餐饮,而其他功能则是为了满足宾客日益增长的需求而不断增加、扩展的。

(1)住宿功能

酒店能为宾客提供各种类型的房间,满足宾客休息、睡眠的需要。酒店客房的基本设备包括床及床上用品、衣柜、梳妆台(镜)、圈椅、茶几、电话、电视等;还备有小冰箱,内有各种饮料、酒类及小食,这类食品要计费;另外一般免费提供开水(电热水壶)、水杯及咖啡、茶包、奶、砂糖等。除了十分便宜的酒店外,房内通常都设有独立浴室,有坐厕、浴缸及淋浴设备和洗浴用品。较高级的酒店还提供电脑,开通互联网接口服务等。

(2)餐饮功能

酒店能提供各式餐饮,为宾客日常用餐和宴请宾客提供方便。酒店餐厅根据酒店的档次规模来设置,普通酒店一般都开设有单一的零点餐厅、宴会餐厅,而中高级酒店则根据餐别的不同,设置大小不同的各类餐厅。目前我国高星级酒店都设有中餐厅、西餐厅(法国菜、英国菜、意大利菜、美国菜、西班牙菜等)、东方美食厅(日本料理、韩国烧烤、泰国菜等)、酒吧等。

(3)度假功能

坐落在风景区的酒店,往往以接待旅游度假的宾客为主,在设施设备上,注重开发温泉、疗养、棋牌等项目。许多非风景区的酒店,也着力打造城市度假村,以园林、人工湖泊、迷你高尔夫等吸引宾客到酒店休闲度假。

(4)会议功能

酒店一般都设有大小不等、功能各异的会议厅和相关设施(电脑、电脑投影仪、普通胶片投影仪、幻灯机、录像机等),方便宾客举办视听会议、招商展示会、订货会等。高级酒店还设置同声传译会议厅,方便举办各类国际会议。

(5)商务功能

酒店的商务中心代售邮票,代发信件,办理电报、电传、传真、打字、复印、国际长途联系电话、国内行李托运、冲洗胶卷等;随着科技的发展和宾客的需求变化,许多中高级酒店都开通了国际互联网服务、口译、笔译、专职秘书服务等。

(6)康乐功能

酒店的康乐功能,主要由三大类设施来体现,第一类是康体设施,包括球类、机械类、水上运动类等,主要选择运动量适中,有一定娱乐性和趣味性的体育运动;第二类是保健类设施,包括洗浴桑拿、按摩、美容美发等;第三类是娱乐休闲设施,如歌舞厅、影剧院、棋牌室和游艺厅等。

(7)购物功能

酒店商品部往往销售当地特产和宾客需要的日常用品。现在很多酒店与知名企业合作,设立品牌专销店。

【相关链接 1-1】

世界上最小和最大的餐厅

最小的餐厅:美国俄勒冈州有一家最小的餐厅"双座轩",每周营业 5 天,每天只招待两位客人,只供应一顿午餐,数年如一日,生意鼎盛。"双座轩"一般要在 3 个月前预订,才有可能享受到两位老板兼厨师的亲切款待,以及他们推出的新菜肴。"双座轩"吸引人处除了厨师善烹调之外,它所提供的只容两位顾客、一张餐桌的空间所营造出来的特殊情调,也令人感到十分有趣。

图 1.1 泰国曼谷龙王饭店

最大的餐厅:世界上最大的餐厅在泰国曼谷的龙王饭店,如图 1.1 所示。它已被收入吉尼斯世界纪录大全。该餐厅面积有 6 个足球场大,可同时供 5 000 人就餐。餐厅每天供应 2 万份菜。员工多达 1 200 名,其中有 100 名特级厨师。餐厅每天要进 1 万多种活海鲜和水果、3.5 吨大米、2.5 吨肉和 2 吨蔬菜,光登记进货的人就有 6 名。餐厅内装饰得美轮美奂,顾客可在露天就餐,也可以泛舟湖上,同时品尝佳肴。餐厅中央的旋转圆塔有 7 层楼高,可同时容纳 1 000 多名顾客。任何一道菜最多 15 分钟就能送上。为了加快速度,一些服务员脚踩旱冰鞋穿梭于餐厅为宾客服务,一些服务员则像空中飞人那样,通过吊索穿越湖面、假山。

3)酒店的作用

①酒店是宾客旅行活动的基地。人们出门在外,免不了吃、住、行、游、娱、购等活动,而酒店则是人们旅行在外的活动基地。人们在酒店内用餐、康乐和休息

睡眠的时间,每天至少 8 小时以上。

②创造旅游收入。随着旅游业的日益发展,酒店业的收入逐年递增,如表 1.1 所示。列表中的数据,仅仅是全国星级酒店的收入,如果再加上社会其他酒店的收入,则在旅游总收入中的比例将会更大。

表 1.1 2004—2005 年星级酒店收入与占旅游总收入份额表

年份	星级酒店总收入/亿元	旅游业总收入/亿元	星级酒店收入占旅游业总收入比例/%	较上年增长/%
2004 年	1 238.67	6 840	18.1	26.0
2005 年	1 346.69	7 686	17.52	8.72

③为社会创造就业机会。根据有关统计数据显示,截止到 2005 年底,全国星级酒店拥有员工 151.71 万人。星级酒店员工人数位居全国前 10 名的地区是:①广东 17.88 万人;②北京 12.21 万人;③浙江 12.11 万人;④江苏 9.29 万人;⑤山东 8.86 万人;⑥上海 7.87 万人;⑦河北 6.93 万人;⑧云南 6.64 万人;⑨辽宁 5.86 万人;⑩四川 5.85 万人。

④促进社会消费方式和消费结构的发展与变化。酒店开设的餐饮、康乐、会议等设施及项目,吸引着社会各阶层的人士纷纷到酒店来寻求适合他们消费的服务,促使酒店成为社交活动的中心。酒店往往是引领社会时尚生活的先驱,不断将新信息、新潮流传递给宾客,促使人们的生活方式和消费观念发生变化和发展。

⑤带动其他行业的发展。酒店业的发展,带动了交通、景区、通讯、房地产、纺织、食品、农业、装饰装修等行业的大力发展。据有关资料显示,宾客 60% 以上的花费用在酒店以外的其他行业,而在酒店消费的 40% 中的大部分物品,也是由其他行业提供的。根据 2001—2004 年四川省的有关统计显示,国内旅游者在四川消费的比例中,酒店所占部分仅为 45% 左右,如表 1.2 所示。

表 1.2 2001—2004 国内旅游者在四川人次花费及构成比例

年份	人次花费/元	长途交通/%	景区游览/%	住宿/%	餐饮/%	娱乐/%	购物/%	邮电通信/%	市内交通/%
2001	474.0	19.0	8.6	25.8	17.4	6.1	14.4	1.6	2.8
2002	503.0	19.8	8.7	25.2	15.9	5.9	16.2	2.1	2.8
2003	486.0	18.9	9.2	24.3	16.9	6.2	14.8	2.6	1.9
2004	475.0	19.7	9.0	23.0	16.2	6.4	17.2	1.6	2.3

⑥酒店的发展水平是旅游业发展水平和社会经济与文明程度的标志。酒店的发展是伴随着旅游业的发展而发展的,而旅游业的发展又是在社会经济发展的基础上发展的。因此,社会经济的不断发展,使人们有更多的金钱和闲暇时间用于旅游和外出休闲消费,反之,人们的旅游活动又促使社会经济向更高层次发展。

1.1.2 酒店类型与等级

1)酒店的类型

目前世界各地的酒店有以下几种基本类型:

(1)根据酒店市场及宾客特点分类

①商务酒店

a.一般选址在城市的中心地带,商业繁荣、交通便利。

b.主要接待商务、旅游宾客,以及在当地作短暂逗留的其他宾客。

c.装修较豪华,以单间、套间为主,配有信息网络及相关商务服务。

②公寓酒店

a.主要接待住宿时间较长、在当地短期工作或度长假的客人或家庭。

b.酒店与宾客之间签订租约,租期自由,并可转租给别人。

c.建筑布局多采用家庭型,以套房为主,提供厨房设施,方便宾客自理饮食。

d.服务亲切、周到,个性化服务要求高。

③度假酒店

a.以接待旅游、度假的宾客为主。

b.地理位置多在海滨、山区、温泉、海岛、森林等地。

c.开设丰富多样的娱乐、休闲及体育项目。

d.度假酒店淡旺季比较明显。

e.世界上最多的度假酒店主要集中在美国的拉斯维加斯、夏威夷、迈阿密、加勒比海等地区,我国的度假酒店则集中在各著名风景名胜区,如峨眉山、九寨沟、黄山、青岛、昆明、西双版纳等地。

④会议酒店

a.主要接待各种会议团体。

b.一般设在大都市和政治、文化中心,或设在交通方便的游览胜地。

c.设置足够的多种规格的会议厅或大的多功能厅。

d.拥有各种规格的会议设备。

e.提供高效率的接待服务。

⑤汽车旅馆

a.多见于欧美国家公路干线上,以接待驾车旅行者为主。

b.设施设备比较简单,规模较小,一般在100个房间以下。

c.价格实惠,还提供泊车、洗车等免费服务。

⑥BB家庭式酒店

a.BB(Bed and Breakfast)意指床和早餐,一般以接待家庭式出游的宾客为主,仅仅提供住宿和早餐,这类酒店主要集中在欧美国家。

b.价格实惠,日消费一般为24～26美元,不收小费。

⑦乡村酒店

a.乡村酒店指所处位置在乡村,有独具特色的乡村景点,有反映自身文化的乡村特色旅游活动,为游客提供进行乡村生活体验的活动场地和服务,并向宾客提供餐饮、组合休闲活动等相关服务的住宿设施。

b.在接待规模和档次上,一般都不及城市商务酒店。

c.在环境方面,讲究环境的规范培植,追求主体文化特色。

d.在接待服务上,它讲究文化参与、主客互动,以便旅游者深刻记住它视觉、听觉和记忆上的形象。

图1.2　希尔顿威可洛亚　　　　图1.3　成都百花园乡村酒店
乡村酒店(夏威夷)

⑧青年旅社

a.最早见于欧美国家,主要接待背包旅游、徒步旅行、骑自行车或从事野外探险的青年游客,我国近年也出现了类似的酒店,常被称为驴友酒店。

b.各青年旅社的风格和便利设施多样化,一般都提供2～6个床位的房间,常常低价供应丰盛的早餐和晚餐,并常备有公用厨房设备。

c.国外的一些青年旅社实行会员制,每年须向青年旅社协会交纳一小笔会费,会员均能享受到较好的基本住宿条件。

⑨快捷酒店

a.快捷酒店又称经济型酒店,是指经济、简约、酒店规模小,设施相对简单,但装饰布置考究的酒店。它注重功能性,力求在提供的核心服务"住宿和早餐"上精益求精,减免了大型辅助设施,使投入的运营成本大幅降低。一般以加盟或特许经营等经营模式为主,不参加星级酒店的评定等。

图1.4　婺源驴友驿站

图1.5　如家快捷酒店

b.主要接待大众观光旅游者和中小商务旅行者。

c.酒店以客房为唯一产品或核心产品。

d.价格低廉(我国一般在300元人民币以下)、服务规范、性价比高。

e.在发达国家,快捷酒店与星级酒店的比例一般为7∶3,美国约有6万家快捷酒店,平均出租率达到70%,其收入占美国酒店业的64%。世界著名的

图1.6　锦江之星快捷酒店

快捷酒店品牌"宜必思"、"速8"、"假日快捷"等都纷纷瞄准了亚洲市场。快捷酒店在我国发展迅速,2005年和2006年的入住率都在80%以上,出现了"如家"、"锦江之星"、"莫泰"、"七斗星"等知名品牌。

⑩主题酒店

a.主题酒店也称为特色酒店,就是利用一些文化元素在建筑风格甚至在经

营中体现某一主题的酒店。主题酒店接待对象广泛,是近年来新兴的酒店类型。

b. 酒店的主题常以历史、文化、城市、自然、神话、童话故事等来演绎发挥。如四川都江堰市的鹤翔山庄(四星级酒店),以青城山道教文化为主题;成都的京川宾馆,以三国历史文化为背景;美国拉斯维加斯的大部分酒店,则是以博彩文化为主题。

c. 主题酒店不受地域的限制,城市、风景区均可建设。

d. 主题酒店的服务一般与其主题一致,具有相辅相成的作用。

图1.7 铁达尼号主题客房

主题酒店的推出已有50年的历史。1958年,美国加利福尼亚的 Madonna Inn 率先推出12间主题房间,后来发展到109间,成为美国最早、最具有代表性的主题酒店。此后,主题酒店在酒店业异军突起,以不同主题文化吸引人们的目光。全球主题酒店最多、也最具代表性的是世界闻名的赌城拉斯维加斯,这里同时集聚了众多全球的一流酒店。世界最大的16家酒店,拉斯维加斯就有15家;2 000间客房以上的酒店更多达200多家。这些酒店均以不同的特色吸引着各国的游客和商旅人士。

图1.8 肯尼亚树顶旅馆(森林主题)

中国主题酒店的先行者是华侨城国际酒店管理公司。2002年5月,华侨城旗下的主题酒店威尼斯酒店在深圳开业;2003年,通过对海景酒店的改造,使其成为东南亚文化主题酒店,并从三星升级为四星;2004年,以西班牙文化为主题的白金五星级酒店深圳湾大酒店重建并更名为华侨城洲际大酒店。

【相关链接1-2】

<h1 style="text-align:center">汽车旅馆</h1>

汽车旅馆,如图1.9所示,英文用Motel表示,是motor hotel的缩写。

汽车旅馆最早起源于美国,当时指没有房间的旅馆,可以停车,而人就在汽车内睡,只不过比停在外面多了层保护而已,后来逐渐发展为人车分离。这种自助式的廉价汽车旅馆一问世就受到了驾车旅游者的热烈欢迎。特别是法国雅高集团(Accord)的"一级方程式"廉价汽车旅馆自1985年开张后,短短的15年就在全球开设了1 000家分店。美国假日旅馆、速8汽车旅馆都是知名品牌的汽车旅馆。

汽车旅馆与一般旅馆最大的不同之处在于汽车旅馆提供的停车位与房间相连,一楼当作车库,二楼为房间,这样独门独户为典型的汽车旅馆房间设计。汽车旅馆多位于高速公路交流道附近,或是公路离城镇较偏远处,便于以汽车或机车作为旅行工具的旅客投宿,而且价格实惠。

在我国,由于有车族都是经济条件相对比较富裕的消费群体,对住宿、饮食的起码要求是安全、卫生,因此汽车旅馆定位一般都相当于二三星级酒店。

图1.9　国外的汽车旅馆

(2)根据酒店计价方式分类

①欧式计价酒店。房价仅指租用客房的租金,不含食品、饮料等其他费用。世界各地绝大多数酒店属欧式计价酒店。

②美式计价酒店。房价包括房租以及一日三餐的费用。

③修正美式计价酒店。房价包括房租及早餐和一顿正餐(晚餐)的费用,以方便宾客自由安排白天活动。

④欧陆式计价酒店。房价包括房租及一份简单的欧陆式早餐(咖啡、面包、果汁),此类酒店一般不设餐厅。我国目前大部分酒店采用这种计价方式。

⑤百慕大计价酒店。房价包括房租及美式早餐(有蛋有肉,比较丰盛)的费用。

(3)根据酒店规模大小分类

①大型酒店:客房数量在600间以上属于大型酒店。

②中型酒店:客房数量在300~600之间属于中型酒店。

③小型酒店:客房数量在300间以下属于小型酒店。

前苏联的俄罗斯饭店,紧邻莫斯科市中心的红场和克里姆林宫,于1967年落成开业,建筑物有12层高,2 959间客房,是当时世界上规模最大的酒店,并被列入吉尼斯世界纪录。但俄罗斯饭店已于2006年1月1日关闭,计划在原址上修建一家2 000个客房的酒店。

1993年建成的米高梅大酒店,坐落于美国拉斯维加斯的米高梅广场,酒店的建筑风格模仿的是18世纪意大利佛罗伦萨别墅,有5 044个客房,29个客户服务中心,拥有24小时待命的主管。每晚达5 000美元的房费里,还不包括服务费,最豪华房间的每晚房费高达1.5万美元。据2005年的统计显示,米高梅大酒店是当年星级酒店中最昂贵的酒店。

图1.10 俄罗斯饭店

图1.11 米高梅大酒店

(4)根据所在地区的不同分类

①观光酒店。以接待旅游观光者为主的酒店,集中在旅游景区和旅游城市。

②城市酒店。坐落于城市内的各类酒店,接待的宾客范围较广。

③过境酒店。主要接待出入境的旅客,位于方便出入境的地区和城市。

④机场酒店。位于机场附近的酒店,方便宾客搭乘飞机等。

⑤车站码头酒店。位于车站码头附近的酒店,方便出行的各类人群。

(5)根据营业时间分类

①全年性营业酒店。全年均在营业的酒店,世界各地的酒店一般都属于这类酒店。

②季节性营业酒店。根据季节的不同,有时间选择地进行营业的酒店。如四川的九寨沟、黄龙风景区,一般每年的11月到次年的3月都属于"封山"季节,风景区的许多酒店都歇业或者留少许人值班。

(6)按酒店的所有制形式分类

①国有资产酒店。酒店所有权属于国家,主要由政府、国有企业和事业单位投资修建的酒店。

②集体所有制酒店。酒店所有权属集体所有,也是社会主义公有制形式的

酒店。

③外资酒店。外资酒店是指依照中华人民共和国法律的规定,在中国境内设立的,由中国投资者和外国投资者共同投资或者仅由外国投资者投资的酒店。根据外商在酒店注册资本和资产中所占股份和份额的比例不同,可将外资酒店分为3种类型:

中外合资经营酒店:外商在酒店注册资本中的比例有法定要求,酒店采取有限责任公司的组织形式。故此种合营称为股权式合营。

中外合作经营酒店:外商在酒店注册资本中的份额无强制性要求,酒店采取灵活的组织管理、利润分配、风险负担方式。故此种合营称为契约式合营。

外商独资酒店:酒店全部资本均为外商拥有。

④酒店联合体(Hotel Consortium)。饭店联合体是相对于饭店集团而存在的,是独立酒店的自愿联合,成员酒店通过联合体可以获得单一酒店无法取得的重要资源(如预定网络等)。作为一种网络型组织,饭店联合体通常处于网络中心的管理部门。

国际知名的饭店联合体有世界一流饭店组织(Leading Hotels of the World)、世界小型豪华饭店组织(Small Luxury Hotels of the World)以及 Utell 等。我国黑龙江省9个主要旅游城市的9家知名饭店成立了"黑龙江旅游饭店联合体",以加强彼此间的合作,并开展联合促销活动。

⑤个体酒店(民营酒店)。个体酒店指私营酒店和以私营酒店为主体的联营酒店。

⑥产权式酒店。产权式酒店起源于国外,20世纪90年代中期在我国开始陆续出现。产权式酒店指开发商(或者整个酒店的现有产权人)将酒店的客房分割成独立的产权单位出售给投资者,投资者再将客房交由专门设立的酒店管理公司以酒店的名义进行经营,投资者除按期从酒店管理公司取得客房经营收入的分红外,还可以取得一定期限的免费入住权。

2)酒店等级

(1)酒店等级

酒店等级是指酒店在豪华程度、设施设备、服务范围、服务质量等方面所反映出的级别与水准。不同的国家和地区采取不同的方式对酒店进行等级评定。不少国家和地区根据酒店的位置、环境、设施、服务等情况,按照一定的标准和要求对酒店进行分级,并用某种符号表示出来,这就是酒店的定级或等级制度。

(2)酒店分级的目的

①保护客人的利益。酒店分等级后,国家对不同等级的酒店消费标准也作

出了相应规定。由于宾客消费能力的层次不同,因此,宾客可根据自身的消费能力选择相应等级的酒店,使其消费利益得到保证。

②便于行业管理与监督。有了国家标准,酒店行业就有了统一、规范的准绳,对酒店的管理和监督,不再是凭经验办事,而是以标准来衡量判断。

③有利于促进酒店行业的发展。酒店分等级后,各酒店都有了更高的追求目标。低级酒店会按照高一级酒店的要求不断更新发展,而高等级酒店则在保持高水准服务的基础上,不断开拓创新,树立行业榜样。

(3)酒店的分级方法

酒店分级制度在世界上已经广泛使用,不同的国家和地区采用的分级制度各不相同,用以表示级别的标志与名称也不一样。目前常见的方法有以下几种:

①星级制。用星号(★)的数量和设色(如金色、白金色)等表示酒店的等级。星级分为5个等级,即一星级、二星级、三星级、四星级和五星级,最低为一星级,最高为五星级。星级越高,表示酒店的档次越高。

星级制在世界上,尤其在欧洲采用最为广泛。我国国家旅游局也采用星级制进行酒店星级的评定。

②字母表示法。许多国家将酒店的等级用英文字母表示,即 A,B,C,D,E 五级,E 为最低级。有的虽然是五级却用 A,B,C,D 四个字母表示,最高级用 A1 或特别豪华级来表示。

③数字表示法。用数字表示酒店的等级一般采用最高级豪华表示,继豪华之后由高级到低级依次为 1,2,3,4 级,数值越大,档次越低。

(4)我国的酒店等级

我国的酒店等级,目前存在两类等级,即工商等级和星级等级。

工商等级是酒店开业前在工商部门申请营业执照时,由工商部门根据酒店的投资规模、设施设备等情况而评定的级别,由高到低依次为特级、一级、二级、三级等。

这些酒店经营一年以后,如果想成为星级酒店(通俗称为"挂星"或者"评星"),则需要向当地旅游局递交申请报告,经过评审合格后,给予相应的星级等级。以下介绍的是星级酒店的等级。

①我国星级酒店的标准。改革开放以后,随着旅游事业的发展,竞争加剧,为了促进中国酒店业的科学、健康发展,形成有效的市场秩序,1988 年国家旅游局颁布了《中华人民共和国旅游(涉外)饭店星级标准》,推出了中国酒店业的星级管理制度。

1993 年国家技术监督局正式发布《旅游涉外饭店星级划分与评定》(GB/T

14308—1993)的国家标准,这是我国旅游业第一个国家标准,大大推动了酒店业与国际惯例的接轨。1997年和2003年又先后两次对星评标准做了修订,提高了对酒店建设、管理的专业化要求。酒店星级评定制度的改革与星评标准的不断完善,极大地调动了酒店企业的积极性,推动了各级旅游行政主管部门职能的转变,形成了合理分工、责权统一的分级管理体制。

现行星评标准的名称为:《旅游饭店星级划分与评定》(GB/T 14308 — 2003),替代了《旅游涉外饭店星级划分与评定》(GB/T 14308 — 1997)。

②最新星级标准的主要内容:

a.新标准将过去的"旅游涉外饭店"修改为"旅游饭店"。

b.规定旅游酒店使用星级的有效期限为5年,取消了星级终身制,增加了预备星级。

c.在原来五星的基础上,增设白金五星;最低为一星级,最高为白金五星级。星级越高,表示旅游饭店的档次越高。

d.酒店开业1年后可申请星级,经星级评定机构评定批复后,可以享有5年有效的星级及其标志使用权。开业不足1年的酒店可以申请预备星级,有效期1年。

e.星级标准的内容构成:规定了各级酒店建筑物、设施、设备的标准,规定了服务项目的内容和标准;设施设备及服务项目评分表;设施设备维修保养及清洁卫生评定检查表;服务质量评定检查表。

③星级评定组织与权限。国家旅游局设置酒店星级评定机构,负责全国星级评定工作,具体评定四、五星级酒店。

各省市自治区旅游局设置酒店星级评定机构,具体评定一、二、三星级酒店,上报国家旅游局备案。

④星级评定程序。以下程序是根据《旅游饭店星级的划分及评定》(GB/T 14308—2003)编辑的,因此沿用了"饭店"一词。

a.受理 接到饭店星级申请报告后,相应评定权限的旅游饭店星级评定机构应在核实申请材料的基础上,于14天内作出受理与否的答复。对申请四星级以上的饭店,其所在地旅游饭店星级评定机构在逐级递交或转交申请材料时应提交推荐报告或转交报告。

b.检查 受理申请或接到推荐报告后,相应评定权限的旅游饭店星级评定机构应在一个月内以明查和暗访的方式安排评定检查。检查合格与否,检查员均应提交检查报告。对检查未予通过的饭店,相应星级评定机构应加强指导,待接到饭店整改完成并要求重新检查的报告后,于一个月内再次安排评定检查。

对申请四星级以上的饭店,检查分为初检和终检:

初检由相应评定权限的旅游饭店星级评定机构组织,委派检查员以暗访或明查的形式实施检查,并将检查结果及整改意见记录在案,供终检时对照使用;初检合格,方可安排终检。

终检由相应评定权限的旅游饭店星级评定机构组织,委派检查员对照初检结果及整改意见进行全面检查;终检合格,方可提交评审。

c.评审 接到检查报告后一个月内,旅游饭店星级评定机构应根据检查员意见对申请星级的饭店进行评审。评审的主要内容有:审定申请资格,核实申请报告,认定本标准的达标情况,查验违规及事故、投诉的处理情况等。

d.批复 对于评审通过的饭店,旅游饭店星级评定机构应给予评定星级的批复,并授予相应星级的标志和证书。对于经评审认定达不到标准的饭店,旅游饭店星级评定机构不予批复。

【相关链接1-3】

世界七星级酒店——阿拉伯塔酒店

20世纪90年代,阿拉伯的第二大城市迪拜因石油而富庶,由于拥有高素质的环境以及丰富多彩的文化(80%是外国人),到迪拜的旅游者以模特、艺术家、商人等高收入阶层居多。在迪拜王储的提议之下,知名企业家Al-Maktoum花了5年时间,投资兴建了阿拉伯塔酒店,并于1999年12月落成开业,如图1.12、图1.13所示。

阿拉伯塔酒店修建在离海岸线280米处的人工岛上,酒店由英国设计师W. S. Atkins设计,外观如同一张鼓满了风的帆,一共有56层202个房间(复式客房),321米高,是全球最高的饭店。据说仅外型及填海的费用就高达11亿美元,整个酒店含有26吨黄金,小客房的房费为1 500美元,而总统套房的房费高达2万多美元。由于设施设备实在太过豪华,远远超过五星酒店的标准,人们只好破例称它为七星级酒店,不过该级别未经权威鉴定机构评审认可。

汤豪斯佳乐利大酒店

经过瑞士等级鉴定公司(SGS)评定,2007年4月,全世界第一家真正的七星级酒店在意大利正式诞生,这就是——汤豪斯佳乐利大酒店(Town House Galleria),如图1.14所示。汤豪斯佳乐利大酒店位于米兰市中心钻石地段名店街维托伊曼纽拱廊,房间面积从25~1 500平方米,里面的装备使用最新科技,在浴室就可以一边洗澡一边收看42英寸宽带液晶电视。房费起价800欧元,最高价

4 000 欧元。

酒店按照正常程序,首先向SGS(据称是全世界可信度最高、历史最悠久、最具权威的评鉴公司)递交七星级鉴定申请书,经该公司派专业人按相关标准逐一评分,最终将该酒店评定为七星级酒店。

尽管议论纷纷,傲人的七颗星还是挂上了酒店显眼处,为了止息争端,鉴定公司发言人艾欧尔菲表示,比硬件,五星级饭店和它基本相似,但米兰这家大酒店提供了其他酒店所欠缺的心细如发、更贴心周到的服务是胜出的关键。虽然如此,就各界反应看来,米兰汤豪斯佳乐利大酒店的世界第一地位仍然被画上问号,迪拜的阿拉伯塔酒店仍是世人心目中的七星级酒店。

图1.12　阿拉伯塔酒店　　　图1.13　阿拉伯塔酒店　　　图1.14　汤豪斯佳乐利大酒店

1.2　酒店产品

1.2.1　酒店产品的构成

1)酒店产品的含义

酒店产品是一种特殊的产品,它是由服务项目、服务质量、服务设施及服务环境(酒店整体氛围)构成的,简单地说,酒店产品是指有形设施和无形服务。它是借助酒店设施设备,通过酒店服务人员热情周到的服务态度,以及令人满意的服务技巧、规范的服务程序和质量标准向宾客提供食、住、行、娱、购等综合服务来体现的。

由于酒店产品的特殊性,我们不能把酒店产品仅仅看成是某一样具体的东西。根据美国哈佛大学教授西奥多·莱维特教授提出的"整体产品"观念来看,酒店产品则应由基本产品、期望产品、延伸产品和潜在产品4个层面构成。

(1)基本产品

基本产品是宾客购买酒店产品时所获得的基本利益。例如客人下榻某一家

酒店,客房可以让其在晚间得到休息,餐厅则可让其免受饥渴之苦。客房、餐厅、食品等具体的设施和物品,能满足宾客购买该项产品的基本需要。

(2)期望产品

期望产品是指宾客在购买酒店产品时自然而然地随之产生的种种期望。如服务项目全面而便捷、酒店员工的热情态度、酒店清洁安全的环境等,这些都是宾客所期望的。

(3)延伸产品

延伸产品是指在宾客购买基本产品和服务时酒店所提供的附加利益。这种附加利益对宾客来说并不是必需的,但它却能给宾客带来更多的实际利益和更大的心理满足,因此,酒店延伸产品体现着一种超值享受,对宾客购买基本产品和服务具有一定的影响力。如客房加设 Internet 网络、常客的奖励计划、免费的停车场、机场的免费接送班车等。

(4)潜在产品

潜在产品是为了满足个别宾客的特殊需求而提供的特殊和临时的服务。它通常是超越了顾客的期望和预料而额外提供的服务。如在总台为乘坐飞机的宾客更换登机牌,在客房中为女士配备吹风机的同时提供多齿梳子等。一般来说,酒店即使不提供潜在产品,宾客也没有理由抱怨或投诉。

酒店产品的上述四个层面相互独立,各具特点,又紧密相连,共同构成整体产品的全部内容。确保基本产品和期望产品的质量是使客人满意的前提条件;延伸产品和潜在产品是产品灵活性的具体表现,同时也是该产品在现有价值之外的附加价值。

酒店整体产品观念告诉我们:①产品的竞争始于基本产品,更确切地说始于核心产品的质量。②满足或超越满足客人的期望,是酒店经营的成功之道。③在激烈竞争的市场经济条件下,竞争即是力求产品差异化。④能为客人提供潜在产品是宾馆酒店经营出色的标志。⑤灵活性来自敬业乐业的酒店管理人员和所有工作人员,来自持续进行卓有成效的培训,来自适当授权,即让一线工作人员直接处理日常工作中遇到的麻烦与问题。

2)酒店产品的构成

随着酒店产品包含内容的日益丰富,营销学家梅德里克(Medilik)提出更为全面的酒店产品观,将酒店产品分为地理位置、设施、服务、形象、价格 5 个构成要素。随后又有人提出,酒店产品还应该包括引起宾客情感上共鸣的酒店氛围。

(1)酒店的位置

酒店所在位置的交通是否方便,周围环境是否良好,对酒店建设的投资额、

客源群和经营策略等都会产生很大的影响。现代酒店一般因功能的不同而选择适宜的地理位置,有的酒店位于市中心、商业区,也有的位于风景区或郊区,从而为目标客源提供各种方便的服务。

(2)酒店的设施

齐全、舒适的酒店设施是提高宾客满意度的基础保证。酒店设施主要包括客房、餐饮、康乐以及公共区域等场所的设施。不同类型和等级的酒店,其设施的装饰风格、功能效用、氛围营造都是各不相同的。

(3)酒店的服务

服务是酒店产品的重要构成部分。宾客对酒店服务的评价通常包括服务内容、方式、态度、速度、效率等方面。目前,酒店服务内容的针对性、服务项目的多少、服务内容的深度和服务水平的高低已经成为众多酒店竞争的重要环节。

(4)酒店的形象

酒店的形象是宾客对酒店的总体评价或一致看法,涉及酒店的知名度、美誉度、经营思想与经营作风、服务质量等诸多因素。

(5)酒店的价格

酒店产品的价格反映产品的形象和质量。价格不仅体现产品真正的价值,也是宾客对产品价值的评估。如果宾客不了解酒店产品,往往会根据价格来选择酒店。

(6)酒店的氛围

氛围是宾客对酒店的一种感受,是由酒店设施设备和员工的服务态度与行为来营造的。如酒店温馨的装饰、优雅的背景音乐、和谐的色彩搭配、科学的灯光照明以及良好的隔音效果等,可以为宾客创造一种舒适优雅的酒店环境,加上员工热情的态度、彬彬有礼的举止和训练有素的个性化服务等即可令宾客感到舒适、和谐的氛围。

1.2.2　酒店产品的特点

(1)同步性

酒店产品的生产过程与消费过程是同时进行的。宾客来酒店消费,酒店员工直接为宾客提供相应的服务,中间不存在产品储存运输的过程。因此酒店从业人员应该具有双重技能,即服务技能和销售技能。

(2)一次性

酒店产品具有不可储存性,酒店产品在规定时间内如果销售不出去,其产品价值就会丧失,而且永远无法弥补。这就要求管理者必须十分关注酒店产品的使用率,运用灵活的价格政策,采取有效的促销手段和激励措施,扩大酒店产品的销售量,以获得更大的收益。

(3)差异性

酒店产品的质量具有差异性,主要表现在服务人员为宾客提供的服务存在优劣差异。由于人与人的服务理念和服务技能不同,因此同一项服务,不同的人提供会有不同的服务质量;另一方面,人都会有情绪波动,同一个人提供的服务,在不同时间和阶段,服务质量也不完全相同。酒店管理者应通过制订并执行严格的质量标准,对员工进行职业培训,培养良好的企业精神和激励员工士气等重要途径提高和稳定酒店服务质量。

(4)季节性

酒店产品的供求季节性较为明显,旺季需求旺盛,淡季需求疲软。因此,针对宾客心理需求,平衡酒店的经营季节性,增加和创造淡季需求,是酒店管理者的一个重要课题。

(5)综合性

随着酒店业的发展,宾客需求日趋多样化、个性化,从综合性特征角度出发,酒店应尽可能满足宾客不同空间、不同时间的多方面的需求和物质、感官、心理等多方面的享受。因此,酒店不仅要为宾客提供食宿产品和服务,还要提供行、游、购、娱、信息等多种产品和服务。

(6)无专利性

一般情况下,酒店无法为所创新的客房、餐饮以及服务方式申请专利,唯一能申请专利的是酒店的名称及标志。由于新产品或服务方式被竞相模仿,使创新者失去优势,因此大多数酒店产品的品牌忠诚度较低。

1.3 酒店发展史

1.3.1 世界酒店发展简史

1)世界酒店发展简史

世界酒店的发展,大致经历了客栈时期、豪华饭店时期、商业饭店时期和现代饭店时期四个阶段,如图1.15所示。

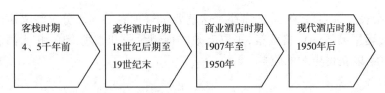

图1.15　世界酒店业发展阶段

（1）客栈时期

为满足人们外出时吃、喝、睡等赖以生存的基本需要，四五千年前就出现了客栈。随着城市商品经济的发展，旅行和贸易兴起，外出的传教士、信徒、外交官吏、信使、商人等激增，对客栈的需求量大增，旅馆市场初步形成。距今3 700年的古巴比伦的《汉漠拉典法》中有条规定，对往酒中掺水的旅馆主处以极刑。由于当时的交通方式主要是步行、骑马或乘坐驿车，因此，客栈大多设在古道边、车马道路边或是驿站附近。早期的英国客栈是人们聚会并相互交往、交流信息和落脚歇息的地方。最早的客栈设施简陋，仅提供基本食宿，到了15世纪，有些客栈已拥有20～30间客房，比较好的客栈还设有酒窖、食品屋和厨房等，为客人提供酒水和食品。还有一些客栈已开始注意环境，美化花园草坪，开设宴会厅和舞厅等，开始向多功能服务发展。但总体来讲，当时的客栈均属于作坊式经营，规模小，设施简单，不考虑舒适性，主要接待宗教徒和商人。

（2）豪华酒店时期（大酒店时期）

18世纪后期，英国产业革命推动了近代旅游业的发展。火车、轮船的兴起，电梯、电话、电灯的发明，纺织业的发展，为旅馆业向更高层的发展奠定了基础。为方便贵族度假和上层人士以及公务旅行者的出行，一些贵族和富商开始投资修建具有一定规模的豪华旅馆。1794年，美国纽约建成的首都饭店，有72套客房，在当时无疑是颇具规模的。1829年，美国波士顿的特里蒙特酒店，开创了酒店业的新纪元，为新兴的酒店业确立了标准。该饭店不仅客房多，而且设施设备较为齐全，服务人员亦经过培训，使客人具有很强的安全感。19世纪末20世纪初，美国相继出现了一些豪华酒店，这些酒店崇尚豪华和气派，布置高档的家具摆设，供应精美的食物。

这一时期的酒店，具有规模大，设施豪华，服务正规，注重接待仪式等特点；主要接待王公贵族、豪门巨富与社会名流；追求社会声誉为先，经济效益其次；酒店管理已经从服务中分离出来，处于经验管理阶段。

（3）商业饭店时期

1907年，当时世界上最大的酒店业主斯塔特勒为适应商务旅行者的需要，在布法罗城建成斯塔特勒酒店，该酒店拥有300个房间，每个客房都设有浴室，并制订统一的标准来管理他在各地开设的酒店,增加了不少方便客人的服务项目。他提出的"客人永远是正确的"至理名言,迄今仍被酒店业推崇恪守,斯塔特勒也被后人尊称为商业旅馆之父。20世纪20年代,商业酒店在美国兴起,并且汽车旅馆也在美国各地涌现。到了20世纪30年代,由于经济大萧条,旅游业面临危机,酒店业亦不可避免地陷入困境,受到极大挫折。

商业酒店时期,汽车、火车、飞机等交通工具的运用给交通带来很大便利,许多酒店设在城市中心,汽车酒店就设在公路边。许多酒店采用当时最新的科学技术和材料,设施方便、舒适、清洁、安全;酒店运用科学经营管理方法,酒店拥有者与经营者逐渐分离,注重市场研究,经营方向开始以商务客人为中心,讲究经济效益,价格趋向合理;服务虽较为简单,但开始讲究技巧性和标准化;酒店法规也逐步完善健全。

(4)现代酒店时期

现代酒店时期也称新型酒店时期。第二次世界大战结束后,由于经济逐步繁荣,一度处于困境的酒店业又开始复苏。1950年后开始出现世界范围的经济发展和人口增长,而工业化的进一步发展增加了人民大众的可支配收入,为外出旅游和享受酒店服务创造了条件。面对旅游业和商务发展的新趋势,传统酒店越来越显示出其弊端,于是涌现出许多新型酒店。这些酒店设在城市中心和旅游胜地,大型汽车饭店设在公路边和机场附近;酒店的规模不断扩大,类型多样化,面向大众旅游市场,服务向综合性发展,酒店不但提供食、住,而且提供旅游、通信、商务、康乐、购物等多种服务,力求尽善尽美。

20世纪40到50年代,国际旅游业出现了许多酒店集团,又称国际酒店联号,其成员必须使用统一名称、标志、管理方法和服务程序。通过电脑预订网络垄断客源市场和价格,酒店集团占世界酒店的60%以上。希尔顿、假日、喜来登、凯悦、马里奥特等知名酒店集团开始出现。

现代酒店时期的特点突出表现在:①大众化,接待对象为公众;②多功能化,能满足旅游者的更多需求;③多样化,能满足不同客源的需求,有利于特色酒店的发展;④联营化,酒店的高额利润加强了市场竞争,走向联合集团化;⑤科学化,管理模式及经营日益科学化、现代化。

2)世界酒店业的发展趋势

(1)酒店业日趋向集团化方向发展

酒店集团迅速发展的一个主要原因在于市场的客源优势、采购优势、管理优势和品牌优势。

（2）大型酒店集团普遍实行多品牌战略

许多酒店集团采用在不同的细分市场使用不同品牌的多品牌战略,使每一类酒店都有自己独特的品牌和标志,以便同酒店集团内的其他酒店区分开来。

例如,万豪(Marriott)酒店集团采用了适应不同消费需求的酒店产品品牌,如表1.3所示。

表1.3 万豪各品牌针对的客源

品牌类型	针对客源
庭院酒店和仙境客栈	对价格敏感的中低收入者
全套间酒店和公寓客栈	长住客人
度假酒店	度假人士
万豪酒店	高档消费者
侯爵酒店	豪华消费的旅游者

（3）酒店业国际化经营的程度越来越高

第二次世界大战结束以后,酒店业开始了国际化经营的进程。通过收购兼并、出售特许经营权等手段,各酒店集团的国际化扩张愈演愈烈,到今天,全球著名的洲际、圣达特、万豪、雅高等巨型酒店集团,都在100个以上的国家和地区进行跨国经营。

（4）经济型酒店发展迅猛

近20年来,经济型酒店在欧美地区发展较为迅速。以美国为例,在1987—1998年期间,经济型酒店的数量从42万多间增加到72万多间,数量增长了73.8%,同一时期,高档酒店的增长仅为26.4%。经济型酒店发展的趋势是单一品牌、单一细分市场(经济型市场),不仅成为大酒店公司扩张的重要对象,而且,许多新的酒店投资者也纷纷进入经济型酒店。经济型酒店这一细分市场,成为目前世界上收购兼并的主要阵地。

（5）收购兼并成为酒店发展的基本手段

为了占有市场更多的份额,兼并收购愈来愈成为大型酒店集团进入某一地区的手段。而且收购兼并的金额越来越大,既有现金收购,也有股权置换,甚至开始出现以消灭竞争对手为主要目的恶意收购。

1.3.2 中国酒店的兴起与发展

1)中国酒店的发展简史

(1)古代酒店

在古代,酒店有官办和民间酒店两大类。官办的住宿设施主要是驿站和迎宾馆,它们在古代酒店史上占有重要的地位。驿站是历史上最古老的一种官办住宿设施,它始于商代中期,止于清光绪年间"大清邮政"的兴办,以专门接待往来信使和公差人员并为其提供车、马交通工具和食宿设施为主。

民间经营的食宿设施也很多。商周时期出现的专门供人在旅途中休息食宿的场所称"逆旅",春秋战国时称"客馆",秦朝的高级客店叫"群都",而接待外国使者的地方称为"蛮夷邸"。唐宋以后,旅馆业有了较快的发展,除食宿外还提供其他综合服务。唐朝的"邸店",宋朝的"同文馆"、明清两代的"客栈"、"货栈",还有因科举制度的发展,在各省城和京城出现的专门接待各地赴试学子的会馆,亦成为当时住宿业的一部分。清末民初,酒店才以企业形式出现。

(2)近代酒店

19世纪末,由于外国军队、传教士、商人及外交人士等纷纷进入中国,在沿海和大中城市里,逐渐出现外国人和中国工商业者建立的酒店;随着近代旅游的发展,中国旅行社也在各地修建了酒店和旅舍。当时的酒店主要有西式酒店、中西式酒店、招商客栈等类型,以接待外国人、政府官员和商人为主,普通大众是没有消费能力的。

(3)现代酒店

1900年,北京饭店和天津利顺德饭店成立,这是中国现代饭店的先河。

我国现代酒店的发展,主要经历了3个阶段:

①中国现代酒店的基础(1949—1978年)。新中国成立后,兴建了一批政府的高级招待所和一般招待所,社会各企事业单位也建立了相应的招待所,另外还有少量的私营旅馆。除政府的高级招待所之外,一般的招待所仅提供住宿和餐饮,服务相当不规范。

②旅游涉外酒店的兴起(1979—1987年)。十一届三中全会提出了改革开放的新思路,对外开放的步伐突飞猛进。1978年我国接待境外人员180.9万人次,到1981年猛增至776.7万人次(2006年已达到1.25亿人次),为了适应当时的形势发展需要,先将政府招待所改成了涉外酒店,尤其是在沿海地区各主要旅游城市,同时还引进了个别的外资企业,如广州的东方宾馆等。这一时期的酒

店,逐渐从行政事业单位转向企业经营,改革了管理体制和分配体制。1982年,北京建国饭店(如图1.16所示)率先与香港半岛酒店集团合作,进行了全方位的改革,取得了显著成效。1984年国务院向全国转发国家旅游局文件,推广了建国饭店的管理经验,对于推动我国酒店业的现代化发展起到了里程碑的作用。

图1.16　北京建国饭店

③星级酒店的发展(1988年至今)。中国酒店业的第一市场层为星级酒店(即旅游饭店),第二市场层是未评星级的其他酒店,包括宾馆、公寓、旅店、招待所、江河及海洋游船、培训中心、疗养院、度假村、假日营地、私人寓所、家庭住宅的出租客房等。这里侧重介绍的是星级酒店的发展情况。

1988年国家旅游局颁布了《中华人民共和国旅游(涉外)饭店星级标准》,推出了中国酒店业的星级管理制度。1993—2003年间,先后颁布了三个星级酒店评定标准,推动了酒店管理的等级化、标准化、规范化和特色化,同时也促进中国星级酒店服务尽早与国际先进水平接轨。从1978年至今的30年间,中国酒店业走过了发达国家酒店业近百年的历程,特别是在改革开放后蓬勃发展的入境旅游和20世纪80年代末期兴起的国内旅游的推动下,中国酒店业迅速成长,已经具备了相当的产业规模。

2)中国酒店业的现状、趋势和面临的挑战

(1)中国酒店业现状

①星级酒店规模继续加速扩大。2006年全国新评星级酒店1 370家,截至2006年底,全国星级酒店总数达到13 378家,同比增长11.26%。其中五星级酒店298家,四星级酒店1 400家,三星级酒店4 993家,二星级酒店6 027家,一星级酒店660家。广东和浙江两个省的星级酒店数量超过了1 000家,分别达到1 275家和1 089家,位居全国第一、二位,江苏、云南、北京分列三至五位。四、五星级酒店主要集中在东部地区,占全国总数的61.56%,青海、宁夏、西藏尚没有五星级酒店。

2006年5月31日,2006(第三届)中国饭店集团化发展论坛开幕式上,中国旅游饭店业协会发布了"2006中国饭店业国际品牌10强"、"2006中国饭店业民族品牌20强"。一大批中国酒店迅速扩张壮大起来。

②经济型酒店成为发展热点。自1996年上海锦江集团开始酝酿旗下的经济型酒店开始,中国的经济型酒店品牌雨后春笋般破土而出,如1997年的锦江之星、1998年的扬子江、1999年的中江之旅、2002年的如家、2003年的莫泰、2004年的格林豪泰(GreenTree)和速8(Super8)、2005年的7天、2006年的雅悦和七斗星等。目前中国经济型酒店连锁品牌近100个,开业店面已经超过1 000家,进入了整合、拓展和壮大时期。根据各地上报的信息,上海、北京、江苏经济型酒店的数量居全国前三位。国内品牌发展态势良好,如家、锦江之星不仅连锁店数量位列全国一、二位,而且通过在美国、中国香港上市加速扩张。国际品牌也将大规模增加,据了解,美国经济型酒店品牌格林豪泰将以长三角为重点,未来3到5年将在国内开设近200家酒店;美国另一经济型酒店品牌速8也将在未来15年时间在中国开2 100家连锁店。

(2)中国酒店业发展趋势

①全国高档酒店建设将迎来高峰。据不完全统计,全国待评、在建、待建(2007年底前开工)的相当于四、五星级的酒店总计1 107家,其中相当于五星级酒店的就有554家,大大超过目前全国五星级酒店的总量。

②国际酒店管理集团加速进入。截止2006年底,有37个国际酒店管理集团的60个酒店品牌进入中国,共管理502家酒店。世界排名前十的国际酒店管理集团均已进入中国。管理酒店数量位居前5位的国际酒店管理集团是温德姆、洲际、雅高、喜达屋、万豪,而且在未来几年,国际酒店管理集团管理的酒店数量还将迅速增加。比如,洲际酒店集团最新的全球发展计划显示,在中国拓展的酒店数量将占其全球发展总数的三分之一,2008年在华管理酒店总数将达125家。

(3)中国酒店业面临的挑战

①高档酒店竞争将更加激烈。一方面近年来国内高档酒店建设步伐加快;另一方面,洲际(Intercontinental)、里兹卡尔顿(RitzCalton)、圣瑞吉斯(St. Regis)、丽晶(Regent)、柏悦(ParkHyatt)、四季(FourSeason)等国际酒店集团顶级品牌全面进入,势必对中国酒店原有高端客源市场的分配产生重要影响,加剧高档酒店的竞争。

②国内酒店管理集团需要提高国际化水平。截至2006年6月30日,全国共有国内酒店管理公司180家,管理酒店1 299家,平均每家管理的酒店仅有7.2家。国内酒店管理公司不仅规模小,而且品牌建设滞后,整体管理水平有待提高。与国际酒店管理集团大举进入中国形成鲜明对比的是,中国本土酒店集团却未能跨出国门真正参与国际竞争,国际化程度低。因此,国内酒店管理集团

亟须加快国际化发展步伐,真正发展成为具有国际水平的酒店管理集团。

③非星级酒店亟须规范。近年来,随着北京、上海、杭州、成都、苏州等地方政府把住宿业管理职能调整到旅游行政部门,许多地方旅游酒店管理工作思路也从原来单纯的星级酒店管理逐步转变为对整个酒店业态的管理。对非星级酒店加强规范管理势在必行。成都市出台了《农家乐旅游服务质量等级划分及其评定》等管理文件,2007 年 9 月 22 日,四川省旅游协会农家乐分会在成都宣告成立;2006 年,北京市制订出台了北京地方标准《住宿业服务质量标准与评定》,并评出首批住宿服务达标单位 250 多家;上海市也制订了《旅馆服务质量要求》。

④酒店投资需要加强引导。目前全国许多地方酒店投资非常热,已经导致一些地区酒店供过于求。如何引导投资商理性投资酒店,也是未来酒店业发展中面临的一大挑战。2006 年,浙江省在充分调研的基础上,出版了《浙江酒店业发展白皮书》,对引导当地酒店的投资和建设,发挥了积极的作用。

1.4　酒店集团

1.4.1　酒店集团的形成

1)酒店集团的含义

酒店集团(Hotel Chain),也称酒店联号,是指以经营饭店为主的联合经营的经济实体,它在本国或世界各地以直接或间接形式控制多个饭店,以相同的店名和店标,统一的经营程序,同样的服务标准和管理风格与水准进行联合经营。

(1)酒店集团的三种联合形式

①横向联合。横向联合指酒店与酒店之间相互联合,构成饭店集团。

②纵向联合。纵向联合包括向后联合和向前联合两大类。向后联合即与供应商联合,如与家具商、装潢厂、食品原料公司等联合;向前联合即与销售商联合,如航空公司、旅行社等联合。

③多种经营联合。各行各业均可联合,以便提高经营效果,减少风险。

(2)酒店集团的四种经营方式

①连锁经营。连锁经营是指有两个或两个以上的子公司隶属于同一母公司的经营形式。该母公司对子公司的控制可通过完全拥有、租赁、租借建筑物或土地等形式来实现。母公司在享有子公司利润的同时,对其经营损失承担风险。

连锁经营对饭店业的最大影响在于其"标准化运作程序"，不利之处在于饭店集团推出的经营理念成为其他饭店仿效的目标。连锁经营的形成方式主要有并购、杠杆收购、合并或联合三种形式。

②特许经营。特许经营是指企业附属于某一业已经营成功的连锁集团并同时保持一定水平的所有权。特许经营的核心是特许经营者和受特许人之间的特许权转让。在特许经营中，双方的关系是合同契约关系，不是上下级关系。特许经营的基础是一整套经营模式或某项独特的商品、商标等。特许经营主要有两种方式：一是"产品和品牌特许经营"，这一类在特许经营中占主导地位；另一类是"企业经营模式"特许经营，受特许权人通常通过获得使用特许权人的品牌名称、形象、产品、经营程序和营销系统，加入集团营销体系。

③管理合同。管理合同又称委托管理，它是一种非股权式的运营方式，指业主委托管理公司代理管理饭店。业主与管理公司通过签订管理合同来实现这一运作方式。采用管理合同进行运作的三个主要原则是：第一，经营者有权不受业主干扰管理企业；第二，业主支付所有的经营费用并承担可能的财务风险；第三，经营者的行为受到绝对保护，除非他具有欺诈或严重的失职行为。饭店集团采用这种方式，既可以以较少的资本投入、较低的风险迅速扩张饭店集团规模，又可令没有管理经验的饭店业主分享行业所带来的丰厚回报。管理合同广泛应用于饭店业，世界上各著名饭店集团，几乎无一例外地通过这种方式进行企业扩张。

④战略联盟。战略联盟指企业为了保持和加强自身的竞争力自愿与其他企业在某些领域进行合作的一种经营形式。这是一种契约性的战略合作，不必进行一揽子的资源互换或股权置换，也不必形成法律约束的经营实体，仅仅依托契约关系进行合作。饭店业实行战略联盟的范围涉及营销联合、新技术研究开发联合、技术交换联合、供应联合、单项技术转让等领域。采用战略联合形式对于我国饭店业集团化具有重要的现实意义，尤其适合于我国饭店业的产权交易相对困难、资产购并又需要大量资金的窘况，但是，对于一个比较缺乏契约意识的国度，实行一般意义上的战略联盟也有一定的困难。

2）饭店集团的形成

两次世界大战和1929年的世界经济危机，沉重打击了欧美的酒店行业。第二次世界大战结束后，西方国家的经济开始复苏，酒店业迅速发展起来。由于其他行业纷纷开始联合经营，饭店业主也深感单一经营的危机，逐渐开始走向联合经营之路。1946年，美国泛美航空率先购买洲际旅馆的产权，成立了第一家酒店集团——洲际酒店集团；1952年凯蒙·威尔逊创办了第一家假日酒店，并出售特许经营权，将规模扩张到世界各地；1963年，第一家经济型酒店联号汽车旅

馆 6 在美国成立;20 世纪 70 年代,"分时度假"的经营概念在酒店业兴起,到了 80 年代,全球酒店开始了大规模的收购兼并活动。发展到今天,已形成了一批规模庞大、品牌丰富、进行多角化经营的酒店集团。如英国洲际、美国圣达特、美国万豪、法国雅高等。

1.4.2　酒店集团的优势

（1）经营管理优势

饭店集团具有较成功的管理系统,便于统一经营管理方法和程序,制定统一的规程,避免了发展过程中走弯路和偏离正常发展轨迹的不利状况。

（2）技术优势

酒店集团为酒店在生产和技术上的专业化、部门化提供了条件。

（3）财务优势

酒店集团规模庞大,资本雄厚,具有一定的信誉,能为所属酒店筹措资金。

（4）市场营销优势

饭店集团往往跨国跨地区经营,享有较高的国内国际声誉,广告力度大,其营销力度和影响力都不是只局限于某一地区,而是全方位波及推广,具有迅速占有市场的营销优势。

（5）采购优势

由于酒店集团可进行统一采购,大大节约了经营成本。

（6）预订优势

酒店集团都拥有统一的现代化的订房系统、高效的电脑中心和直通订房电话,可以使客源得以保证。

（7）人才优势

酒店集团由于实力雄厚、管理理念先进而往往能招揽各类优秀人才;酒店集团也可根据各酒店的需要进行人才调配;许多大型酒店集团还开办各种大学培训员工,如假日集团在美国孟菲斯开办假日大学,希尔顿集团在美国休斯敦大学里设自己的饭店管理专业等。

（8）抗风险优势

酒店集团的垄断经营和多元化经营等,使其具有抗风险优势。

1.4.3 中外著名酒店集团介绍

1)中外著名酒店集团排名

一些国际知名杂志社,每年都要定期统计酒店各项指标的排名,如美国的《HOTELS》、《公共机构投资人》、《商务旅游者》,英国伦敦的《旅游业》、《公务旅行》,英国的《欧洲货币》等杂志社。

根据美国《HOTELS》杂志 2007 年第 7 期公布的"全球酒店集团 300 强"2006 年度的排名,前 10 强依次为:洲际、胜腾、万豪、雅高、希尔顿、精选、最佳西方、喜达屋、卡尔森、凯悦,相关数据如表 1.4 所示。

表 1.4 2006 年全球酒店管理集团排名(以客房数量为依据)

名次	酒店集团名称	酒店数(座)	客房数(间)	主要品牌
1	英国洲际	3 606	537 533	洲际、皇冠假日、假日、假日快捷
2	美国圣达特	6 344	532 284	速 8、戴斯、华美达、BaymontInn、Travelodge、豪生
3	美国万豪	2 672	485 979	万豪、JW 万豪、丽思·卡尔顿、万丽
4	法国雅高	4 065	475 433	索菲特(豪华)、诺富特(高级)、美居(中级)、宜必思酒店(经济型)、Formule1(大众化)
5	美国希尔顿	2 747	472 720	希尔顿、斯堪的克、Conrad
6	美国精选	5 132	417 631	舒适客栈、Clarion、RodewayInn、EconoLodge、SleepInn、MainStaySuites
7	美国最佳西方	4 195	315 875	全球单一品牌最大的酒店连锁集团
8	美国喜达屋	845	257 889	威斯汀、喜来登、圣·瑞吉斯、福朋、寰鼎、至尊精选、W 酒店
9	美国卡尔森	922	147 129	丽晶、丽笙、ParkInn
10	美国凯悦	738	144 671	凯悦、君悦、柏悦

中国内地和香港地区入围的 14 家酒店集团是:锦江国际(22 位)、香格里拉(38 位)、建国国际(85 位)、东方文华(91 位)、海航(105 位)、粤海国际(110 位)、金陵(154 位)、朗廷(170 位)、凯莱(181 位)、富豪国际(203 位)、瑞雅国际(207 位)、马可波罗(242 位)、半岛(260 位)、柏宁(281 位)。

2)中外著名酒店集团简介

（1）洲际（Intercontinental Hotels Group）

洲际集团成立于 1946 年，前身为巴斯酒店集团，是目前全球最大、网络分布最广的专业酒店管理集团，拥有洲际、皇冠假日、假日酒店等多个国际知名酒店品牌和超过 55 年国际酒店管理经验，跨国经营范围达 100 多个国家和地区。该集团从 1984 年管理北京丽都酒店，开始进入中国市场，在国际酒店集团中占有中国酒店份额是最大的。

（2）圣达特（Cendant）

圣达特（也译为胜腾）酒店集团为《财富》全球 500 强企业之一，是世界最大的饭店特许经营者和最大的假期所有权组织。圣达特酒店集团是圣达特集团的子公司，其总部设在美国新泽西州的帕西帕尼，是全球最大的酒店运营商之一，在全球五大洲拥有十大著名品牌为：速 8（Super8）、戴斯（DaysInn）、华美达（Ramada）、BaymontInn、Travelodge、豪生（Howard Johnson）、KnightsInn、WingateInn、AmeriHostInn 以及 Wyndham Hotels。1999 年圣达特酒店集团进入中国市场。

（3）万豪（Marriott）

万豪（也译成马里奥特）国际集团创建于 1927 年，总部设在美国华盛顿，是世界上著名的酒店管理公司和入选《财富》全球 500 强名录的企业，目前拥有 18 个著名酒店品牌，年营业额近 200 亿美元。1927 年，已故的威拉德·玛里奥特先生在美国华盛顿创办了公司初期的一个小规模的啤酒店，起名为"热卖店"，后发展成知名连锁餐厅；1957 年首家万豪酒店在美国华盛顿开业，此后逐步收购一系列知名酒店，一跃成为规模领先的酒店集团。万豪国际集团于 1997 年进入中国市场，目前旗下的丽思卡尔顿酒店、JW 万豪酒店、万豪酒店、万丽酒店、万怡酒店和华美达酒店 6 个酒店品牌，在中国经营的酒店达 40 多家。

（4）雅高（Accor）

雅高集团成立于 1967 年，总部设在巴黎。其雏形是 1947 年成立于法国的第一家"老沃特尔"饭店，后以该品牌为基础，开展连锁经营；1983 年兼并 JBI 后，易名为雅高集团。经过 30 多年的不懈努力，雅高集团建立了一个拥有 4 000 多间酒店的全球酒店网络，业务遍布 140 多个国家，每年营业额超过 70 亿欧元。2000 年雅高集团在上海开设公司，正式进入中国市场。

（5）希尔顿（Hilton Hotels Corp.）

1907 年圣诞节，一个名叫康拉德·希尔顿的 20 岁的孩子，在美国新墨西哥州圣安东尼奥镇开办了家庭式旅馆以应付生计并庆祝自己的生日。1928 年，他在各地开办了希尔顿酒店，后发展成历史最悠久、最大的酒店管理公司之一，目前在全世界的80个国家和地区运营管理的酒店有近3 000家,拥有10多个不同层次的酒店品牌。该集团于1988年进入中国市场,目前北京、上海、重庆、三亚、合肥等地均有该品牌的酒店开业。

(6)精选国际(Choice Hotels International)

精选国际也译为选择国际或精品国际,成立于1939年,总部位于美国的马里兰州,在世界上48个国家连锁经营5 000多家酒店,并发展了一系列国际知名酒店名牌。精选国际起源于品质客栈(Quality Inn)连锁集团,这是一家以中等价格贯穿高质量服务的饭店业先驱。1981年,随着舒适客栈(comfort Inns)的开设和发展,精选国际开始快速发展。

(7)最佳西方(Best Western International)

美国最佳西方国际集团成立于1946年,在全球近一百个国家和地区拥有成员酒店4 200多家,是全球单一品牌最大的酒店连锁集团,在美国、加拿大及欧洲具有广泛的影响。1946年,拥有23年管理经验的旅游业主古尔汀建立了最佳西方汽车旅馆,经过60年的发展,最佳西方采取建立战略联盟的方式,在全球建立经营网点,通过其全球预定系统和灵活多样的服务项目,把各个成员饭店联合起来,迅速成为世界最大的单品酒店品牌。

(8)喜达屋(Starwood Hotels & Resorts Worldwide Inc)

1991年,巴里·斯达姆利奇在美国开创了喜达屋资本公司,1993年开始收购第一批酒店,到1998年收购威斯汀酒店后,更名为喜达屋酒店集团。喜来登是集团旗下最大的一个品牌,在全球70多个国家和地区拥有400多家酒店。喜来登酒店是进入中国的第一家国际酒店管理集团,于1985年开始管理北京的长城饭店。

(9)卡尔森(Carlson)

美国卡尔森创立于1938年,是全球最大的家族企业之一。卡尔森在82个国家和地区拥有逾1 700家酒店、度假村、餐厅及游轮业务。卡尔森酒店集团旗下有丽晶、丽笙等五个国际酒店品牌,丽晶是卡尔森环球酒店公司的顶级酒店。

(10)凯悦(Hyatt Regency)

美国凯悦集团创建于1957年,总部设在芝加哥。作为全球著名的酒店管理集团,目前在世界各地经营管理了700多家豪华酒店及度假村,目前在中国北京、重庆、东莞、杭州、天津、西安、上海、三亚、澳门、香港、台北等地都有管理酒店。

(11)锦江

上海锦江酒店集团成立于1984年,是中国第一家酒店集团,主要从事星级

酒店营运与管理、经济型酒店营运与特许经营以及餐厅营运等业务。锦江酒店集团获许使用享誉中国的"锦江"及"锦江之星"商标,旗下营运中及筹建中的酒店包括经典酒店、豪华酒店、商务酒店和锦江之星旅馆合共超过 270 家,客房合共超过 54 000 间。2006 年美国《HOTELS》杂志评出的世界酒店集团 300 强中,锦江酒店集团位居第 22 位,同年被 TTG 系列杂志选举为"最佳本土酒店集团"。

（12）香格里拉（Shangri-La）

从 1971 年新加坡第一家香格里拉酒店建成开始,以香港为大本营,香格里拉已成为亚洲区最大的豪华酒店集团,品牌有香格里拉、商贸和嘉里中心。香格里拉的名称来源于詹姆士·希尔顿的传奇小说《失落的地平线》(1933 年的畅销书),书中详述了香格里拉——"一个安躺于群山峻岭间的仙境,让栖身其中的人,感受到前所未有的安宁"。今天香格里拉已成为世外桃源的代名词。1984年在杭州开设第一家香格里拉酒店(原杭州饭店)开始,进入中国内地市场,目前拥有近 30 家酒店。

（13）建国国际

建国国际酒店管理有限公司成立于 1998 年,隶属于北京首都旅游集团有限责任公司(首旅集团)。建国国际总部设在北京,并在美国旧金山、日本东京、香港、西安、成都等地设有办事处。建国国际采用的基础管理模式是北京建国饭店(1982 年开业,与香港半岛集团合资)的经营管理模式,北京建国饭店作为建国国际的旗舰店,是我国第一家中外合资酒店,开业 20 年来取得了良好的经济效益和社会效益。

（14）文华东方（Mandarin Oriental Hotel Group）

文华东方酒店集团在全球各主要商业及旅游地点经营 28 家豪华酒店,其中12 家在亚洲,11 家在美洲,还有 5 家位于欧洲,另有数家酒店正在发展中。目前文华东方酒店集团在 17 个国家拥有超过 8 000 间的客房。坐落于香港中环商业枢纽的香港文华东方酒店 1963 年 9 月开业,是该集团旗下的第一家酒店,也是香港岛上历史最悠久的一间经典酒店。文华东方一直都是豪华与尊贵的代名词。目前在中国内地还没有开设酒店,海南文华东方酒店正在筹建中。

（15）海航

海航酒店成立于 1997 年 9 月,2005 年起启动国际化的酒店集团管理模式。2006 年 4 月被评为"中国最具成长性本土酒店集团",2006 年 5 月入围"2006 年中国饭店业民族品牌 20 强"。截至 2006 年 10 月底,海航酒店集团控股的酒店及高尔夫球会有 12 家,资产总额近 40 亿元人民币。目前共管理酒店 28 家,分布在海南、北京、上海、广州、深圳、杭州、太原、昆明、长春等地区,总客房数近

1万间。

（16）粤海

粤海（国际）酒店管理集团有限公司是粤海控股集团有限公司全资拥有的一家跨地域、国际化的酒店管理集团公司，拥有高星级酒店"粤海酒店"和商务快捷连锁酒店"粤海之星"两个品牌系列，公司所持有的酒店资产及受委托管理的酒店遍布于香港、澳门、珠江三角洲、长江三角洲及国内其他地区，是中国唯一在香港、澳门拥有酒店的管理集团。2006年的数据显示，粤海酒店集团整体实力居中国酒店集团20强第三位。

（17）金陵

南京金陵饭店1983年开业，有600余间客房，1993年成立酒店管理公司，开始酒店连锁经营业务。目前金陵连锁经营着33家酒店和超过8 000间客房。

金陵饭店集团在全国同行中第一个请专业咨询公司IBM制定IT长远规划；第一个实现了在线采购。酒店前台软件的合作伙伴是国内酒店软件排名第一的西湖软件。

（18）凯莱

凯莱国际酒店管理有限公司成立于1992年，是由中国粮油食品集团（香港）有限公司投资建立的酒店管理集团公司，凯莱国际酒店管理的凯莱大饭店、凯莱大酒店、凯莱度假酒店、凯莱商务酒店共16家不同星级的连锁酒店，分布在北京、大连、南昌、沈阳、苏州、哈尔滨、青岛、沈阳、三亚、深圳、呼和浩特等地。

本章小结

酒店是独立经营性质的经济实体；酒店产品是硬件设施和软件服务的综合体；酒店根据不同的划分标准有不同的分类方法，并随着社会的发展而出现各种类型的新型酒店；我国第三个星级酒店的划分与评定标准的问世，表明了鼓励建设新型的有特色文化底蕴的酒店；我国酒店业在吸取西方著名管理酒店成功经验之后，开始出现一大批具有中国民族特色的酒店和酒店集团。

思考练习

1.如何理解酒店产品？

2.酒店产品有什么特点？

3.根据酒店市场和宾客特点分类，简述酒店的类型。

4.世界酒店的发展经历了哪几个时期?

5.简述中国酒店业现状、趋势和挑战。

6.熟记著名中、外酒店集团的名称及其主要品牌酒店。

教学实践

有条件的地区,教师可组织学生参观当地有代表性的不同等级的酒店,并组织学生将参观酒店后的印象和感受通过课堂发言、讨论等形式加以总结,使学生在初学酒店管理阶段,就能对酒店有直观的印象和亲身的体会,进而激发他们学习酒店管理知识的兴趣。

【案例分析】

香格里拉

香格里拉(Shangri-la)是香港上市公司香格里拉(亚洲)有限公司的品牌,该酒店集团隶属于马来西亚著名华商"糖王"郭鹤年的郭氏集团旗下。郭鹤年是马来西亚声名显赫的华人企业家,祖籍福建省福州市,有亚洲糖王之称;郭氏集团控制着超过 100 家公司,拥有数十亿美元的资产,业务渗透到新加坡、泰国、中国、印尼、斐济和澳大利亚等地。1971 年,他与新加坡经济发展局合资建成了新加坡第一家豪华大酒店——香格里拉大酒店,并开始在亚太地区扩张,打造香格里拉酒店品牌。

香格里拉从 1984 年在杭州开设第一家香格里拉酒店开始,就实行带资管理,是当时唯一采用此方式的国际酒店管理集团;自 2001 年起,开始实行"两条腿走路",输出管理和带资管理齐头并进。和大多数成功的酒店一样,香格里拉在经营管理上,重点从加强酒店凝聚力、提升员工和客人忠实度、重视培训、削价与价值回报、引人注目的广告宣传、与航空公司联合促销、领先运用高科技、重视领导技能等方面来进行。但与其他酒店不同的是,香格里拉的经营理念是"由体贴入微的员工提供的亚洲式接待"。

"亚洲人的待客之道",发源于香格里拉酒店,随后风行于世界。香格里拉的管理层总是这样启发新员工:想想看,你家里来了客人你会怎样招待?这个经营宗旨看似简单,实际上却蕴涵着深刻的意义:服务质量、服务风范、亚洲独有的服务特色,员工对待客人、公司以及同事的态度有如对待自己的家人一般,令人倍感亲切。香格里拉人认为,亚洲人总是好客的,而香格里拉的好客之道正如茶道一般精细入微:尊重备至,温良谦恭,真诚质朴,乐于助人,彬彬有礼。"让客人喜出望外",也是好客之道所追求的目标。香格里拉店要求员工,熟悉客人,了解客人的生活习惯,并能直接叫出客人的名字,为客人提供个性化服务。香格里拉营运部门还在集团内部倡导的"会客点——与总经理对话"沟通模式,是目前全球酒店业唯一的模式。这就是:香格里拉旗下的酒店,每星期一至五的下午5时至7时,酒店总经理都分别在自己的酒店大堂会见住店客人,与客人直接对话交流、沟通。这虽然是一个简单的办法,却令管理者和客人收到喜出望外的效果。

香格里拉一向注重硬件设施的豪华舒适,加上亚洲人的殷勤好客之道,成为适合亚洲人文化的知名酒店品牌。用香格里拉酒店集团"殷勤好客亚洲情"的广告语说,那就是:最殷勤,最好客,最亚洲。

[案例思考]

谈谈你对香格里拉采用"亚洲人的待客之道"来经营酒店有何看法?

[案例点评]

"殷勤好客亚洲情"来源于亚洲人的待客之道。在这种理念指导下,带给客人是具有人情味、个性化的服务,也是独有的香格里拉待客之道,它有两个层次:亚洲式殷勤好客传统和香格里拉特色的殷勤好客服务。

亚洲式殷勤好客传统的核心是尊重备至、温良谦恭、彬彬有礼、真诚质朴、乐于助人。在影响酒店经营的众多因素中,客人是核心部分,没有客源就没有一切,所以酒店希望客人感受到亚洲式的殷勤好客。我们对待客人有一种宾至如归的感觉,它体现在我们根据客人的特殊要求提供服务时表现出乐于助人,当我们感谢他们给我们带来机遇时,还应表现出温良谦恭,真诚质朴。但这还不能体现出香格里拉式的殷勤好客,因此,酒店又将它提高到另一个层次——具有香格里拉特色的殷勤好客服务。它是通过认知、灵活和补救等手段,使客人对服务感到喜出望外,从而建立客人的忠实感,而一个具有忠实感受的客人所带给酒店的终生价值是不可估量的。

第 2 章
酒店管理基本职能

【本章导读】

本章重点阐述了酒店管理的基础理论和酒店管理的基本职能。通过学习，使读者了解酒店管理的含义，了解中西方管理思想的内容和发展，了解酒店运作中的计划、组织、指挥、控制和协调五大管理职能。

【关键词汇】

酒店管理　管理理论　计划　组织　指挥　控制　协调

【问题导入】

酒店管理的难点问题探讨

我国酒店业经过20多年的发展，在管理上已经取得了相当多的成功经验，但是在运转过程中，仍普遍存在一些难点问题，如：

①人员冗多、勾心斗角。员工技能、裙带关系和管理者不懂科学的人员配置等因素，导致了酒店人员过多；而勾心斗角，这与中国人的性格特点和领导层的用人观相关。

②高层管理者操劳过头，而下面干事人少。管理者的敬业精神无可厚非，但凡事亲历亲为，不指导、培养会做事的员工，是管理者的悲哀。

③薪酬福利滞后于酒店业的发展，员工流失率高。薪酬福利关系到员工最切实利益，当员工认为其劳动付出与薪酬福利不成正比时，必然会跳槽或转到其他行业中去。

④对宾客意见和投诉，应付了事。当宾客有意见或投诉时，酒店更多的是注重当时的问题处理，而对今后杜绝类似问题缺乏长远考虑。

⑤行政会议、工作部署，往往有头无尾。多数酒店都有每日晨会的惯例，但会上布置的工作和要解决的问题常常是走形式，最终没有执行力度。

⑥成本控制力度较弱。许多酒店只口头提倡节约，但成本控制指标不明确，员工浪费现象十分严重；而高层管理者在营运中又把正常需要的营业费用卡得

很紧,造成经营的困难和宾客的不满。

⑦重视业绩、轻看利润。一般管理者主要关心的是平均房价、营业额等表象的数据,而对是否赢利、赢利多少关注甚少。

如何解决以上问题呢? 这需要读者通过以下管理知识的学习后,把知识运用到实践之中去体验,努力探索出解决以上问题的方法和对策。

2.1 酒店管理的理论基础

2.1.1 酒店管理的含义

酒店管理是以管理学的一般原理为基础,从酒店本身业务特点和经营管理特点出发而形成的一门独特的学科。酒店管理理论既有管理学的一般理论,又有酒店管理的独特个性,比如借鉴泰罗的科学管理方法中的标准化管理理论,就可以将饭店管理中的对客服务程序加以标准化,使每一位酒店员工都能够掌握同一种规范流程为宾客服务,保证酒店稳定的服务质量。21世纪的酒店,是市场导向、以宾客为中心的酒店,必须进行科学的经营和管理,才能够在激烈的市场竞争中取得优势地位。因此,酒店管理者通过学习和掌握管理学的理论基础,能将自己的经验管理逐步转型为科学管理,并能借鉴和吸纳管理学的诸多原理加以灵活运用,使酒店管理水平不断提升。

(1)酒店管理的概念

酒店管理是指管理者在了解市场的前提下,发挥其计划、组织、指挥、控制和协调等管理职能,利用一切酒店资源,使酒店形成最佳接待能力,保证酒店获得社会效益和经济效益的系列活动的总称。

酒店管理是从对市场的了解和认识开始的,管理者要了解酒店相关的市场规律、市场状况和客源渠道,并根据市场需求确定酒店的运作方向和管理办法。酒店管理的主要活动是执行管理职能,要求管理者精通业务,全面熟悉管理范围内的操作技术,有一定的时间参加与管理岗位相适应的业务操作,但不强调管理者必须参加业务操作活动,而强调管理者必须执行管理职能。

任何酒店的目标都是取得一定的社会效益和经济效益,这是因为酒店是社会的构成部分,与社会有着千丝万缕的联系,它在向社会提供特定的使用价值的同时,也担负着一定的社会责任。酒店的社会效益是指酒店的管理活动带给社会的功效和影响,酒店首先要满足客人对旅居生活和日常消费的需求,同时也是一个对外交流、开放的窗口。酒店的服务水平反映了一个国家(地区)和一个城市的精神面貌和生产力水平,反映了社会经济、文化意识形态水准,酒店的社会效益具体表现在知名度、影响力、宾客入住率、公众形象以及与社会的各种关系等方面。酒店的经济效益是指酒店通过经营管理所带来的收益,追求酒店利润的最大化是酒店管理的核心动力,是酒店进行正常运行和扩大再生产的基础,也是酒店资本运营的前提。酒店的社会效益和经济效益相辅相成,有了良好的社会效益,就有了酒店产品的声誉和市场,同时,良好的经济效益能使酒店为社会提供更多的价值。

酒店管理的手段就是酒店管理者在管理过程中要遵循一定的管理原则,把酒店管理的基础理论、原理等通过一定形式和方法转化为实际的运作程序,以提高酒店管理成效,达到酒店管理目标。在酒店管理中,充分发挥计划、组织、指挥、控制和协调等管理职能,就能将酒店现有的一切资源科学合理地组合、构建,并不断随市场变化而重组,使酒店始终保持最佳接待状态。

酒店核心的资源包括人力资源、财力资源和物力资源,同时信息资源、形象资源、时间资源、管理资源等也是极其重要的酒店资源。

人力资源:指占酒店主导地位的员工。酒店的正常运作,必须要具有相关岗位技能的管理人员、服务人员和行政人员。

财力资源:资金是酒店运行的根本保证,资金来源于经营利润、银行贷款、企业或私人投资等。

物力资源:指酒店的建筑设施、物资设备、食品原材料和各种能源等。

信息资源:包括行业及相关行业发展趋势、客源市场情况、客史档案、客房出租情况等,它是酒店选择经营决策和管理方法的依据。

形象资源:指酒店在公众心目中的良好形象,如知名度、美誉度和与各界的友好关系等。

(2)酒店管理是经营与管理的统一

所谓的酒店管理,实际上包含了酒店管理和酒店经营两方面。酒店经营指在国家政策许可范围内,根据市场经济的客观规律,对酒店的经营方向、目标、内容、形式等做出决策。其主要内容有市场调查和分析,目标市场的选择与定位,酒店产品的创新与组合,巩固与开拓客源市场,资金运作,以及进行产品成本、利润、价格分析等。酒店经营主要侧重市场,根据市场需求的变化规律来调节酒店的经营方向和方法,从而使酒店在竞争中得到巩固和发展。

酒店管理的侧重点是针对酒店内部具体的业务活动,即通过计划、组织、督导、沟通、协调、控制、预算、激励、创新等管理手段,有效组合和调配人、财、物等方面的资源,完成酒店的预定目标。酒店管理所包含的主要内容有协调酒店各部门工作,保证酒店各项业务正常运转;巩固和提升服务质量;挖掘员工潜力,提高积极性和工作效率;加强成本控制等。

2.1.2 西方传统管理思想

随着经验管理的不断发展,在特定时期,逐渐形成了不同流派的管理思想。西方传统管理史上,经历了科学管理理论、行为科学理论和现代管理理论三个发展时期。

1)科学管理理论

随着西方社会生产力的发展和科学技术的进步,自由竞争的资本主义逐步走向垄断。由于企业管理工作日益复杂,对管理的要求越来越高,仅凭经验进行生产和管理已经不能适应这种激烈竞争的局面,于是一些企业管理人员和工程技术人员开始总结工作经验,进行各种试验,研究如何提高生产率。在这种情况下,科学管理理论应运而生,其代表是美国泰罗的科学管理理论和法国法约尔的组织管理理论。

(1)泰罗的科学管理理论

科学管理理论是19世纪末20世纪初在美国形成的,它的产生是管理发展史上的重大突破,是管理从经验走向科学的第一步。管理学家泰罗(Frederick W. Taylor,1856—1915)被后世誉为"科学管理之父",他在其代表作《科学管理原理》中,提出了通过对工作方法的研究来提高工作效率的理论和方法,最大的特点是实行标准化管理。主要内容有:

①劳动方法、劳动工具、设备标准化;

②确定合理的日工作量(定额工作原理);

③按标准操作、科学地培训工人;

④作业人员和管理人员的分工协调,使管理专业化;

⑤例外管理原则:只需对"例外"事项实施决策与监控;

⑥实行有差别的计件工资制。

(2)法约尔的组织管理理论

1916年,法国人亨利·法约尔(Henri Fayol,1841—1925)发表了《工业管理和一般管理》一书,从企业组织角度,提出了管理的五大要素、六项基本活动和十四项原则,他侧重于从中高层管理者的角度去剖析具有一般性的管理,并因此

而被称为"一般管理理论"。法约尔第一次从一般的角度阐述了管理理论,构建了管理理论的基本框架,对以后管理理论的发展产生了巨大影响,他被后世誉为"经营管理之父"。

管理的五大要素:计划、组织、指挥、控制、协调。

企业的6种基本活动:技术活动、商业活动、财务活动、安全活动、会计活动、管理活动。

企业管理的14项原则:分工协作、权责相当、纪律原则、统一领导、统一指挥、个人服从集体、个人报酬、集权原则、秩序原则、公平原则、首创精神、团队精神、等级链原则、法约尔跳板。

等级链原则指企业最高层到最底层之间的各级领导人所组成的链条结构,反映出明确的职权等级。法约尔跳板指如果等级链中的下层之间需要工作联系,可直接在该层协调,解决问题。

2)行为科学理论

1929—1933年的世界经济危机给西方国家沉重的打击,资本家和工人两个阶级的矛盾日益加深。在这种情况下,泰罗科学理论中只重效率而忽视人的观点,已不能完全适应新的形势,一些管理学家便开始从不同的角度对管理理论和方法进行新的研究,行为科学产生了。行为科学是研究人的行为的一门综合性科学,它研究人的行为产生的原因和影响行为的因素,目的在于激发人的积极性、创造性,充分利用人的优化组合达到组织目标。行为科学的代表理论有:

(1)梅奥的人际关系学

美国哈佛大学的教授梅奥(G. Elton. Mayol,1880—1949)是人际关系学说的创始人。1924—1932年,梅奥应美国西方电器公司的邀请,在该公司设在芝加哥的霍桑工厂进行了著名的"霍桑试验",通过这次试验,梅奥等人提出了人际关系学,主要内容是:

①职工是"社会人"。工人并非只是单纯追求金钱收入,他们还有社会、心理方面的需求,也就是追求人与人之间的友情、安全感、归属感和受人尊重等。

②企业中存在着"非正式组织"。企业职工在共同生产和工作中,必然会产生相互之间的人际关系,产生共同的感情,自然形成一种行为准则,这就构成了"非正式组织",这种非正式组织是影响生产效率的重要原因。

③生产效率取决于职工士气。士气高低取决于安全感、归属感等社会和心理方面的欲望的满足程度。满足工人的社会欲望,提高工人的士气,是提高生产效率的关键。

④企业应采用新型的领导方法。新型的领导方法,主要是组织好集体工作,

通过提高职工的满足度,提高职工的士气,达到提高生产率的目的。这就要求转变管理观念,重视"人"的因素,采用以人为中心的管理方式。

人际关系理论是行为科学学派的早期思想,它只是强调了要重视人的因素,此后的行为科学学派经过进一步的研究,找出产生不同行为的影响因素,并深入探讨如何控制人的行为以达到预定的目标。

(2)马斯洛的需求层次理论

1943年,美国威斯康星大学的心理学家马斯洛(A. Maslow,1908—1970)提出了需求层次论。他认为大多数人的需要可分为五类,五种需要是按次序逐级上升,下一级需要基本满足以后,上一级的需要就成为行为的主要驱动力。

生理需要:这是人类最原始的基本需要,包括食物、衣物、住房、异性等生理机能的需要,这些需要如不能得到满足,人类的生存就成为问题。

安全需要:包括摆脱失业、疾病和暴力的威胁,有养老保障等。

社交需要:包括人与人之间的友谊、忠诚以及归属某一个群体、组织的需要等;

尊重需要:包括对一定的社会地位、名望、个人能力及成就得到社会承认,能独立自主地工作和生活等需要。

自我实现需要:指实现个人理想抱负,最大限度地发挥自己的才干的需要。

(3)赫茨伯格的双因素理论

美国心理学家赫茨伯格(Herzberg)认为,影响人的工作动机的主要因素有两类,即保健因素和激励因素。保健因素指如果缺少它就容易产生意见和消极影响的因素,如工资报酬、工作条件、人际关系、企业政策与企业管理等方面,这些因素能防止员工产生不满,但不能激发职工提高工作效率。激励因素指可以使人得到满足和激励的因素,如工作成就、被重用、富有挑战性的工作和光明的前途等,这些因素能对员工构成激励,使员工对工作感到满意。

(4)麦格雷戈的 XY 理论

美国麻省理工学院的教授麦格雷戈(Mcgregor,1906—1964),通过对人的本性的研究,提出了 X 理论和 Y 理论。

麦格雷戈认为,传统的管理理论有很多缺陷,根本在于对人的看法不正确,对人性作了错误的假设。他把传统的管理观念称为 X 理论,X 理论认为:①员工逃避工作,有惰性。②员工缺乏工作动力,必须加以控制和惩罚。③员工以自我为中心,不顾组织目标。④员工安于现状,怕担责任,缺乏创造性。

麦格雷戈提出了与 X 理论相对立的 Y 理论,认为:①员工积极工作,工作是人的需要。②员工具有能动性,不需要控制和惩罚。③员工勇于承担责任。

④员工敢于承担责任,热衷于发挥自己的才能和创造性。

对比 X 理论和 Y 理论可以发现,它们的差别在于对人的需要的看法不同,因此采用的管理方法也不同。根据 X 理论,对于工人的需要,管理者就要采取严格的控制和强制的方式;如果根据 Y 理论,管理者就要创造一个能多方面满足工人需要的环境,使人们的智慧和能力得以充分的发挥,以更好地实现组织和个人的目标。

行为科学理论除以上理论外,还有弗鲁姆的期望值理论、麦克莱恩的成就需要理论、利克特的民主管理理论等。

【相关链接 2-1】

超 Y 理论和 Z 理论

在麦格雷戈提出了 X 理论和 Y 理论之后,美国的洛尔施(Joy Lorsch)和莫尔斯(John Morse)在对两个工厂和两个研究所进行对比研究后发现,采用 X 理论和采用 Y 理论都有效率高与低的结果,便由此推断 Y 理论不一定都比 X 理论好。那么,到底在某种情况下应选用哪种理论呢? 他们认为管理方式要由工作性质、成员素质等因素来决定,并据此提出了超 Y 理论。其主要观点是,不同的人对管理方式的要求不同,有的人希望有正规化的组织与规章条例来要求自己,而不愿参与问题的决策去承担责任,这种人欢迎以 X 理论为指导的管理方式;有的人却需要更多的自治责任和发挥个人创造性的机会,这种人则欢迎以 Y 理论为指导的管理方式。此外,工作的性质、员工的素质也影响管理理论的选择,不同情况应采取不同的管理方式。

Z 理论是由美国日裔学者威廉·大内(William Ouchi)提出来的,其研究的主要内容是人与企业、人与工作的关系。大内通过对以美国为代表的西方国家的价值观和以日本为代表的东方国家的价值观对管理效率的不同影响进行了对比研究,他把由领导者个人决策,员工处于被动服从地位的企业称为 A 型组织,并认为当时研究的大部分美国机构都是 A 型组织,而日本的 J 型组织则具有与其相对立的特征。

大内不仅对 A 型和 J 型组织进行了系统比较,还通过对美国文化和日本文化的比较研究指出,每种文化都赋予其人民以不同的行为环境,从而形成不同的行为模式。

超 Y 理论和 Z 理论的实质在于权变,管理方法的选择和运用必须符合企业自身的特点,才能收到满意的效果。

3）现代管理理论

现代管理理论是继科学管理理论、行为科学理论之后发展起来的又一理论，它是运用现代科学技术和方法研究生产、作业等方面的管理问题，使管理的定量化成分提高，科学性增强。管理科学的理论特征是以决策为中心，以经济效益为依据，以数学模型和电子计算机作为处理问题的方法和手段来研究企业管理的。现代管理理论主要有：

（1）系统理论

系统理论是从全局和整体上研究企业问题，代表人物是美国的卡斯特、罗森茨韦克、约翰逊等。系统管理理论的要点包括：①企业是由人、财、物组成的系统；②企业是一个由许多子系统构成的系统；企业又是社会这个大系统中的子系统；③企业内部存在许多子系统，如决策和目标子系统、业务技术子系统、组织结构子系统等；④系统理论强调系统的整体性，只要整体目标最佳，就不强调子系统最佳。

（2）决策理论

决策理论的代表人物是美国的赫伯特·西蒙等，决策理论的主要内容是：①企业活动的中心是决策；②决策过程分收集情报、拟定计划和选定计划3个步骤；决策类型分为程序化决策和非程序化决策、风险决策及非风险决策；③企业组织的结构、职能和决策相连，集权和分权也与决策相连；④决策的准则以"令人满意"代替"最优化"准则等。

（3）权变理论

权变指权宜应变，强调根据企业所处的不同内外环境采取不同的、能适应企业发展的管理模式和管理方法，并在理论方法上，把千变万化的企业类型和管理方法归纳为几种基本类型，从而提出每一种类型的管理模式。

（4）管理科学（运筹学）

管理科学指在一定的物质条件下，为了达到一定的目的，运用数学方法进行数量分析，统筹兼顾各方面的关系，为选择最优方案提供数量依据。

酒店管理理论是以科学管理理论、行为科学理论和现代管理理论为基础，结合酒店的具体管理特色，灵活运用的。如管理科学理论可以更好地运用于饭店的投资策划和饭店投资的前期可行性研究；管理科学的核心优化原理，可以指导酒店在经营活动过程中，优化员工组合，挖掘潜力，提高服务效率；而运用双因素原理，酒店在对客服务的同时，就不会忽略员工的利益，只有员工满意了，客人才能满意。

2.1.3　中国传统管理思想

中国传统管理思想源自于中国博大精深的传统文化。围绕着如何"正心、修身、齐家、治国、平天下"这一主题,中国传统管理思想经历了一个由先秦诸子争鸣到以"儒"为中心的演化过程。千百年来,我国古代劳动人民在辛勤劳动中,萌发、创造出许多卓越的管理思想,如:西周时期"量入以为出"的财政思想;秦汉初年的集权、限田管理思想;司马迁的经济放任主张;贾思勰的《齐民要术》;王安石的经济改革政策;张居正的经济改革思想等,无论是宏观的治国之道还是微观的治生之道,都是内容丰富,脉络清晰,影响深远,直到今天,许多管理之道仍根深蒂固地存留在我们的现代管理实践中。

(1)顺道

"道"一般有两种含义,主观意义上的"道"是指治国的理论,客观范畴的"道"是指客观经济规律,这里指管理要顺应客观规律。管子认为自然界和社会都有自身的运动规律,万物按自身之"轨"运行,对于人是毫不讲情面的;司马迁把社会经济活动视为人们为了满足自身的欲望而进行的自然过程,在社会商品交换中,价格贵贱的变化,也是受客观规律自然检验的。顺道,或者守常、守则、循轨,是中国传统管理活动的重要指导思想。

(2)重人

重人包括两个方面:一是重人心向背,二是重人才归离。要夺取天下,治好国家,办成事业,人是第一位的,故我国历来讲究得人之道,用人之道。所谓"求贤若渴",就是表示对人才的重视。《管子》把从事变革事业,注重经济建设,为人民办实事,视为聚拢优秀人才的先决条件;诸葛亮在《前出师表》中总结汉的历史经验说:"亲贤臣,远小人,此先汉之所以兴隆也;亲小人,远贤臣,此后汉之所以倾颓也"。因此,能否得到贤能之人,关系到国家的兴衰和事业的成败。

(3)人和

人和即人际关系协调、和睦。以墨子为代表的墨家学派从集体中人际关系的角度来阐述其管理思想,他们认为,个人的成功与幸福和集体息息相关的。为了满足个人的工作与生活需求,为了消除影响工作效率的各种埋怨和不满情绪,就应该提倡平等和兼爱,以营造一种和谐融洽的人际关系。我国历来把天时、地利、人和当作事业成功的三要素。战国时赵国的廉颇、蔺相如的"将相和"故事,妇孺皆知,被传颂为顾大局讲团结的范例。唐太宗李世民,他救下了曾反对其父李渊的李靖,委以重任;魏征曾力劝李建成除掉李世民,太宗就位后不计前嫌,重

用魏征,使群臣乐于献策,齐心治国。正因为唐太宗广泛团结人才,形成一个高效能的人才群体结构,"贞观之治"才有了组织上和人才上的保证。

(4)守信

信誉是社会中人们之间建立稳定关系的基础,是国家兴旺和事业成功的保证。言而无信,政策多变,出尔反尔,是管理的大忌。我国自古就有提倡"诚工"、"诚贾"的传统,经商不讲诚信,只能做一次一时的生意,最终会导致失败,成功的商人大多是商业信誉度高的人。

(5)利器

孔子说:"工欲善其事,必先利其器",打仗要有兵器,生产要有工具。中国古代的造纸、印刷术、指南针、火药四大发明及其推广,极大地推动了社会经济、文化和世界文明的发展,并使"利器说"成为中国管理思想的重要内容。东汉和三国时出现的新式炼铁鼓风器——水排,大大提高了铁的质量,从而提高了工具和兵器的质量;明清时代在长江下游乃至全国先后推广松江地区先进的纺车和纺织技术,多是由地方官员出面相主持的,说明利器思想已引起当时国家管理机构的重视。及至近代,再次出现了机器兴邦说,如郑观应主张维护民族独立要靠"商战",商战必依赖机器生产,其产品工省价廉、精巧绝伦,可与外国商品竞争,因此必须自制各种机器;孙中山实业救国的核心是技术革命,实现现代化,"用机器去制造货物……把国家变成富庶,争取驾乎英美日之上"。可见"利器说"贯乎古今,成为兴邦立业的重要思想。

(6)求实

实事求是,是思想方法和行为的准则。儒家提出的"守正"原则,意即看问题不要偏激,如果办事过头就会超越客观事实,犯冒进错误,如果办事不及时又会错过最佳时机,属于思想保守。《管子》提出"量力"和"时控"原则,指出凡事量力而行,切不可不顾主观条件地妄行、强进;"时控"原则就是办事要注意时间(时机)和地点等客观条件,不可将一套办法到处运用,应因时因人因事的不同而采取相应的措施。

(7)对策

《史记》中有"运筹于帷帐之中,决胜于千里之外"的名言,在一切竞争和对抗的活动中,都需要统筹谋划,正确研究对策,以智取胜。研究对策有两个要点:一是预测,二是运筹。范蠡认为经商要有预见性,比如要预测年景变化的规律,推测粮食供求变化趋势,及时决断收购和发售。三国孙刘联军对曹的赤壁之战、诸葛亮的空城计、孙膑的"减灶骄敌"都是运用战略策略以弱胜强的典范。

（8）节俭

我国自古提倡开源节流，崇俭拙奢，勤俭建国，勤俭持家等优良品德。在治国方面，凡国用有度，为政清廉，不伤财害民，则会国泰民安。反之，凡国用无度，荒淫奢费，横征暴敛，必滋生贪官污吏，戕害民生，招致天下大乱。在治生方面，节俭则是企业家致富的要素。

（9）法治

以韩非子为代表的法家主张法治。法家认为，鉴于人的非自觉本性，应当使用客观的、具体的、强制的法律，通过严厉的奖罚制度来控制和修正人的行为，以达到"治"的目的。因此特别提倡"法"高于一切的管理思想，主张奖罚分明，强调雷厉风行的作风和严肃无情、激烈强制的法治手段，"若无威严之势、赏罚之法，虽尧舜不能以为治"。显然，法家的管理思想，在某种程度上与西方的某些管理思想不谋而合。正因如此，有学者甚至认为，如果中国不是以儒学为其正统文化，那么中国有可能在13世纪以前就已进入工业革命时期。

（10）无为

以老子、庄子为代表的道家学派主张"无为而治"。在道学中，最为精炼也最为核心的思想就是"无为"。但这种无为是一种积极的思维与行为，其最终目的是要达到"有为"之结果，即无为而无不为、无为而治。因此，道家的这种无为而治、不争而争的思想，被认为是管理的最高境界。如果没有高度的智慧和认识，则无法掌握其中的奥妙，也无发达到相应的境界和效果。

2.1.4 中西方酒店管理思想的融合发展

1）中外酒店管理思想的比较

（1）文化背景不同

西方社会的主流文化深受基督教的影响。从"人本平权"理想出发，强调进取、效率与控制的酒店文化，使酒店业逐步发展并建立了企业管理的契约关系和市场法则，促进了西方酒店业的集团化发展，形成了连锁经营、特许经营和战略联盟等经营模式，使酒店经营走上了品牌化、连锁化与集团化的发展之路。

中国的传统文化背景是以伦理为核心，以人本主义为特征，崇尚和谐、谦让、勤劳、节俭，在价值认知上注重传统权威，在社会评价方面注重名声与家风。普通平民百姓特别重视血缘、地缘关系，重视差序的伦理观，讲求天人合一的企业自然观，缺乏法治观念，在宿命论的指引下，强调安分守己，乐天知命。在这些传统文化的影响下，中国的酒店组织形成了一种"差序关系与家庭伦理式"的管理方式。

（2）经营宗旨差异

西方酒店的经营宗旨强调顾客利益、股东利益与员工利益之间的三者统一。而中国酒店受儒家学说影响，在经营中强调企业经营的社会效益，许多酒店在强调"宾客至上"的基础上，提出要创造出"宾至如归"的酒店气氛，力图建立起"宾客至上，服务第一"的酒店管理体系。

（3）服务标准差异

个性化服务是20世纪90年代以来西方高档酒店的服务标准，个性化是情感服务、特殊服务和超常服务的综合体。全球最豪华最有特色的酒店集中在美国的拉斯维加斯，其个性化服务也是世界一流的。由于中国经济发展水平的差异，中国大多数酒店仍是追求标准化，只有少数高星级酒店逐渐在向西方酒店学习，在规范服务的基础上，倡导个性化服务。

（4）内部管理差异

西方酒店内部管理注重的是管理层与员工的沟通，目的在于满足宾客的需要，对顾客的需要能做出最快速的反应，要求员工以最少的时间与费用获得最大的效能与效率。我国酒店内部管理方式重模式，重监控，即使是借鉴西方酒店业的管理经验，也往往是借用其模式或者创立自己的模式，要求员工按模式行事，管理层的重要责任是监督员工严格按照模式操作，侧重于对员工的监控。在管理方法上，仍然停留于传统的重监控、轻授权的监督式管理。

（5）市场竞争策略差异

面对激烈的市场竞争，酒店虽然也重视价格竞争，但更多的是把产品放在中心位置，以产品塑造酒店形象，实行产品与品牌差异策略，将市场竞争的重点放在产品差异化竞争上，并通过差异化竞争，提高产品的附加值，增强宾客对品牌忠诚度。中国酒店目前的市场竞争策略还很传统，比较看重酒店的档次，往往花大成本提升酒店星级水平，在酒店产品的差异化竞争方面挖掘不够，将竞争的重点放在销价竞争上，往往形成"五星的酒店，四星的服务，三星的价格"。恶性价格竞争的后果是进一步削弱了中国旅游酒店业的整体竞争水平，使其难以形成参与国际竞争的能力。

（6）人力资源管理差异

西方酒店人力资源管理的重点在于激励、安抚员工，挖掘员工潜能。人力资源管理的实质并非管人而在于得人，谋求人与事的最佳结合。现代西方酒店人力资源管理的几个重要趋势是：内部营销、员工关系项目、交叉培训、建立团队精神与充分授权。我国酒店人力资源管理的重点是培训、调整劳资关系和稳定员

工队伍。近年我国酒店业对员工的培训包括岗位操作技能培训、对客服务培训、沟通技能、语言技能和管理技能培训,培训重点由原来的岗位操作技能和语言能力,转向酒店服务意识、销售能力及沟通能力的培训。

2)东西方管理思想对中国酒店管理的影响

对中国现代酒店而言,战略规划、管理方式、企业文化犹如三足鼎立,缺一足或短一足都将导致酒店徘徊踯躅甚至摇摇欲坠。随着中国酒店的崛起和发展,东西方传统管理思想对中国酒店管理影响深远。

(1)西方管理思想主导酒店战略的制定

中国酒店崛起于20世纪80年代,和西方上百年的酒店管理思想相比,我们还处于探索实践的过程中,模仿和学习西方酒店管理是一条捷径。西方现代酒店的战略是以酒店使命和战略目标为约束,推进酒店发展,即按照发展方向和阶段性目标来控制酒店当前行为,这是西方战略管理思想的核心。根据这一管理思想来设计酒店战略,它是一个以酒店使命为起点和终点的循环链:酒店使命—业务组合—经营理念—目标体系—规则体制—程序方法—预算配置—战略方案—行动计划—实施控制—测度评价—酒店使命。酒店战略根据不同时期的环境变化和战略目标,来调整酒店资源和能力,保证酒店的协调发展。中国酒店近几十年的快速发展壮大,得益于借鉴了西方几百年的管理思想精华。一般来说,创业阶段的战略重点是在资源、资金匮乏的情况下,处理好目前市场定位和未来竞争优势的关系;成长阶段战略重点转向产品差异化,需要解决市场扩张和成本优势的问题;发展阶段战略重点又转向品牌的再定位方向。酒店在获得大规模扩张和重组以后,则需要进行资源的整合和文化的融合。

(2)东方传统管理思想影响酒店战略的实施

西方的管理思想为我们提供了制定战略的正确思路和有效方法,但是战略的真正实现只凭技术和方法是不够的,还需要得到文化和环境的强大支持,但是,恰恰是东方传统管理的某些观念,削弱了中国酒店的执行能力。一直居于中国正统地位的儒家学说最典型的特征就是"中庸之道",其字面意思就是"无过无不及",对它的积极的解释是合理、适度、平衡,而对它的消极的理解就是平庸、保守、妥协。在战略的执行过程中,求稳、谨慎和保守的思想经常造成管理结果的不理想,因为富于冒险和承担风险的精神才是酒店做大做强的进步动力。

有人说中国只有伟大的企业家,而没有真正意义上的伟大企业,这说明了我们文化的又一个特征就是"人治大于法治"。西方酒店注重的是组织结构、流程机制、市场细分等制度设计模式,中国酒店依靠的则是人际关系、人格信任、人品能力等人治管理方式,人治管理的实施严重地妨碍了酒店组织功能的发挥。

西方社会基于契约式的组织形态和结构设计,与源于非契约化的信任关系和伦理关系的中国传统文化经常出现矛盾,使得中国酒店在战略的执行上出现"上有政策,下有对策"的现象。正确的决策,必须不折不扣地执行,如果是错误的决定,可以通过执行过程中合理调整以减少损失。战略制定要有理想性,但在执行的时候,如果不考虑到实际性,战略的目标也是不容易实现的。

(3)中西管理思想的融合程度决定酒店管理的成败

中国酒店要想达到有效地运行战略管理,就要善于在执行既定的战略取向的同时,还要洞察出现的各种随机性变化,然后巧妙运用东方文化的智慧加以变通。即在战略的原则和目的不变的情况下,可以因时、因地、因人的调整战略的模式和进程。中国酒店管理,其实就是西方管理思想和东方传统文化的兼并和融合。西方管理思想的长处在于专业化和科学化,条理分明,有一定的规律可循,东方传统文化的特色在于适应多变环境,应变及时,在动态中维持均衡。中国酒店要想走向世界,参与国际竞争,就必须处理并解决好东西方管理思想这两者之间的关系。中国革命的成功,是源于马克思主义与中国革命实践的相结合,中国改革的成功,是源于西方市场经济与中国社会主义国情的相结合,那么中国酒店的成功,同样可以借助西方管理思想与中国传统文化的有机融合。

2.2 酒店管理的基本职能

酒店管理的基本职能是计划、组织、指挥、控制和协调。

2.2.1 酒店管理的计划职能

1)酒店计划的含义

酒店计划就是管理者在了解市场的前提下,确定酒店在一定时期要达到的目标和为达到此目标应采取的方法和措施。

酒店计划是酒店管理的首要职能,是现代酒店管理的客观要求,为其他管理职能发挥作用提供了目标和纲领;它能帮助管理者选择更有效的经营管理方案,指导酒店的经营业务活动,为控制管理提供依据,是酒店取得良好效益的保证。

2)酒店目标管理法

目标管理(Management by objectives,缩写为 MBO)是 1954 年美国管理学家

彼得·德鲁克在《管理的实践》一书中首次提出的,它是以泰罗的科学管理和行为科学理论(特别是其中的参与管理)为基础形成的管理制度。目标管理可以使组织成员亲自参与工作目标的制定,实现"自我控制",并努力完成工作目标。而对于员工的工作成果,由于有明确的目标作为考核标准,从而使对员工的评价和奖励做到更客观、更合理,因而能大大激发员工为完成组织目标而努力。目标管理的具体实施分三个阶段:第一阶段为目标的设置;第二阶段为实现目标过程的管理;第三阶段为测定与评价所取得的成果。

目标管理是计划管理的一种手段,将此管理方法用于酒店管理中,我们可以这样理解:

①目标管理是酒店参与管理的一种形式。酒店的目标与计划,应由上下级一起共同研究确定,酒店首先提出总目标,然后将其分解到各部门直至每一位员工,通过逐级展开,上下协商,最后形成部门与员工的具体目标。

②强调自我控制。酒店员工希望在工作中能够发挥自己的聪明才智和创造性,因此,用"自我控制管理"代替"压制性管理",使管理人员能够控制他们自己的成绩。这种"自我控制"可以成为更强烈的动力,推动他们尽自己最大的力量把工作做好。

③促使下放权力。集权和分权的矛盾是组织的基本矛盾之一,酒店管理者担心失去控制是阻碍大胆授权的主要原因之一。酒店推行目标管理有助于协调这一矛盾,促使权力下放,有助于在保持有效控制的前提下,提高员工的能动性。

④注重成果第一的方针。酒店如果采用传统的管理方法来评价员工的表现,往往容易根据印象、本人的思想和对某些问题的态度等定性因素来进行评价。实行目标管理后,由于有了一套完善的目标考核体系,从而能够按照员工的实际贡献大小如实地评价一个人。目标管理还力求组织目标与个人目标更密切地结合在一起,以增强员工在工作中的满足感。这对于调动员工的积极性、增强组织的凝聚力起到了很好的作用。

3)酒店计划的编制流程及内容

酒店计划的分类有多种类型,根据计划的制订者分类,可分为战略计划和行动计划;根据时间限制分类,可分为长期计划、中期计划和短期计划;根据计划对象分类,可分为综合计划、部门计划和项目计划等。无论哪种计划,其编制的流程和方法都是一致的,区别主要在于内容的不同。

(1)酒店计划的编制流程

酒店计划的编制流程如图 2.1 所示:

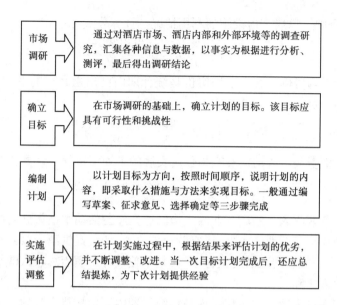

市场调研	通过对酒店市场、酒店内部和外部环境等的调查研究，汇集各种信息与数据，以事实为根据进行分析、测评，最后得出调研结论
确立目标	在市场调研的基础上，确立计划的目标。该目标应具有可行性和挑战性
编制计划	以计划目标为方向，按照时间顺序，说明计划的内容，即采取什么措施与方法来实现目标。一般通过编写草案、征求意见、选择确定等三步骤完成
实施评估调整	在计划实施过程中，根据结果来评估计划的优劣，并不断调整、改进。当一次目标计划完成后，还应总结提炼，为下次计划提供经验

图2.1 酒店计划的编制流程

（2）酒店计划的内容

酒店各种计划的编制,应包含以下内容:

①前提条件:指计划在何种情况下实施才有效。

②目标任务:即通过实施该计划,最终达到什么目标。

③计划目的:编制该计划的原因、意义和重要性等。

④战略方针:完成该目标的途径、方法和具体措施。

⑤实施时间:该计划的有效时间,如起止时间、进度安排等。

⑥计划范围:计划所涉及的部门和个人等范围。

⑦计划预算:实现该计划需投入的人、财、物方面的资源。

⑧应变措施:为保证计划顺利实施而制定的预备方法,以应对实施计划过程中的变故。

（3）酒店计划指标

计划指标是酒店在计划期内用数值来表示的经营、接待、供应、效益等方面要达到的目标和水平,包括数量指标和质量指标。数量指标指应达到的数量要求,用绝对数值来表示,如营业收入、成本额等;质量指标指服务质量应达到的水平,用百分比来表示,如出租率、毛利率等。

我国酒店经营管理中的主要指标有:

①客房出租率。客房出租率是酒店实际出租的客房数与可供出租的客房数

的比率,它反映了酒店客房设施的利用情况。计算公式为:

$$客房出租率 = \frac{客房实际出租数}{客房可供出租数} \times 100\%$$

②客房平均房价。客房平均房价是统计期内已出租客房的平均价格,它反映了客源的消费能力。计算公式为:

$$客房平均房价 = \frac{客房营业收入总和}{已出租客房数总和}$$

③人均消费额。人均消费额指住店宾客的平均消费额。计算公式为:

$$人均消费额 = \frac{酒店营业收入总和}{接待人数}$$

④酒店营业收入。酒店营业收入指酒店在经营活动中销售酒店产品而取得的收入。酒店除了营业收入外,还有营业外收入,即没提供酒店服务和产品的收入,这项收入一般不列入酒店指标中,而是单独核算。酒店总收入即是营业收入与营业外收入之和。

⑤酒店接待人数。酒店接待人数指统计期内酒店接待人数的总量。此项指标又可分为两项小指标,即住宿人数和住宿夜数。住宿人数指酒店接待的人数(某人无论住几天都算 1 人);住宿夜数指宾客在酒店住宿的天数之和。

⑥员工人数。员工人数指酒店需支付工资的人员数,包括固定工、合同工、临时工、计划外用工等。

⑦酒店成本。酒店成本指酒店在经营过程中所产生的各种支出的总和,包括营业成本、营业费用和管理费用三部分。营业成本指酒店的直接成本,费用指酒店的间接成本。酒店成本还可分为固定成本和变动成本,前者指在一定时期内不随酒店接待客人数量的增减等因素变化而变化的成本,变动成本则是随营业变动而变动的成本,如水、电、气等能源成本。

⑧工资总额。工资总额指酒店在统计期内支付全体员工的劳动报酬总额,包括工资、免费午餐、夜餐、工资税、社会保险费、医疗费、抚恤金、社会福利金以及奖金等,一般占饭店总费用的 30% 左右。它反映了酒店劳动消耗的水平。

⑨利润和税金。利润是酒店在统计期内生产经营活动的成果,即收入与费用相抵后的差额,它反映了经营活动的最终结果。税金是酒店员工创造的、提供给社会支配的那部分价值,它反映了酒店对国家贡献的大小。

⑩人均实现利税。人均实现利税指统计期内酒店平均每一位员工实现的利润和上缴国家的税金(包括营业税、城建税等)总额。计算公式为:

$$人均实现利税 = \frac{酒店利润 + 税金总额}{酒店平均员工人数}$$

⑪人均能源消耗。统计期内酒店宾客人均消耗的水、电、气等能源数量。可分别计算总耗指标和单耗指标。计算公式为：

$$人均能源消耗 = \frac{酒店能源消耗总量}{住宿人夜总数}$$

⑫资金利润率。资金利润率是利润在资金总额中的比率，它反映了酒店的经济效益。

$$资金利润率 = \frac{利润总额}{资金总额} \times 100\%$$

⑬劳动生产率。劳动生产率指酒店每一位员工在统计期内实现的营业收入。计算公式为：

$$劳动生产率 = \frac{营业收入总和}{平均员工人数}$$

⑭设备完好率。设备完好率指统计期内酒店完好的设备与全部设备的比率。计算公式为：

$$设备完好率 = \frac{完好设备总和}{酒店全部设备总和} \times 100\%$$

⑮客人满意率。客人满意率指统计期间客人的满意程度。计算公式为：

$$客人满意率 = \frac{被调查客人满意人数总和}{被调查人数总和} \times 100\%$$

⑯客人投诉率。客人投诉率反映统计期内酒店住宿客人的投诉情况。计算公式为：

$$客人投诉率 = \frac{客人投诉人数总和}{住宿客人总和} \times 100\%$$

⑰基建改造投资额。基建改造投资额指计划期内用于基建和固定资产更新改造所需的投资额。

4）酒店计划的编制方法

酒店的长期计划、年度综合计划和短期业务计划组成了酒店的计划体系。这些计划在计划期内，在各种业务上指导和控制着酒店本身的发展和酒店业务的运转。

（1）酒店长期计划的编制

酒店长期计划是酒店在3~5年内，在发展方向、规模、设备、人员、经济、技术等方面建设发展的长远性、纲领性计划，它是一种战略计划，规定了酒店的发展方向和所应达到的目标。

长期计划不仅要指出目标，而且要指出达到目标的途径。其内容主要有：

①酒店目标:从总体上确定整个酒店的未来目标,其中包括所要达到的各项指标。

②酒店规模:规划酒店发展的规模和接待能力,如果确定需要扩大酒店的接待能力,就要相应地进行扩建、征地、增加设施等。

③酒店建设与投资:酒店在计划期内对固定资产的总体规划。

④酒店经营管理:酒店在计划期内经营管理要达到的水平,如管理体制改革、组织的调整和新模式等。

⑤员工培训:员工培训是对酒店管理人员和员工的来源、要求的规划,提高人员素质所要达到的标准,以及为达此标准所需要的培训层次、培训方式、时间安排等。

由于长期计划时间跨度较长,一般采用逐年滚动的编写方法:

①市场调研:了解国际国内酒店业发展现状和趋势,对酒店内外环境进行比较分析,确定酒店3~5年的发展方向。

②确立目标:确立酒店3~5年发展的具体目标,以及为实现此目标需要达到的服务水平、各部门的经营指标、增长速度等。

③编写初稿:编写内容主要包括酒店建设与投资、酒店经营管理、员工培训等方面。根据酒店发展目标,将以上内容所要达到的水平和应完成的指标逐项列出,对这些规划目标和指标要进行仔细、科学地分析,列出实施的阶段和步骤,对目标指标要确定数量和递增比例。初稿可多写几个,以便比对选择。

④确定计划:在几个初步方案的基础上,比较、融合、修改一个较为合理而科学的方案,邀请有关专家和各方人士进行论证,按程序交员工代表大会和董事会审议,最终确定酒店的长期计划。

⑤滚动编制:在执行长期计划的过程中,由于时间跨度较大,许多条件都在不断变化,使计划和实际之间产生差距,因此要不断调整、修正和充实计划内容。滚动编制计划流程和内容如图2.2所示。

(2)酒店综合计划的编制

年度综合计划是具体规定计划期全年度和年度内各时期,酒店各个方面的工作目标和任务的计划,是酒店在计划期内行动的纲领和依据,是酒店中最重要的计划。

年度综合计划由两部分构成,第一部分是酒店经营总计划,它是对酒店的目标和任务、计划指标、附加指标以及指标分解作总括的说明;第二部分是部门分类计划,包括各业务和职能部门为达到酒店目标,在各部门业务范围内执行的目标和任务。

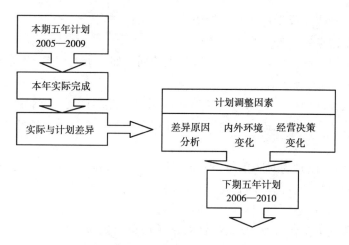

图2.2 滚动式编制计划

编制酒店综合计划,一般采用"集中—分散—集中"的编写方法:

①提出设想。由酒店高层提出初步的经营决策,以及主要计划指标的试算指标和指标体系,搭建计划的主要内容框架。

②会议拟定。酒店一般在年底召开主题为拟定年度综合计划的会议,由酒店主要负责人提出计划设想,并详细地解释一些主要计划指标的依据。

③计划集中。根据酒店会议拟定的目标和任务,各部门经充分酝酿后制定出部门计划草案(内容参考【相关链接2-2】),酒店汇总并审核各部门计划。在审核过程中,把握三个关键:

a.以利润为中心,做好各项主要计划指标之间的平衡。

b.以资金为中心,作好财务收支平衡。

c.以接待为中心,作好经营业务之间的平衡

④编制草案。具体编制部门在总经理的指导下,在各部门计划的基础上,根据已掌握的材料开始编制年度综合计划草案。计划由三方面内容构成:

a.综合部分:以确定的形式提出酒店目标、各项主要计划指标,指明完成以上任务的途径与方法,分析有利与不利因素等。

b.部门计划:按顺序排列各部门计划,强调对各部门计划的要求与注意事项。

c.业务进度:将全年度计划指标分解到一定时间(一般以月为时间单位分解)。

编制酒店年度综合计划的注意事项:

①各种计划指标要详细具体;

②具体阐明完成指标应采取的措施和方法；

③大型的重要任务要编入计划中；

④对部门一些比较重大的事宜应列入计划。如卫生大扫除、设备维修等。

（3）酒店短期业务计划的编写

短期业务计划指在短期内具体执行和完成任务的计划，它规定了酒店各部门日常接待业务活动和进度。短期业务计划包括月计划和重要任务接待计划两大类。

①月计划：以月为时间单位，根据年度综合计划和客源预订等情况，规定每个月的计划指标和各部门的日常接待活动。一般先由营销部和前厅部制订出接待计划，再由其他各部门制订相应的月计划。

②重要任务接待计划：指酒店针对某一项重要的接待任务而专门制订的接待计划。主要内容有：说明接待对象、规格，分配相关部门的具体任务，落实到人；列出接待时间表，标明注意事项等。

短期业务计划的编制，一般采用自上而下的方法：

①确定目标。由酒店统一确定下月的经营业务任务，提出该月要达到的目标。

②编制计划。部门根据酒店提出的目标和任务具体编制本部门的接待业务计划。

③计划审核。部门完成计划编订工作后，要及时将计划递交酒店相关负责人审核。审核的主要内容有：是否按照年度综合计划规定的指标和业务进度安排制定；各计划之间的衔接和平衡关系是否合理。

【相关链接2-2】

酒店部门分类计划

市场推销计划：从市场内外环境的实际出发，规划酒店接待总人数和客源结构，确定客源及市场占有率。

前厅接待部计划：前厅部根据经营业务总计划，确定全接待总人数，各业务季、月的接待人数，计划全年客源组织形式，确定散客预定人数、团体宾客人数、零散宾客人数，做好业务组织形式的规划。

客房部计划：根据经营业务总计划，具体核定本部门的接待能力、接待人数，这些指标在时间上的分段分配和各单元的分配。

餐饮部计划：包括餐饮部收入计划及为达到此目标的经营决策计划。

商品部计划：商品部根据经营业务总部计划，确定本部门营业收入、毛利率。

确定商品经营的内容、经营方式、各类商品和各柜组的经营方针和经营策略。

劳动工资计划：主要对酒店的人员及劳动报酬制定目标，做出决策。

设备建设和维修计划：是对酒店设备进行投资建设、保养维修的计划。

物资计划：是酒店各部门完成接待和供应任务而提供各种物资保证的计划。

财务计划：是根据各部门和全酒店的决策和预算，为保证这些决策的实施而在财务上所做出的规划。

基建及改造计划：主要是针对有土建或较大规模的酒店建筑或装修而制订的计划。

5）酒店计划的执行与控制

（1）计划的执行

计划的作用在于指导酒店经营业务的实践，编制计划的目的是为了实施计划达到目标，计划管理的关键还在于执行计划，否则计划将成为一纸空文。

①有力的指挥系统。执行计划要有一个强有力的、高效率的业务指挥系统作为保证，酒店以总经理为首的行政业务指挥系统是执行计划的根本条件。

②健全的经济责任制。执行计划要与经济责任相结合，把计划和经济责任制相结合，就能使计划落到实处。

③严格的督导与检查。检查是执行计划的重要一环。以计划为依据，按时间的顺序和进程，对计划执行情况、计划指标的完成情况进行分析、比较、评价，保证计划的顺利执行。

④有效的考核评估。执行计划的结果，应和部门及员工的月考核结合起来，对严格执行计划，顺利完成任务的部门与个人给予嘉奖，而对执行计划不力的给予督导和相应处罚。

（2）计划的控制

计划控制是在计划检查的基础上，发现计划的实际执行结果和计划目标存在差异，而进行分析问题的原因、采取相应的措施，以达到计划目标。主要工作内容有：

①通过计划检查对计划和实际状况进行比较，及时发现偏差；

②如因客观因素无法按原计划执行，则需调整计划。如计划指标、内容、方向和目标、资金投入等，都可根据实情适时调整。

2.2.2 酒店管理的组织职能

1）酒店组织与组织管理

（1）组织的含义

酒店根据人员、职位、职责、职权、关系和信息六大要素的科学组合，形成健全有效的酒店组织。酒店组织有两层含义，其一，酒店组织是由管理者、服务人员和其他各种技术人员等所组成的团体；其二，酒店组织是为实现共同目标，合理配置组织成员、酒店资源以及确立各种关系的过程。

（2）组织管理的含义

组织管理就是把各成员结合调动起来，有效地实现组织既定目标的过程。通过组织管理，能使组织结构合理、资源配置优化，由于各种关系处理恰当，各部门业务能够运转高效，员工的积极性得到充分发挥。

组织管理的具体内容有：

①根据酒店组织目标的要求建立一套与之相适应的组织机构。

②明确规定各部门的职权关系。

③明确规定各部门之间的沟通渠道与协作关系。

④在各个部门之间合理地进行人员调配。

⑤根据组织外部环境的变化，适时调整组织的结构和人员配置。

（3）组织结构

酒店根据自身规模、业务能力等因素，在组织结构方面存在差异。目前酒店的组织结构有直线制、直线职能制、事业部制等形式。

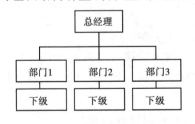

图2.3 直线制组织结构示意图

①直线制。直线制是按直线领导的组织形式。酒店的命令和信息是从酒店的高层到最底层垂直下达和传递的，各级管理人员集各种所需要的管理职能于一身，所以一般直线制不设职能部门，或只设一个职能部门，如办公室、财务部等。直线制的长处是组织结构简单、责权明确、层次分明、互相间的矛盾和摩擦较少，工作效率高。直线制组织形式比较适合规模较小、业务较单纯的酒店，如图2.3所示。

②直线职能制。直线职能制把酒店所有部门分为两大类：

业务部门：可以独立存在，有自身特定的业务内容，如酒店的前厅部、客房部、餐饮部、商品部、娱乐部、工程部等,它们按直线形式组织,结构简单,责权分明,工作效率高,但不利于横向的多维联系。

职能部门:不能独立存在,它为业务部门服务,如酒店人事部、安全部、财务部等,它们按分工和专业化的原则执行某一项管理职能。

直线制和职能制相结合,可以扬长避短,形成"直线—职能制"组织形式,使酒店每个业务部门都成为一个业务区域,每个业务部门下面又可根据需要分为若干个业务区域。我国酒店目前采用较多的是直线职能制,如图2.4所示。

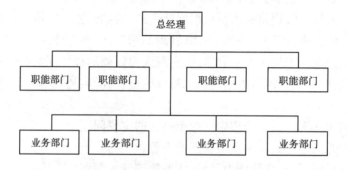

图2.4 直线职能制组织结构示意图

③事业部制。酒店事业部制实行集中决策下的分散经营,是一种分权式组织结构。在酒店的统一领导下,按经营性质和经营范围将一个大的经营实体划分为几个相对独立的经济实体,使之成为公司的二级利润中心、责任中心和经营中心,如图2.5所示。

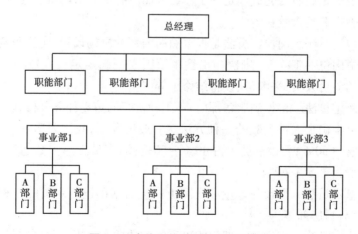

图2.5 直线职能制组织结构示意图

事业部制组织结构的优点是:最高领导层可集中精力运筹企业;事业部对产品和销售实行统一指挥,决策灵活;事业部经营观念增强,重视经营成果,有益于锻炼、培养和考核各级管理人员等。事业部制组织结构的不足在于:协调事业部横向联系的难度增大;容易产生本位主义;增加管理人员,增大管理费用等。

2)酒店人力资源管理

人力资源是酒店组织活动中所必需的人的体力和脑力的总称,是酒店各类资源(人、财、物、信息、时间等)中最根本、最核心、最重要的资源。

酒店人力资源管理是酒店组织根据社会经济发展的需要,依托外部环境,对所需的人力资源进行开发、培养、使用、管理的综合性、动态性过程。人力资源管理的目标是挖掘人力资源的发展潜能,实现人力资源的最佳配置,使酒店产生最佳经济效益;同时实现酒店战略与员工目标的整合,酒店利益与员工利益的协调统一。

我国酒店在人力资源管理中观念上存在的主要问题是:

①重人才,轻人力,缺乏全员管理的思想;

②重文凭资历,轻实践能力,缺乏实践管理的思想;

③重才能,轻道德,缺乏德才兼备的思想;

④重物质刺激,轻精神激励,缺乏全面激励的思想;

⑤重选拔录用,轻培养管理,缺乏动态管理的思想。

(1)酒店劳动定员

劳动定员是酒店为完成规定的工作任务而应有的人员配备。常常采用以下几种方法确定劳动人数:

①岗位定员法。岗位定员法是根据酒店内部的机构设置、岗位职责与要求,并考虑各个岗位的工作量、班次与出勤率等因素来确定定员人数的一种方法。用于酒店的前台人员、采购员、设备维修工等岗位。

②比例定员法。根据酒店各部门、各工种班组的劳动任务分析其工作量,按照一定比例来确定人员人数的一种方法。一般情况下,我国客房部员工占酒店全员的20% ~30%;餐饮部员工占40% ~50%;酒店员工总人数与酒店客房数的比例一般为1.5∶1 ~2∶1。

③设备定员法。以设备数量和实际工作量为基础进行定员的一种方法,适用于工程部、厨房部等。

④效率定员法。根据酒店部门或班组的劳动效率要求来编制定员人数的一种方法。计算公式为:

$$定员人数 = \frac{每一轮班应完成的工作量}{服务员的劳动效率 \times 出勤率} \times 每日轮班次数$$

$$部门定员人数 = \frac{当班员工数 \times 班次}{出勤率} + 管理人员数$$

酒店劳动定员是酒店组织管理的重要部分。定员过程中,注意合理安排各项工作程序,明确工种岗位职责,加强劳动协作,保持各项劳动之间的衔接和协调。

(2)酒店员工招聘

酒店的员工招聘工作,应在酒店人力资源计划指导下进行。

员工招聘的一般程序是:

①制定年度补充、调配、晋升计划;

②确认招聘职位的标准和资格;

③拟定具体招聘计划,报上级审批;

④组织招聘广告宣传,接受求职申请;

⑤审查求职申请,进行初步筛选;

⑥组织笔试、面试、测验;

⑦组织体检和背景调查;

⑧试用和录用,签订劳动合同。

招聘员工时,面试测验一环非常重要。根据工种的需要,可对应聘人员进行心理测试,如对智力、个性、特殊能力、职业兴趣等进行测试,并可组织模拟测试,即让应聘人员在设置的场景中扮演其应聘的角色,以确定他是否能胜任该项工作岗位。

(3)员工培训与开发

员工培训与开发是酒店为提高员工素质和绩效,有计划、有步骤有组织地对员工进行教育和培养。我国多数酒店非常重视员工培训与开发,但也有部分酒店的高层管理者还存在一些错误的观念和论调,如自然熟悉胜任论、流行时尚追随论、高层主管无需论、单纯费用成本论、重智能轻态度论、短期行为效益论等。

①培训类别与内容。按岗位分类,有岗前培训、岗位培训、转岗轮岗培训;按内容分类有系统基础性培训、随机补充性培训;按培训对象分类,有新进员工、管理人员、专业技术人员、外勤流动人员等培训;按时间分类,有脱产培训、半脱产和不脱产培训,定期和不定期培训;按培训师分类,有内部培训和外部培训;按目标结构分类,有知识、技能、能力、素质与观念态度以及综合培训等。

培训内容主要包括思想素质(职业道德、服务意识、问题意识等)、个人能力(观察力、记忆力、判断力等)和专业技能(前厅、客房、餐饮等专业技能)三方面的内容。

②培训与开发的实施程序,如图2.6所示。

培训准备:
　　培训需求分析(参与人员、现有记录分析、分析方法、了解需求);确立培训目标(目标应集中、具体,有针对性、阶段性和持续性)。

培训实施:
　　培训计划(目的/对象/要求/方式/时间/预算/考核标准等)
实施培训(培训师的选择,教材资料,地点和场所,设备和器材等)

培训评估:
　　培训计划的落实、培训对象的反映、考试成绩评估、培训前后有关指标的比较;评价培训与开发的方法和类型等。

图2.6　培训与开发的实施程序

(4)酒店职业生涯设计

酒店职业生涯设计是指员工对自己在酒店发展历程的预期和计划,也是员工确立酒店职业目标并采取行动实现职业目标的过程。内容包括自我定位、目标设定、目标实现和反馈修正四个方面。

酒店职业生涯设计是员工个人计划而非组织计划,它与酒店工作目标既有差别又有联系,因此,酒店组织管理中,应有目的地引导员工在设计酒店职业生涯时,注意自己的目标确立应与组织整体发展目标相协调,形成相互促进和融合的格局。

在竞争愈演愈烈的酒店业中,人的能动性在竞争中尤为关键。酒店的长期发展若没有持续的核心人力资源保障后果将不可想象。如何确保有限的人力资源在酒店的发展过程中持续地充分发挥其价值,每一分薪金都发挥相应的能量?这需要酒店分析、培养员工的素质,并且为员工提供展现的平台,让员工胜任工作的同时实现素质的增长,而后胜任新的工作,带动酒店的发展。因此,协助员工完成酒店职业生涯设计,是酒店与员工双赢的体现。

【相关链接2-3】

如何帮助员工进行职业生涯设计

酒店行业是一个人员流动率相对较大的行业。在日常酒店管理过程中,除按照制度对员工加强管理外,还需要经常性地了解员工的思想动态,关心他们的思想、生活,尤其是要帮助员工进行职业生涯设计,充分体现以人为本的管理思想。在帮助员工进行职业生涯设计时,一般分为以下几个步骤:

①全面分析员工,包括家庭、性格、成长经历、求学经历、工作经历、社交圈子等;

②寻找员工的优势资源,以及与之对应的相关岗位(职业);

③确定奋斗目标,规划行动时间计划;

④准备与岗位(职业)相关的各类资源,如知识、技能、人际交往等。

成功案例:

张娟是一名客房部服务员,近段时间以来,她感觉事事不顺,每天做着枯燥乏味的卫生清洁工作,脾气变得越来越急躁,同事之间的关系也越来越紧张,还经常被领班批评,刚毕业时的梦想好像离自己越来越远了。她开始怀疑是不是自己选错了专业,不适合酒店行业,但也不知道该去做什么。

于是张娟向部门经理申请提出调换部门,由于她的性格比较内向,经理做她的思想工作,建议她继续在客房部工作。

工作一段时间之后,张娟感觉还是没有改变原来的状态,听到周围的朋友讲酒店行业是吃青春饭的,又了解到自己的同学在上海的一家房地产公司做销售小姐,自己也很想去做,于是她向酒店提出了辞职申请。

接到她的辞职申请后,人力资源部经理按照常规进行了一次离职约见。问明张绢的离职原因和离职后的打算,人力资源部经理感觉到张娟的职业方向性不是很明确,鉴于她所学的专业是饭店服务与管理,刚招聘来时对工作满怀热情,还有挽回的希望,就同张娟进行了一次围绕她的职业规划议题的深入谈话。从她本人的性格、职业特长分析,描绘了她若干年以后的工作情景,帮助她拟订了一个酒店职业设计框架,并设计出一张表格,如表2.1所示,让张娟按自己的想法和打算填表,并保存一份在人力资源部。经过两小时的深入交谈,张娟的眉头舒展开了,对自己的职业发展重新充满信心,向人力资源部经理表示她会继续在酒店做下去,并立志在酒店行业进一步发展。

表2.1　员工职业生涯设计表

员工职业生涯设计表						
时　间						
姓　名		性　别		部　门	岗　位	
入职时间		出生年月		籍　贯	民　族	
个人情况	家庭情况					
	学习经历					
	工作经历					
	个性特点					
个人优势						
奋斗目标	（总目标和分段目标）					
应具备的条件	（知识、能力、人际关系）					
行动和时间安排	时间	行动内容				

（5）员工的绩效评估与晋升

酒店对员工进行绩效评估时，一般按以下程序和方法进行：

①收集情报。保存员工的工作原始资料，作为考评的事实依据，主要是平时工作表现的记录以及从被评估者的周围的知情者方面了解的情况。

②现代考评体系的设计与实施。传统评估方法的做法是"看材料，听汇报，投一票"，现代考评体系的基本特点和思路应该是考评内容多维度、考评指标多层次、考评尺度标准化、考评主体多元化等。

③设定评估的间隔时间。评估时间需要有一定的周期间隔，才能产生管理和激励作用。如按月、季度、年度等作为时间间隔。

④360°绩效评估。即全方位对员工进行评估,包括对员工全面工作的评估,以及评价员工工作的主体应多角度,如来自上司、同事、下属、宾客的全面评价。

根据员工绩效评估的结果和酒店晋升标准,酒店应依据员工功绩和能力,适时提升员工,或者有计划有目标地培养员工,使其有追求的目标和方向。

2.2.3 酒店管理的指挥职能

1)酒店指挥职能的含义

酒店指挥职能是指管理人员借助酒店的管理系统,运用组织权责,发挥领导权威,按照计划目标的要求,对下级部门和个人的工作进行指导和监督。

酒店指挥管理是指以管理人员为基础,以影响力为诱因,以获得经济效益和工作成效为目的,率领、指导和激励下属去积极完成工作任务的过程。

酒店管理要使酒店各个部门、每个员工、酒店的财力、物力都按酒店的目标统一运行而发挥效能,就要有一个强有力的联系纽带和指挥系统,就需要通过下达命令、指示等形式,使系统内部各个人的意志服从于一个权威的统一意志,将计划和领导者的决心变成全体成员的统一行动,使全体成员履行自己的职责,全力以赴地完成所承担的任务。因此酒店管理需要有力的指挥职能,以确保酒店经营目标的顺利完成。

2)酒店指挥原则

根据组织管理的统一指挥原则,饭店指挥职能要以现代饭店管理的等级链为指挥系统,以统一指挥为原则。指挥以直线的形式进行,管理者只对本身的直接下级指挥,不越级指挥。而作为被指挥的对象,只服从直接上级的指挥,因此,原则上"一位员工只有一位上司"。只有在特殊情况下,上级管理者才可以进行越级指挥,这就是现代管理中的"例外原则"。

3)酒店指挥类型

情景领导理论把管理者的指挥行为分为两大类:一类是任务行为,是指管理者对下属进行自上而下的单向沟通活动,即管理者命令员工按其旨意去完成各项工作;第二类是关系行为,是指管理者对下属进行自上而下和自下而上的双向沟通活动,即管理者在指挥下属完成工作的过程中,不断与下属进行沟通,给予他们关注、激励、指导和帮助。

根据管理者风格,可将酒店指挥类型分成四类:

①命令式指挥:指管理者明确地给下属下达指令,下属按其要求完成任务。

②教导式指挥:指管理者指挥时,对下属进行严格要求、管理,同时提供各种教育训练和帮助。

③支持式指挥:管理者在作出决策之前实行民主,与下属沟通形成一致意见后,进行指挥管理。

④授权式指挥:管理者将全权授予下属,一切由下属自行运作。

以上指挥类型不是绝对的,管理者往往是根据下属和团队的不同成熟度,采取不同的指挥风格。如员工刚进酒店时应采取命令式下达指令;经过半年到一年时间,可采取教导式指挥,一方面严加控制行为过程,一方面要进行教育训练;当下属成为老员工以后要支持、尊重他,多听取他的意见;当员工足以独当一面,成为业务骨干时,则要采用授权式指挥,将与之能力相当的工作授予他自行处理。

4)酒店管理者的指挥能力

酒店管理者肩负着"带领团队抵达成功彼岸"的使命和职责。西奥多·罗斯福在20世纪初就说过:每一代人的问题都不尽相同,但解决这些问题的人所需要的素质都是永恒不变的。这句话同样适用于酒店管理者。作为酒店管理者,应具有以下三方面的基本能力:

(1)创造愿景并提供执行力

贝尼斯在《领导:掌管的策略》一书中,给管理者能力下了一个定义:创造一个引人注目的愿景,将其付诸实施,并长久维持下去的能力。成功的管理者必须描绘一幅令人向往的美好愿景,吸引并调动组织的积极性去共同为之奋斗。从假日酒店的发展我们可以发现,成功企业的管理者,往往能看到别人看不到的东西,提出别人提不出的问题,并制定自己的方针,将洞察力与策略相结合,描绘出具有鲜明特点的蓝图和愿景。

管理咨询大师马文·鲍尔很清楚地认识到"仅仅有创意是不够的,创意不能持久,必须把创意落实为行动。"从愿景到成功,还有相当遥远的距离,将愿景转化为现实,管理者必须提高组织的执行力。执行远比愿景艰难,而这正考验着领导者驾驭组织的能力,清晰的头脑、无畏的胆识以及英明的决策共同构成了领导者的素质。

(2)肩负起对团队的责任

不成功的管理者所犯的一个共同错误是:一手包办、事必躬亲。他们以为自己所做的才是最好的或最快的,但后果则是,酒店中的其他人都没有学会如何做。成功的酒店,不仅有伟大的管理者,同样有伟大的团队。管理者对团队有三种责任:给员工自信和自尊;保持员工的精神和士气;帮助员工了解自己的责任。

领导者应该承担起这些责任和义务,否则美好愿景只能是水中花、镜中月。

(3)培养团队的勇气和创造力

模仿其他酒店的管理并不一定能获得成功,成功的关键都源自独特的视角和行动。拥有不断创新精神的团队毫无疑问是活力四射的,而充满活力才是酒店蒸蒸日上的原动力。这一切都需要管理者精心培养。因此,管理者应该与团队其他成员拥有共同的目标和愿景,并为之奋斗;信任、帮助和关心是管理能力的真谛,而非直接的控制力。尽管领导者的作用举足轻重,但决不能将其凌驾于团队之上。

2.2.4 酒店管理的控制职能

1)酒店控制职能的含义

酒店控制职能指管理者依照既定的计划和标准,对酒店各项经营活动进行检查,发现实际执行结果与计划存在的偏差,分析其原因并予以纠正的管理职能。控制是为了使酒店实际的业务经营活动能和决策计划相一致,确保酒店目标的实现。

控制是作用于酒店管理全过程的重要管理职能,能帮助酒店赢得竞争优势,具体表现在效率、质量、客源及创新等方面。这是因为通过控制,管理者能准确评价酒店的产出能力及各种资源的使用效率;有效的控制系统,可以帮助管理者保持酒店产品质量的监督,并持续地对其进行改进;良好的控制能使员工更加积极主动地为宾客提供帮助,并与宾客保持良好的关系;适度的控制与鼓励创新的有机结合,对提高酒店的创新能力和水平具有重要的意义。

2)控制的基本流程

控制的基本流程分以下4个步骤,如图2.7所示:

确定控制标准 → 核实执行结果 → 比较结果标准 → 评估调整纠正

图2.7 控制的基本流程

(1)确定控制标准

管理者应根据酒店经营计划制定考核标准,控制标准应具体详实。工作标准一般有时间标准、成本标准、数量标准、质量标准四类。有了标准作为依据,就

能在服务程序、仪表、礼仪、服务态度等方面进行有效控制。

（2）核实执行结果

管理者应了解、测量实际工作状况，掌握客观的全面的执行情况。

（3）比较结果标准

将实际工作结果与酒店的标准相比较，找出差异所在。

（4）评估调整纠正

将差异进行分析、评估，如因计划或标准存在问题，则应调整计划和标准；如因员工执行态度、力度等问题产生差异，则需纠正员工行动。

3）酒店控制系统

酒店控制系统是向管理者提供有关酒店战略和组织结构能否有效地发挥作用这一重要信息的目标设定、监督、评估和反馈的系统，主要由超前控制、即时控制和反馈控制三大系统组合而成。

（1）超前控制

超前控制是在酒店战略目标的前提下，对人力、财力和物力等资源的投入和整合的预先控制。人力资源方面，根据酒店的规模和酒店目标而科学地配置员工数量、工作岗位，并制定出岗位要求、技术水准等各项标准；财力资源方面，以财务预算为标准，保证正常经营所需的资金投入；物力资源方面，配置齐备各项经营所必需的设施设备，并达到正常运转的各项要求。超前控制是保证控制系统有效运行的基础。

（2）即时控制

即时控制是酒店在经营管理过程中的现场控制，即由管理者根据目标和计划，对下属的工作过程和工作结果加以现场沟通、指导和纠正。

（3）反馈控制

反馈控制是将酒店各项经营活动的结果与计划和标准进行比对，将差异信息反馈出来，并实施有效控制。反馈的信息包括酒店产品和服务质量两大部分。

4）酒店控制模式

酒店管理过程中，控制的关键主要有产品质量控制、价格管理控制、服务质量控制和成本消耗控制四大环节。酒店管理者只有通过科学而合理的控制模式，才能控制好关键环节。

酒店控制模式，主要有产出控制、行为控制、企业文化等模式。

（1）产出控制

产出控制是为了监督经营中的产出和业绩水平，酒店管理者选择合适的目前提条件和协调工作的重要内容。协调统一思想认识的基本途径是加强相互之间的信息沟通,阐明事实,讲清道理,以理服人。阐明事实是为了弄清矛盾和问题产生的前因后果,为统一认识提供依据;原则上小道理要服从大道理,局部要服从全局;对有分歧的问题,应求大同存小异,统一基本认识和看法,不要纠缠枝节问题、求全责备。

②协调工作目标。协调工作目标是指在酒店总体目标的基础上,适时调整部门或者个人的具体目标,使大目标统帅小目标,互相衔接,紧密联系。推行目标管理法,能使各部门和个人更加明确总目标和自己的奋斗目标,以及自己在实现总目标中的地位和作用,自觉地把自己的工作与其他部门和人员的工作和整个酒店的活动联系起来,通过努力完成自己的奋斗目标来为实现酒店的大目标服务,这样就可防止因目标冲突而出现的不协调。推行目标管理要充分认识目标管理在现代酒店管理中的地位和作用,要学习和掌握目标管理的理论和方法,还要根据酒店工作的实际情况推行目标管理,防止照搬照抄别人的做法。

③协调工作计划。计划不周或客观情况的变化,是导致计划执行受阻和工作出现脱节的重要原因。因此,根据实际情况特别是重大情况变化,适时调整工作计划和资源分配是非常重要的协调内容。协调工作计划的基本途径,是加强计划工作,并运用网络规划技术控制工作的进程。加强计划工作,第一,要明确完整的工作计划在酒店管理过程中的重要作用;第二,要重视计划的制订,使计划的目标、工作安排、资源分配等符合酒店实际情况并相互衔接,做到科学合理;第三,要严格按计划推进工作,并用网络图控制工作的进程,防止随心所欲、盲目工作;第四,要及时根据计划执行中出现的新情况、新问题,适当调整工作安排和资源分配,使计划保持动态的平衡。

④协调职权关系。各部门各岗位之间职权划分不清,任务分配不明,是造成工作中推诿扯皮、矛盾冲突的重要原因。因此,协调各层级、各部门、各职位之间的职权关系,消除相互之间的矛盾冲突,也是协调工作的重要内容。协调的基本途径,是建立健全酒店工作责任制。第一,要合理设置组织机构,明确划分职责权限,并用责任制的形式加以固定,避免划分不清、规定不明而出现推诿扯皮的现象。在划分职责权限时,一定要严格按照业务归类的原则,把同类业务交给同一个部门或岗位掌管并全权处理,避免事权分散、互相掣肘和摩擦的现象发生;第二,要认真履行岗位职责,在自己的职责权限范围内开展活动、行使职权,尽量避免超越职责权限范围行使职权,引起管理混乱;第三,在管理过程中出现职权冲突时,要头脑冷静,客观处理。如果职权划分清楚,规定明确,只是执行中出现了偏差,则按照岗位责任制的规定予以纠正。如果在执行的过程中发现某些职

权划分不够合理,或者未做出明确规定,则应按照业务归类的原则进行适当的调整或者重新作出规定。

⑤协调政策措施。政策措施不统一,也是造成酒店活动不协调的重要原因之一。消除政策措施方面的矛盾和冲突的基本途径,是统一基本的政策和措施。第一,在政策措施制定过程中,要深入调查研究,科学论证,系统考虑,尽量消除相互之间的矛盾和冲突,避免政策对立的现象出现;第二,在政策执行过程中,要严格按照有关政策、规定和措施办事,防止"上有政策、下有对策"的现象出现。对政策执行过程中出现的差异,如政策界线不清、规定不明等问题,应由酒店相关部门做出统一的解释,不能随心所欲、自行理解、各行其道;第三,对政策执行过程中出现的政策不统一的情况,要按照"小政策服从大政策"的原则,及时消除矛盾和抵触,保证政策统一、行动统一。"小政策服从大政策",是指部门的政策要服从酒店的政策。

本章小结

酒店管理是经营与管理的有机统一。西方传统管理理论经历了科学管理理论、行为科学理论和现代管理理论三个发展时期;中国传统管理思想集中体现在儒、法、道三大学说上;科学地比较中西方文化思想,有助于酒店管理理论的发展。管理的基本职能是计划、组织、指挥、控制和协调,这五大职能是酒店管理的核心。

思考练习

1. 简述酒店管理的含义。
2. 西方管理理论经历了哪三个发展时期,并简述其主要理论。
3. 简述中国传统管理思想的要点。
4. 比较中西方管理思想在酒店中的不同作用。
5. 简述酒店管理的五大职能,并举例说明。

【案例分析】

失望离去的宾客

某饭店是一家接待商务客人的饭店。一日,总台主管小王和其他两位服务员值班,晚11时进来了两位客人,小王很有礼貌地问候客人,并热情地向客人介绍饭店的客房情况。听了小王的介绍,客人对饭店的客房非常满意,同时他们告诉小王,由于公司对他们出差住房的报批价格有规定,希望能给予房价的六折优惠。但是酒店规定总台主管只有房价七折的权限,况且部门经理早已下班回家,小王想是否多销售两间客房对自己也没多大关系,于是非常礼貌地拒绝了两位客人的要求。最后两位客人不得不失望地离开了这家饭店。

第二天,前厅杨经理得知了此事,经过慎重考虑,他决定召开前厅相关人员会议。会上,他先讲述了前一晚宾客离开酒店的经过,提出了两个问题:①造成这两位客人离开的原因是什么? ②饭店从这件事情中应及时调整哪些制度? 要求与会的每位员工都积极发言。

员工在会上认真分析了各种原因,提出了许多意见和建议,杨经理归纳总结后,在会上公布了讨论结果:

原因分析:①总台主管小王没有及时想办法向上级汇报情况;②员工服务意识不够;③总台授权不足。应对措施:①扩大对前台基层管理人员的授权,并建立有关监督考核机制和使用操作程序,使授权管理得到控制;②在近期加强员工服务意识培训;③建立相应的奖惩机制。

最后杨经理将此次事件及会议结果写成报告递交给相关部门,得到上级的肯定和相应的批复。

[案例点评]

前厅杨经理在主管小王放走宾客后,不是简单、直接地批评小王,而是通过组织有关人员开会讨论、分析这一事件。最终产生的效果是:①小王通过大家的发言认识到自己对接待工作的处理方法和态度上存在问题和不足;②前厅相关员工从这一事件中能够吸取教训,并知道将来如何处理这类问题;③让员工参与问题的讨论,使员工的能动性得以发挥,并能使他们产生参与管理的自豪感。

第 3 章
酒店业务部门的协作与管理

【本章导读】

通过本章相关内容的学习,可以了解酒店业务部门的组织结构、业务范围、业务流程、管理重点以及该部门与酒店的其他业务部门之间的相互协作联系,从而熟悉并掌握酒店相关业务部门的运作与管理。

【关键词汇】

酒店　业务部门　协作　管理　前厅　客房　餐饮　康乐

【问题导入】

酒店有哪些业务部门?

一般来说,酒店业务部门主要是包括前厅部、客房部、餐饮部、康乐部和商场部等部门,它们是酒店的主要经营活动部门,是酒店业务的第一线,是酒店主要的盈利部门,同时它们也是直接对客服务的形象部门,其业务水平和管理方法直接代表酒店的经营和管理水平。

现代酒店是服务性行业,服务质量就是酒店的生命线。随着酒店业竞争的日趋激烈,宾客对酒店服务质量的要求越来越高。当今酒店之间的竞争,实质上也是服务质量的竞争。优质的服务不仅能吸引客源,还能给酒店带来可观的经济效益。反之,劣质的服务不但不能吸引宾客,还会给酒店造成客源流失,产生不良影响。因此不断提高酒店的服务质量,以质量求生存和发展是酒店发展的必经之路,也是所有酒店管理者共同努力的目标和管理者日常经营与管理工作的核心内容。充分了解酒店业务部门的运作与管理重点也就成为了管理者必须掌握的管理基础。

3.1 前厅部的组织结构及业务流程管理

现代饭店是设施设备完善、功能齐全、智能化控制的综合性群体建筑,是能够为客人提供住宿、餐饮、商务、购物、娱乐和健身等服务项目及盈利性的综合接待服务企业。

前厅接待服务和管理区域所设置的相关岗位及结构单元组成了饭店组织机构中十分重要的部分——前厅部。前厅部是酒店的重要部门,是酒店和宾客之间的桥梁,它以房口系统为中心,在酒店中起着计划、组织、指挥、协调职能的首席生产管理部门。它在酒店经营的执行与反馈中提供多种直接服务,是一个负责销售酒店产品、组织接待工作、调度业务经营和为宾客提供服务的一个综合性服务部门。

前厅一进酒店就能够看到,它的位置一般设置在酒店的大堂,其所管辖区域的主要结构单元也主要集中设在大堂。前厅部工作区域是酒店对客服务开始和最终完成的场所,是客人对饭店产生第一印象和最后印象之处,人们常常把前厅比喻为饭店的"门面"和"橱窗"。前厅部是饭店服务和管理的关键部门,业内人士常用"神经中枢"来形容前厅部在饭店管理中的地位、任务和业务特点。

3.1.1 前厅的组织结构

1)前厅部组织机构设置原则

(1)组织合理,结合实际

前厅部组织机构设置应结合饭店企业体制、类型、规模、地理位置、星级、管理模式、客源性质特点和经营特色等实际情况进行设置,不宜生搬硬套。例如:大中型酒店中前厅部是单独设置的部门,但对于规模小的饭店或以内宾接待为主的饭店,可以考虑将前厅接待服务划归客房部负责和管辖,不必单独设置。现在流行的方式是设置房口总部,将前厅部归属其内,但仍为部门建制。

(2)机构精简,岗位明确

前厅部机构设置应遵循"因事设岗、因岗定人、因人定责"的劳动组织编制原则来精心地选择和确定部门岗位。前厅部组织机构一般由以下部分组成:①部室;②预订;③问询;④接待;⑤礼宾;⑥结账;⑦大堂副理;⑧行政楼层;⑨电话总机;⑩商务中心等。在前厅还设有其他非饭店所属的服务部门,常见机构

有:银行驻店机构、邮政部门驻店机构、旅行社驻店机构、民航及其他交通部门驻店机构等,以作为完善饭店不同服务功能需求的必要补充。岗位设置要根据需要来进行,既不能机构重叠、臃肿,也不能一味追求精细,以免影响日常工作。此外还要妥善地处理好分工与组合、方便客人和便于工作与管理等方面的矛盾。

(3)任务明确,协作便利

明确各岗位人员工作任务的同时,还应明确上下级隶属关系、明确指挥体系、信息上传下达的渠道以及相关信息反馈的渠道、途径和方法等,防止出现职能空缺、业务衔接环节脱节等现象。组织机构设置不仅要便于本部门岗位之间的协作,而且还要利于前厅部与其他相关部门的协作和配合。

2)酒店前厅部组织机构的结构和范围

酒店的组织机构设置会因实际设置情况的不同而有所不一致。但是其差异不会太大,即使有所不同也只是个别岗位合并或根据实际需要增设一些岗位。下面列出的是大中小型酒店的前厅组织机构示意图,如图 3.1、图 3.2、图 3.3 所示。

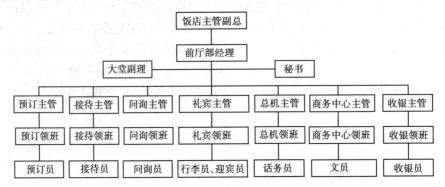

图 3.1　大型酒店前台部组织机构设置图

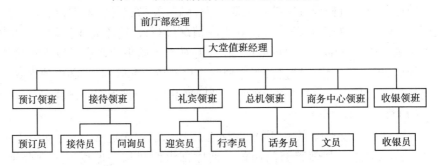

图 3.2　中型酒店前台部组织机构设置图

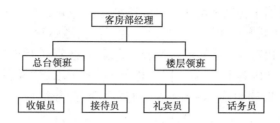

图3.3 小型酒店前台部组织机构设置图

备注：由于酒店前台组织结构各有特点,收银处有的归前厅部管理,也有的归财务部管理

3)前厅部各个机构的主要工作范围与任务

①办公室。办公室是部门处理行政和日常事务的办公场所。一般有经理办公室、秘书办公区域、文件档案保管场所等。

②预订处。预订处是接受预订,办理预订手续,制作预订报表,对预订进行计划安排,按照要求定期处理预订客源情况和保管预订资料等事务的部门。

③问询处。是回答宾客有关酒店服务项目、服务设施的准确位置、服务时间、联系电话和消费标准,本地区各大酒店、酒家、购物、旅游景点、旅游交通、娱乐场所及其他国家驻本地的相关机构,并代客联络,代办委托事项,处理宾客信函、电报和安排会客等。

④接待处。接待抵达要求住店的宾客,办理入店手续,负责分配客房,负责对内联络,安排接待事项,掌握并控制客房出租状况,制作客房出租报表,保管有关宾客资料等。

⑤礼宾部。主要提供店内、店外的宾客应接迎送服务、行李服务、介绍客房设备及酒店服务项目,报刊和邮件服务、寻人服务、寄存和托运行李服务、代客呼叫出租车辆等委托代办服务。

⑥收银处。收银处员工归属于财务部,但工作地点在大堂。主要负责宾客在酒店消费的收款业务,与酒店一切有宾客消费的部门的收款员和服务员联系,催收核实账单,夜间审计全店营业收入,制作相关报表,保管宾客贵重物品,为离店宾客办理结账和外币兑换手续等。

⑦大堂副理(大堂值班经理)。大堂副理的工作岗位设在大堂,直接面向宾客,是酒店与宾客之间密切联系的纽带,协调酒店各部门的工作,检查大堂卫生和员工的工作状况,代表酒店接受宾客投诉,处理日常发生的事件,帮助宾客排忧解难,并监督问题的处理等。

⑧行政商务楼层(The Executive Floor)。现代高档、豪华酒店一般都设有行政楼层,专门接待往来于国内及世界各地从事商务活动的宾客、名人和成功人

士。楼层提供有别于普通客房楼层的贵宾式服务,它可以向商务宾客提供更多、更细致、更具个性的专业化服务,单独设置接待处、酒廊和商务中心等。行政楼层的管理为一套相对独立运转的接待服务系统,行政管理上通常隶属于前厅部,在人员素质和服务内容上,均有不同于总台的特殊要求。主要服务项目有:轻松入住、丰盛早餐、时事动态、悠闲午茶、鸡尾酒会、商务洽谈、委托代办、快速结账等。

⑨电话总机。接转市内电话,承办国内外长途电话业务,为宾客提供问询服务、联络服务、叫醒服务、通知紧急和意外事件等。

⑩商务中心。为宾客提供商务洽谈、秘书翻译、设施设备出租、打印复印文件、上网浏览、接发电子邮件和接收发送图文传真等文秘服务。

3.1.2 前厅业务流程

前厅部的岗位较多,业务繁杂,本章节不是教授怎样去进行具体业务操作,仅以图表形式对主要业务和业务流程作一个简介,以便于了解主要内容与程序,突出管理重点。

1)客房预订业务

客房预订主要是指宾客(代理机构)为住店宾客在抵店前与预订部门所达成的订约。订房部是前厅调节和控制整个房间预订、销售的中心机构岗位,是服务于宾客的超前部分。

预订工作可能因为宾客类型、性质和预订方法等方面的不同而在操作上有所不同,一般而言,预订工作包括以下几个环节:预订受理与确认环节→预订记录与修改环节→预订录入与检查环节→抵店前准备环节→上级检查核对环节→资料存档环节,如图3.4所示。

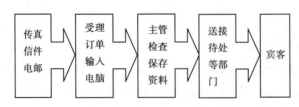

图3.4 预订流程

2)前厅接待业务

总台接待工作任务主要包括为不同类型客人(团队)办理入住登记及建账、

处理相关业务及客人离店结账等项服务。接待服务具有面对面接触、规程严谨、内容多且复杂、工作效率高等特点,而且对前厅客房销售、协调服务、建账结账、客史建档等工作产生重要的影响,是前厅服务全过程的关键阶段。

(1)散客接待流程(如表3.1所示)

表3.1　散客接待流程

宾客进店	询问预订,没有则介绍与选择房间
登记验证	填写临时住宿登记单,请宾客出示有效证件并登记验证
安排房间	挑选房号,取出钥匙
信用保证	收取预付金并出具收据
信息确认	确认离店日期、房间种类、房号等,以免出现差错
开具房卡	字迹工整,姓名、抵离店日期必须正确
提供其他帮助	安排行李服务,钥匙交给宾客,提供其他问询服务,祝其住店愉快
办理入住	办理入住,开通电话。将登记单和信用卡签购单等送交结账处
结束	将相关信息输入电脑保存

(2)团体接待流程(如表3.2所示)

表3.2　团体接待流程

预排团队用房	原则上套用离店团队房号
打印排房表	分送客房部,餐饮部和市场营销部
开通房内电话	接待问讯员负责
送交钥匙	送交市场营销部销售代表,由其负责钥匙信封袋
团队入住登记	填写团体入住登记,收取团队签名单,房间增减由销售代表确认 注明叫醒服务时间及出行时间 集体签证和团体入住登记应分送接待、问讯、行李部门
电脑输入	输入团队宾客名单

（3）换房、增加宾客和加床流程（如表3.3所示）

表3.3　换房、增加宾客和加床流程

换房流程	增住、加床流程
问清原因	要征得同意并到总台登记
填写房间/房价变更单，客人签字认可	
更换房卡和钥匙	增开电话，通知客房服务中心情况
更新电脑资料，注意房价变动和电话开通	
通知提供行李服务	
将房间/房价变更单分送客房部，财务部等部门，并存档	

（4）处理宾客延期离店流程（如表3.4所示）

表3.4　处理宾客延期离店流程

打印出应离未离宾客名单准备处理延期工作	
核实是否同意延长结账时间	了解付款方式和免费宾客情况
致电，礼貌询问离店日期，注意语言技巧	
要求推迟离店时，查看电脑，确认是否要换房续住	
延期应仔细查清公费转账，他人付费，持凭证房金账转，支付定金以及免费宾客的付款方式	
手续办完后改变电脑资料	
填写离店日期变更记录单存档备查	

3）前厅问讯业务

大、中型饭店设置问讯员，一般分两班制，夜间工作由接待员完成；小型饭店不设专职问讯员，其工作由总台接待员兼任。一般而言该部门的工作是受理访客查询、饭店活动查询、店外情况查询、受理客人留言、客房钥匙服务、客人信函、传真、包裹的记录和转交服务、提供一些简单用品。诸如：火柴、回形针、价格表、信封、信纸和服务指南等以及整理住店客人名单及抵离酒店等情况并存档。其服务流程较为简单，只要注意礼貌接待，细致耐心完整地回答客人疑问就可以了。

(1)查询宾客房号流程(如表 3.5 所示)

表3.5 查询宾客房号流程

按查询者提供的姓名进行查找		
查到房号,打电话联系		未查到房号
客人在房间则征求意见进行操作	不在房间则请访客留言,不得告诉房号	表示歉意。请其留下电话号码或是留言,一旦查到后马上通知或转达

(2)处理住店宾客信件流程(如表 3.6 所示)

表3.6 处理住店宾客信件流程

收到信件,立即核对,查找房号			
姓名和房号吻合,确有此人			多方均无法查到收件人的信件
将信件放入指定地方,由代办员送交	挂号信,包裹,汇款单,必须填写邮件通知单,领取时要签收	快邮等急件,打电话通知宾客,如有需要马上将急件送到宾客房间并签收	做记号,并注明收到日期、时间等
			按时间序列存放在信格内,保留5天后退回
			所有需退回的信件,作好邮件退回登记,以便索查

(3)留言服务流程(如表 3.7 所示)

表3.7 留言服务流程

填写留言单(一式二联),注明姓名,房号及留言日期,并与电脑核对
登记留言者姓名、公司和联系电话
留言内容应清楚易懂,拼写无误
向留言者复述内容,确保准确
经办人员签名
放入留言信封内,并注明日期和时间
送交宾客或由客房服务员签收后摆在客房显眼位置,另一联归档存放

(4)住店宾客交领或遗失钥匙处理流程(如表 3.8 所示)

表3.8　住店宾客交领或遗失钥匙处理流程

交领钥匙流程		宾客遗失钥匙流程	
将钥匙放回总台,应放入对应钥匙格内		回忆去过哪些地方,帮助及时寻找	
领取钥匙,应请出示房卡,核实身份		确定找不到,应更换房间,并及时更换原房间门锁	
核对无误后将钥匙交给宾客	有误应查明原因,有疑点报告大堂经理	不愿换房,应立即更换门锁	同意换房,参看换房程序
		将新配制的钥匙交给宾客	
		说明需赔偿成本费用,请宾客签字,并送结账处入账	

4)前厅收银服务

前台收银处紧邻问讯处、接待处,其行政隶属关系因酒店管理特点而不同。大多数的酒店收银处划归财务部管辖,主要工作任务包括:客账管理、外币兑换业务、贵重物品保管等。

(1)建立宾客账户(如图3.5所示)

签收客账　→　检查核实　→　核准付款方式　→　齐备附件单据　→　归类存档

图3.5　建立宾客账户

(2)外币兑换业务流程(如图3.6所示)

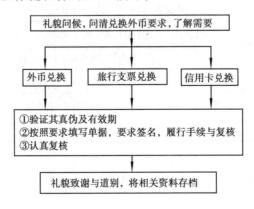

图3.6　外币兑换业务流程

(3)贵重物品保存业务流程(如图3.7所示)

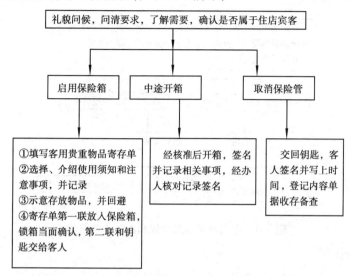

图3.7 贵重物品保存业务流程

5)商务中心服务

商务中心是现代高级酒店的重要标志之一,是商旅客人常到之处,它是客人"办公室外的办公室",其服务的好与坏,会直接影响到客人的商旅活动和酒店的重要客源——商旅客人的光临,甚至会影响到国家的声誉,商务中心提供二十四小时服务,显现出它在酒店中的特殊地位。其主要职能有:提供各种高效的秘书性服务、提供以及传递各种信息、直接或间接为酒店争取客源(特别是商旅客人)。

(1)商务中心操作流程(如图3.8所示)

图3.8 商务中心操作流程

（2）租用会议室和办公设备流程（如图3.9所示）

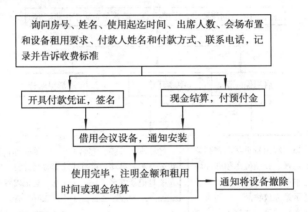

图3.9　租用洽谈室及会议和办公设备流程

6）总机服务

酒店总机服务台的主要职能有：电话转接服务、挂拨长途电话服务、回答电话问询服务、代客留言服务、叫醒服务、勿扰服务（DND服务）和寻呼服务等。

总机房操作流程，如图3.10所示：

话务受理						
唤醒		留言	查询	转电		保密
散客	团队	记录清楚内容，填写时间与日期		DND服务	长途	
记下并核对姓名、房号和要求的时间	填写团队名称、房号、叫醒时间和要求				押金开线	
输入电脑						
记录并签名						
	留言灯					
查　检						

图3.10　总机房操作流程

7）礼宾服务

我国大、中型酒店中一般将礼宾服务与前台问讯、接待、结账等作为前厅服务过程中的平行机构而单独设置。在礼宾服务机构名称上有些酒店称为行李部，也有些酒店为了体现其等级、规模不同于其他酒店，设立礼宾部或庶务部，服务范围更广泛而且更具个性化。在服务功能上,礼宾服务主要是向客人提供酒店的应接服务、行李服务、邮件服务以及委托代办服务等。礼宾服务是前厅服务的"窗口",是给客人留下"第一印象"和"最后印象"的关键服务阶段,主要提供应接服务、行李服务和相关委托待办服务等。

【相关链接3-1】

"金钥匙"(Golden Key's Service)

"Concierge"一词是饭店前厅委托代办的专业词汇,最早源于法国。最初的含义是指古代旅店守门人,负责迎来送往和保管钥匙。随着近、现代饭店业的不断发展,"Concierge"逐渐演变成饭店为客人提供至尊、全方位和个性化的服务理念和高水平的专业服务方式。金钥匙服务内容涉及面很广。

"金钥匙"通常身着燕尾服或西装,衣领上别着一对金光闪耀的金钥匙徽章,这是国际金钥匙组织的会员标志。它象征着"Concierge"如同万能的金钥匙,可以为客人解决一切难题。"金钥匙"谦虚热情,彬彬有礼,博闻强记,交际和应变能力极强,外语流利,经验丰富,尤其善解人意。他们站立在饭店前厅,总是面带微笑,热心地回答客人的询问,及时、高效地满足客人委托服务要求。

国际金钥匙组织创始人是费迪南德·吉列特。国际金钥匙组织目前共有34个国家和地区参加,约有成员4 500多名。国际金钥匙组织是酒店礼宾司以个人身份自愿加入的民间组织,是一个国际性的酒店服务专业性组织,于1929年在法国成立。1951年在瑞士召开第一届"国际金钥匙组织年会"。

(1)行李员操作流程(如图3.11所示)

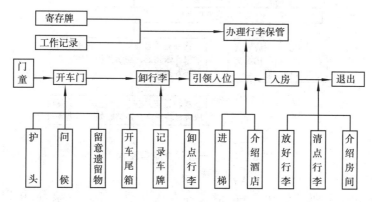

图3.11 行李员操作流程

（2）大门应接服务流程（如表3.9所示）

表3.9 大门应接服务流程

岗前自我检查仪表仪容	
上岗后,在规定岗位,站姿端正,精神饱满,微笑自然,做好迎送准备	
行李员	门 童
参见行李员操作流程图3.11	主动拉门,微笑目视,点头行礼,问好
	没有宾客进出时,应将门保持关闭状态
	若遇询问,应礼貌地回答,不能告知时,请同事或上级予以帮忙解决
回归岗位,继续待客并为其服务	

（3）一般代办服务流程（如图3.12所示）

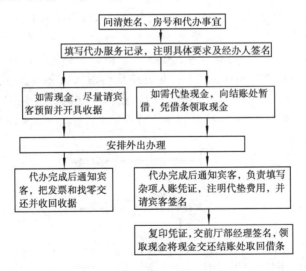

图3.12 一般代办服务流程

（4）代购和确认机票流程（如图3.13所示）

酒店如设有航空公司票台,请宾客直接办理。如未设票台,按以下流程操作:

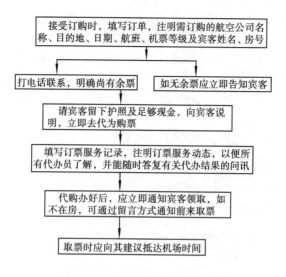

图 3.13　代购和确认机票流程

8）酒店代表服务

为方便宾客,在机场、车站及码头设立接待处,安排代表专门负责迎接和送行服务。酒店代表的接待工作实际上是前厅礼宾服务的延伸。机场代表工作流程,如图 3.14 所示。

3.1.3　前厅部管理重点

前厅部是信息集散枢纽和服务协调中心,是联结主客关系的纽带,是管理和决策的参谋,是经营和促销的助手。通过自身销售与服务,在宾客到店、住店和离店的全过程中始终保持密切联系。其工作效率、服务质量和管理水平的高低会直接影响整体形象、市场竞争力和经济效益。前厅部是组织机构中的关键部门,它的管理是不容忽视的。

1）做好人员的管理

人员管理是管理工作的核心,在人员管理过程中要确定两点用人要求:一是要求录用人员符合用工要求,遵守各项规章制度;二是充分发挥录用人员的能动性和创造性,提供各项延伸性服务。两者有机协调统一是人员管理成功的关键。前厅部应根据各岗位任职要求和待遇,聘用合适人员,大力进行职业培训,使他们掌握服务理念和业务技巧,培养企业归属感,并能适应发展变化需要。同时通过有效的奖惩与激励机制,使员工能够始终积极、主动地开展工作。

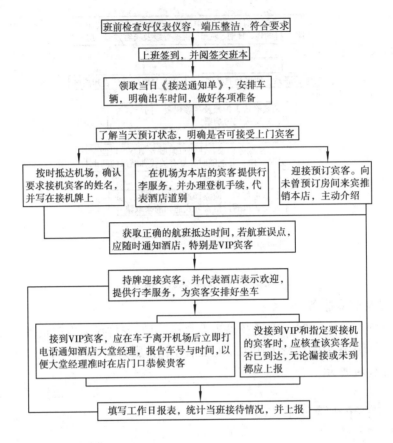

图 3.14　机场代表工作流程

与此同时,为了更好完成工作任务,前厅部根据实际情况和计划目标,列出部门要达到目标所必须进行的工作和活动,并以此为依据,设置、调整和完善机构和岗位,建立管理制度,明确岗位职责和任职要求,制定相应工作程序及规章制度,使前厅部成为高效能的部门。

2)做好业务的管理

业务质量的优劣直接影响到宾客对服务的满意度,甚至关系到竞争中生存与发展。业务管理在前厅部尤为重要,它由于"首因效应"对其他部门服务工作产生深远影响。前厅部要实行全面业务质量管理,通过对工作质量标准的制定、实施、检查、改进这样一个循环过程,不断保持和提高服务质量水平。

(1)预订工作的管理

预订工作是客房销售的调节和控制中心。订房部在销售客房和获取收益的工作中起着调节和控制作用,是整个前厅服务及客房销售重要的组成部分。预订工作是第一个正式与宾客进行接触的环节,其形象、工作的好坏会直接影响宾客的选择,进而影响客房销售以及其他部门服务的提供和销售。预订工作是超前服务于宾客,完成宾客抵达前的准备工作,是前厅服务中非常重要的前期工作,必须提前做好充分准备,这直接关系到前厅服务的质量水准。

预订工作质量好坏在于员工是否认真地按照制度正确地做好接受预订、确认预订、拒绝预订、核对预订、取消预订、变更预订等工作,保证酒店正常地经营和运转。与此同时还要做好超额预订处理,尽量避免差错给接待工作带来的困难,从而影响到服务质量和酒店的经济效益。

【相关链接3-2】

超 额 预 订 (overbooking)

对于酒店而言,如果事先预订的顾客在抵达之前突然取消预订、或者比预订的时间晚了几天才抵达、甚至根本就没有出现,以上任何一种情况都会减少酒店收入。事实上,这样的事情每天都有发生。降低顾客抵达的不确定性,可以从以下几个方面入手:

● 核对预订。不是所有的顾客都会将变更主动地通知酒店,在宾客抵达前进行核对,一旦变更迅速做出调整,并通知相关部门将闲置的客房重新销售。

● 增加保证类预订,预收保证金或要求信用卡担保。将风险转嫁顾客,可以有效防止收益的减少。

以上两种方法依然无法完全保证所有预订顾客都信守预订,实际上也无法做到这一点。根据酒店业经验,订房不到者占总预订数的5%,临时取消预订者占8%～10%。正因为如此才有了超额预订。

一般认为超额预订数可由以下公式确定:超额预订数＝预计临时取消预订数＋预计预订而未到的客人房数＋预计提前退房数－预计延期离店房数。公式中可以发现每个决定超额预订数的因素都有预计的字样,要想计算准确,首先要保证对各项指标的预测准确。解决这一问题的最好方法是建立一种准确的预测模型,通过该模型准确预测出最佳超额预订数。

(2)服务接待的管理

除了预订部以外,前厅部还设有接待、问询、行李、商务中心、电话总机等职能岗位,作为直接提供服务的部门,前厅服务范围涉及房间预订、入住登记、分房、换房、查询、留言、行李寄存、离店结账、接送、门童迎接、行李搬运、钥匙问讯、票务代办、邮件报刊、电话通信、商务文秘、贵重物品寄存、外币兑换等,实际上是

"大前厅服务"理念。

前厅部服务接待质量在于员工是否认真地履行岗位责任制,按照工作流程与标准提供前厅服务。其核心思想是:在完成前厅服务过程中,促使前厅服务与其他服务(诸如客房、餐饮、安全服务等)共同构成酒店整体服务,表现为"服务链条"的紧密衔接,避免推诿、"扯皮"或"踢皮球"等现象,强调"服务到位"和"针对性服务",使宾客留下满意、深刻的印象。

(3)销售工作的管理

客房是酒店的主要产品,其销售收入在收入结构中占主要部分,前厅部推销客房数量的多少,达成价格的高低,直接影响着客房收入,而且住店人数的多少和消费水平的高低间接地影响餐厅、酒吧等收入。前厅部首要工作任务是销售客房。销售工作不仅要注意销售数量和价格,执行价格政策、优惠政策及促销政策,还要注意合理排房以利于提高使用率和宾客满意度。衡量一位总台服务人员的工作是否出色,往往看其客房销售的推销能力和实际业绩。这也是检验、评估前厅部管理水平的重要考核依据之一。

【小思考3-1】

问:主管(领班)排房的顺序是什么?

答:主管(领班)在排房时,应该根据客人的特点及轻重缓急顺序进行排房。即贵宾;有特殊要求的客人;团队客人;有订房的客人;未经订房而直接抵店的散客。

完成销售工作必须了解房间状态控制,正确地显示房间状况。前厅部在任何时刻都正确地显示房间状况,为客房销售和分配提供可靠依据,避免工作被动。正确掌握客房状况是做好客房销售工作的先决条件,也是前厅部管理的重要目标之一。要做好这项工作,除了实现控制系统电脑化和配置先进的通讯与联络设备等设施外,还必须建立和健全完善的、行之有效的管理规章制度,以保障部门之间的有效沟通及合作。

(4)收银工作的管理

前台收银处的安全管理。收银处的备用周转金不能超过规定限额;对于开启保险柜的密码及钥匙要严格规定开启手续,防止现金和票据被盗;宾客使用信用卡结账时,要检查其有效期、持卡人签名等相关内容;宾客结账离店时,注意收回客房钥匙;对无现金又拒付费用的宾客,要立即报告,以便及时进行处理。

建立客账是收银的重要工作内容之一。建立客账是为了记录和监视宾客与酒店间的财务关系,以保证及时准确地得到营业收入。宾客账单可以在预订客房时建立(记入定金或预付款)或是在办理入住登记手续时由收银人员建立。客账管理是前厅部管理的重要内容之一。

对超限额消费的管理。为了避免缺失,要按催收工作原则和规程,对于超限额消费的宾客进行费用催收。

防止宾客逃账是前厅部管理的又一项重要任务。为了防止逃账,前台收银处要礼貌地请宾客交纳预付款,并做好解释工作,并将情况报告给大堂副理和保安部;在客户账单里,如发现一次签单额在 500 元以上(具体金额可以由酒店确定),应报告并查清情况,密切注意以后的消费,若有可疑立即报告;对于证实已经离开的逃账宾客,由前厅部将详细资料提供给保安部,如果需要立案侦查的,由总经理批准后开展侦查工作。

(5)宾客关系的管理

前厅部一般与旅行社、大使馆、国内外商业机构及其他客户有着广泛与密切的联系。保持良好关系对于经营与管理是十分必要的,酒店应定期与宾客进行协调沟通,前厅部根据宾客需求和营销部门的销售计划衔接前、后台业务以及与宾客之间的联络、沟通工作,达到使宾客满意以及内部业务运作顺畅的目的。前厅部处理投诉也是协调沟通的一种有效方式,成功地处理好投诉对于双方都有益。

(6)信息资料的管理

前台业务的特点是信息变化快,效率要求高。相对内部而言,前厅每天能接触到大量信息。把信息资料收存归档,定期统计分析,形成以前厅部为中心的收集、处理、传递及储存信息系统,通过已掌握的信息来提出改进工作和提高服务水平的建议,促使提供更科学更合理的服务,让宾客最大限度满意;相对宾客活动而言,应随时准备提供宾客所需要和感兴趣的信息资料。例如近期推出的美食周、艺术品展览等活动,这可以使宾客生活更加丰富多彩。还应充分掌握并及时更新有关商务、交通、购物、游览等信息,使宾客"身在酒店内便知天下事",处处感到温馨、方便。

前厅部为了更好地发挥信息集散和协调服务的作用,一般建立客史档案,将宾客资料予以记载,作为提供针对性服务的依据,这也是寻求和分析客源市场、研究市场走势、调整营销策略、产品策略的重要信息来源。建立客史档案对于分析需求、促进销售、提高管理水平和服务质量、提高客房出租率、增加收益等都具有积极的、重要的意义。

3)做好前厅设备用品管理

按照会计制度的要求,编制和控制年度的预算与物资消耗。部门物品的审

批、领用方面,在不降低规格,确保工作正常运转的前提下,尽可能的降低成本。正确、合理、节约地使用物资,做到物尽其用,维护和保养好设备工具,防止遗失和被盗。

依照设备用品管理计划,与采购部、仓库、工程部、管家部等部门分工合作,保证前厅部的动力、照明、供水、空调、通信、电子设备、电梯等设备正常运转,做好地面、灯具、台面等设施的清洁、维护和做好设备用品的采购、领用、安装、维修、更新等工作,营造设施设备齐全、足以供其享受的消费环境,同时注意减少资金占用与消耗。

3.1.4　前厅部与其他业务部门的协作

要搞好前厅部的经营管理,作好内部协调和与其他部门之间的外部协调。加强内部协调沟通是提高服务工作效率的关键因素,内部之间的有效沟通和协调,是顺利开展对客服务、向宾客提供优质服务的保证。如果部门之间缺少沟通协调,往往会使服务的链条中断,降低服务质量,使整体服务大打折扣。宾客入住酒店,从下飞机到离开,接待的整个过程就牵涉到销售、酒店代表、汽车、前厅、保安、公关、客房、餐饮、洗涤、商场、总机、娱乐和财务等部门。这如同一个链条将各个部门工作连接在一起,信息也在这链条上传递。如果其中一个环节出现了疏漏,就会影响到其他环节,令宾客产生不满,从而影响到酒店声誉,这正体现了酒店服务理论中 100 − 1 = 0 的道理。

1)前厅部与总经理室

由于与总经理办公室的工作联系较多,不少酒店前厅的位置靠近总经理办公室。前厅部除了应向总经理请示汇报对客服务过程重大事件外,平时还应与总经理办公室沟通以下信息:房价制订与修改;报告呈报与批复;递交"客房营业日报表"、"贵宾名单"、"客情预报表"、"贵宾接待规格审批表"、"贵宾接待通知单";转交有关邮件、留言;了解经理值班安排及去向、提供呼叫找人服务;将宾客意见和重大投诉及时以书面形式报告总经理阅示,遵照指示妥善处理并将处理结果反馈给宾客;请示特殊宾客的折扣优惠;提供客源分析和销售预测等。

2)前厅部与客房部

前厅部与客房部在诸多方面密切联系:前厅部每日送交与核对"待修房报告"、"客情预测表";每日数次核对房态,确保客房状况信息准确无误;将宾客开房、延迟退房、换房情况及时通知客房部,当房价发生变动时,把房价变更通知客房部,求得工作配合;将次日抵离宾客、团体、贵宾名单及预分方案送交客房部,以便做好接待准备;送散客入房;总机提供叫醒服务无反应需请房务员前去敲门叫醒;送交书面通知房内布置要求与宾客所需房内特殊服务要求;贵宾抵店当天,通知客房部准备好欢迎信以及确认贵宾房布置;客房部将客房内所发现遗留物品的情况通知前厅;前厅大堂的卫生清洁由客房部承担等。

3)前厅部与销售部

前厅部与销售部都对客房销售工作负有责任,都承担销售客房商品的任务。前厅部应向销售部每日递送"客情预报表"、"客源比例分析表"、"客房营业表"等有关报表;销售部应将已获批准的订房合同的副本交前厅部;前厅部要同销售部联系核实客房使用状况,尤其是旺季来临之时为避免超额预订情况的发生,及时沟通,共同协商团队与散客接待比例;发生超额预订时协商处理;按销售部递交的团体订房资料预先分配房间;通过销售部了解抵店宾客的日程安排,以便答复、查询、提供叫醒服务等。

4)前厅部与财务部

前厅部工作归根结底是为取得经济效益,为了保证对客服务质量及客房销售经济效益,要加强与财务部保持信息沟通与密切联系,保证结账收银的及时无误。

前厅部要根据酒店政策决定付款方式、优惠房价、是否预先付款及消费信用限额进行沟通,制作账单,连同信用卡签购单交收银处建立客账;送交压印好的信用卡签购单;递交"团队的总账单"、"在店宾客名单"、"次日离店宾客名单"、"客房营业日报表"、"营业情况对照表"等有关报表;对超时退房宾客的房费问题进行协商沟通;向超信用限额的宾客催收押金;与相关单位签订的收款协议需符合财务部的有关规定。

5)前厅部与餐饮部

"食与宿"是住店宾客基本的需求,也是酒店两大主要收入来源。前厅部必须重视与餐饮部的信息沟通:向餐饮部通报客情,以便做好相应采购、接待计划;发放宾客用餐券;随时掌握餐饮营业点的服务内容、服务时间及收费标准的变动情况;将接到的订餐、酒会、宴会及其他有关任务及时通知餐饮部;对特殊团队、散客需要免费、优惠用餐的,经审批同意后送交餐饮部执行;涉及在餐饮场所进行的重大促销活动或经营活动,应事先向餐饮部送达任务通知单,并就任务落实等事项进行协调、拟写备忘录。

6）前厅部与人事培训部

前厅部与作为人力资源的管理部门——人事培训部有着密切的联系：根据工作需要和人事培训部安排，做好员工岗位调整工作和岗位培训工作；根据工作需要向人事培训部提出用工申请，参与员工面试并做好新进员工培训；除做好自身各项业务培训外，应积极配合人事培训部做好员工岗位资源培训，提高员工的业务能力和素质；配合人事培训部做好考勤、业绩考核和工资奖金的评议和发放工作以及部门员工福利性待遇和医疗费用的审核等。

7）前厅部与其他部门

前厅部还同酒店的其他部门有着密切联系：接到重要团队或重大接待任务需临时增加设备、设施时，应至少提前3天将有关计划和要求预先通知工程部；做好长包房的住宿登记管理，积极配合保安部做好长包房承租人有效证件查验和安全协议书的签订工作；大型活动应事先将活动方案报保安部，请其协助维持治安秩序和现场安全检查；当需要用车时还要与汽车调度部门联系等。

3.2　酒店客房管理

酒店的基本功能是向宾客提供食宿，满足其居住的基本需求。客房是住宿的物质承担者，也是酒店经济收入主要来源之一，既是酒店基本设施和存在的前提，又是档次和服务质量的重要标志。

客房管理部门是酒店基本组成部分和主体部分，是主要创收和创利部门。经营管理和服务水准，直接影响着酒店的形象、声誉和经济效益。

3.2.1　客房部的业务范围

客房部作为对客服务部门之一，其业务范围包括保持清洁环境，维持正常营业与运转，为宾客提供一系列客房服务项目和满足宾客住店期间的正常需求。现以图表的形式介绍一下客房部所做的相关业务工作与流程。

1)卫生清洁工作

（1）客房清洁流程（如表 3.10 所示）

表 3.10 客房清洁流程

流 程	具体内容及程序
工作车准备	①清洁工作车,按固定位置备齐布草、物品、清洁用品和报表 ②工作车按清洁工作要求摆放
清洁客房次序	一般情况下按下列顺序进行: ①挂"请速打扫"牌子的房间 ②VIP 房间 ③外出房间 ④离店房间 ⑤宾客在房的房间 ⑥空房
进房程序	①轻按门铃三次,每次一下,并报身份 ②无人答应时开门 ③开启三分之一时,再报身份 ④房门敞开,进房清洁
巡视检查	①将窗帘拉开 ②打开照明灯具,检查是否完好有效 ③巡视门、窗、窗帘、墙面、天花板、地毯以及各种家具是否完好 ④清洁离店房间,必须仔细检查有否遗留物品 ⑤检查小酒吧
清扫垃圾	①将纸屑、果皮等垃圾放入垃圾塑料袋内 ②烟缸内放少许水,将烟蒂浸湿后倒入垃圾袋内 ③将垃圾塑料袋放在工作车的垃圾袋内 ④换新的塑料袋,擦净废纸筒并放好新袋
清理脏布草	①将床、椅等处的衣服用衣架挂好,吊入衣橱内 ②把床罩、毛毯放在椅子或沙发上 ③换下床上布草,连同浴室内需要调换的一起记清数目后放入布件袋内 ④取出洗衣袋,检查后通知洗衣房交洗 ⑤带进干净的布件 ⑥换下的脏布件在客房清洁工作结束后进行分类和清点

续表

流　程	具体内容及程序
铺床	①铺床单:正面朝上,褶线居中,两边匀贴,床垫四角拉平包严 ②铺被单:反面朝上,褶线与床单中线相叠,上端铺到床头顶端,下垂两侧匀称 ③铺毛毯: 　A. 毛毯上端距床头 25 cm,两端下垂部分匀等 　B. 将床头长出毛毯的 25 cm 被单折回,作为被横头 　C. 在距床尾 25 cm 处,将毛毯连同被单向上折回 15 cm,并铺理平整 　D. 稍用力把下垂两侧的毛毯连同被单塞入床垫下面包紧 ④套枕套:将枕芯塞入枕套,四角对准整平、拍松,发现破损或污渍要及时更换 ⑤放枕头:将两只枕头放在床头正中,正面朝上;单人床枕套口对向床头多功能柜,双人床枕套口互对 ⑥铺床罩:从枕头上方将全床罩住,两枕中间及枕下垫入床罩并均匀褶缝,除床头的一侧以外,床罩的其余三侧下摆匀称
抹尘	①用药棉和酒精清洁房内的电话机和副机 ②核对和校正电视机频道,检查多功能柜的功能 ③对床头板、镜子、艺术装饰挂件和踏脚板等物件清洁灰尘 ④在对各种物件揩擦干净以后,应随手将使用过的茶具、酒具和客用物品放到工作车上
清洁浴室	①带好清洁用具 ②清除垃圾 ③清洁面盆和台面 ④清洁镜面及灯具 ⑤清洗浴缸 ⑥清洁恭桶 ⑦清洁墙面、门窗、排风口和地面
补足客用物品	补齐各种客用物品,然后关上窗户,拉好窗帘
吸尘	①吸净地毯灰尘 ②发现地毯有脏渍,及时并准确地清除或通知专门清洁工 ③不要忽略床底和房间四周边角等部位 ④吸尘后根据实际和需要,用空气清新剂喷洒客房,然后关门,揩净门把手,填写报表

（2）定期计划清洁项目及时间（如表3.11所示）

表3.11 定期计划清洁项目及时间

清洁方法 时间 项目	每周一次	每半月一次	每月一次	每季一次
清洁电线及插头、插座和电源开关板	关闭电源，揩擦清洁			
清洁空调出风口网罩		拆下风口网罩，刷净网罩上的灰尘，然后用湿布揩干净网罩柜架及边缘		
清洁窗玻璃、窗框、框轨和窗台		清洁玻璃，将窗框、框轨和窗台揩抹干净		
清洁冰箱和电视机		电源插头拔开，除霜，揩抹干净。将电视机关上，用刷子和抹布揩抹干净		
家具和铜器及镀件上光打蜡		选用合适的光亮剂和上光蜡，打蜡上光各种家具及铜件和金属镀件		
调换浴帘、清刷浴帘钩		拆下后用清洁剂洗刷干净，并擦干浴帘钩，挂上清洁的浴帘		
清洁工作间		揩抹干净框架，水斗及各种设备		
清洁客房天花板、墙面			掸扫天花板和高部位墙面，擦去脏渍	
清洁吸顶灯、吊灯和烟雾报警器及消防喷淋			刷去浮灰，揩清和擦亮报警器外壳和吊灯灯罩、灯杆和灯泡	

续表

清洁方法＼时间　项目	每周一次	每半月一次	每月一次	每季一次
清洁浴室天花板和顶灯			注意材质,清除浮灰和脏渍,并揩净灯罩和灯泡	
清洁排风器			关上电源,揩干净机件的尘埃	
清洁梯口、通道地面、墙面、门窗及灯具			清洁方法同前	
翻转床垫				按床垫、床头、床脚和上、下的"1～4"编码顺序翻转
清洁水箱的水垢				打开水箱盖,关闭水源,清除水箱内的水垢

【相关链接 3-3】

计划卫生

为了保证客房的清洁保养工作的质量,不仅要重视日常的清洁整理,而且还应重视客房计划卫生。坚持日常卫生和计划卫生工作相结合,不仅省时、省力,效果好,还能有效地延长客房设备和用品的使用寿命。

计划卫生是指在做客房的日常清洁卫生的基础上,拟定一个周期性清洁计划,采取定期循环的方式,将平时不易清扫或清扫不彻底的地方全部清扫一遍。

其主要目的之一是保证客房的清洁卫生质量。客房服务员对客房的某些部位,像通风口、排气扇、天花板、门窗玻璃、窗帘、床罩等,不可能每天清扫或彻底清扫。必须通过定期对清洁卫生死角或容易忽视部位进行彻底的清扫整理,来保证客房内外环境的卫生质量,同时又不致造成人力浪费或时间的紧张。

其主要目的之二是维持客房设施设备的良好状态。有些家具设备不需要每天都进行清扫整理,但又必须定期进行清洁保养。以维护客房设备家具的良好状态,保证客房的正常运转。

（3）公共卫生间清洁和服务流程（如表3.12所示）

表3.12 公共卫生间清洁和服务流程

保持卫生间的干净整洁,并随时为宾客提供服务	
无宾客使用卫生间	有宾客进卫生间
按顺序擦拭清洁面盆、水龙头、台面、镜面	微笑招呼
清洁恭桶及便池	指引无人的厕所
揩拭厕所内门、档、窗及瓷砖墙面	宾客洗手前,先开好水龙头,水温适当
清洁厕所地面,保持无水渍、无痕迹	洗完手后,送上擦手纸或擦手巾
喷洒空气清新剂,保持空气清新,无异味	关闭水龙头
洗手台上摆放鲜花	视情况和需要为宾客刷衣服
配备好卷筒纸、卫生袋、香皂(包括皂缸)、擦手纸(或擦手巾)、衣刷等用品	礼貌拉门送客
检查皂液器,烘手器等设备的完好情况	

（4）其他公共区域清洁（如图3.15所示）

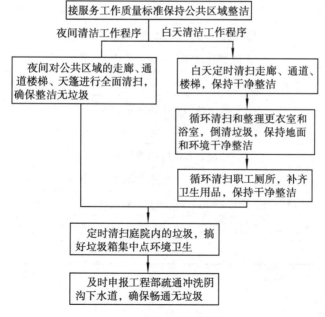

图3.15 其他公共区域清洁

2)客房整理

(1)住店客房小整服务(如图 3.16 所示)

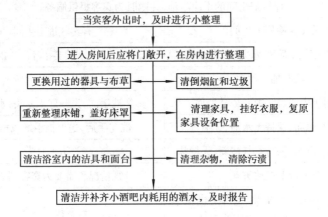

图 3.16　住店客房小整服务

(2)夜床服务(如表 3.13 所示)

表 3.13　夜床服务

按程序进房,如宾客在房内,必须征得同意	
补充饮用冷水,调换热水瓶及使用过的茶具,撤出冰桶,补充冰块	
清除地毯表面垃圾,发现污渍及时淡化	
清除烟缸、垃圾,注意有无贵重物品	
无贵重物品	有。报告领班或主管
将散放的客衣挂入衣橱内	
清洁房内家具,揩去浮灰和污渍,并回复至原来位置	
检查和调好电视频道	
按人数开床,放早餐卡	
拉上遮光窗帘,开启夜灯、床头灯和廊灯,并放晚安卡	
更换用过物品,清洗用过浴缸、面盆及台面;拉好浴帘,铺地巾,揩净水渍和污渍	
关门出房	

3)洗衣服务(如表3.14所示)

表3.14 洗衣服务

及时收取,并电话通知服务中心	
核对洗衣单上填写的宾客姓名、房号,交洗衣物件数及日期、时间等是否相符,检查客衣是否有破损和遗留在袋内的物品	提出快洗或有特殊洗涤要求的客衣,应通知及时进房收取,了解洗涤要求并注明,超过收洗时间的应说明

洗衣单填写有误	衣物有破损	有遗留物品
指出,并请重新填写	指出,并注明	及时交还宾客或报告领班

将要洗的客衣交给客衣收发员
洗烫干净平整后,客衣收发员送交给客房服务员
及时将洗好的客衣送进客房,请宾客点检清楚。衣物如有破损或宾客投诉,应及时查明情况,向领班或主管报告妥善处理
离房。将洗衣单第一联回单和第二联发票交给客房服务中心,入账后交前台收银

4)看护婴儿服务(如表3.15所示)

表3.15 看护婴儿服务

接到宾客提出看护要求时,应介绍该服务的情况,询问并记录相关内容,立即报告	
无特殊要求	有特殊要求按要求安排或汇报客房部经理,考虑转请专业护理人员

填写看护婴儿服务委托书,并核对要求情况,了解宾客是否有特殊要求,做好记录
与楼层主管联系,根据当天工作情况及要求,及时做好安排
及时将负责看护人员的姓名和情况告知宾客,并再次确认看护时间
开出账单,将有关情况记录在案
看护人员应提前了解宾客的情况和要求,带好开好的账单前往宾客房间
看护人员应在指定的地点看护婴儿,并做好记录,有意外情况发生时应及时请示汇报
完成看护工作后,应将看护中的情况对宾客做简述,并请宾客在账单上签名
及时将看护记录和签名的账单交至服务中心,归档,账单转结账处

5)访客服务流程(如图3.17所示)

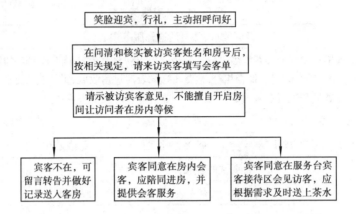

笑脸迎宾,行礼,主动招呼问好

在问清和核实被访宾客姓名和房号后,
按相关规定,请来访宾客填写会客单

请示被访宾客意见,不能擅自开启房
间让访问者在房内等候

宾客不在,可留言转告并做好记录送入客房

宾客同意在房内会客,应陪同进房,并提供会客服务

宾客同意在服务台宾客接待区会见访客,应根据需求及时送上茶水

图 3.17 访客服务流程

6)其他服务工作(如图3.18所示)

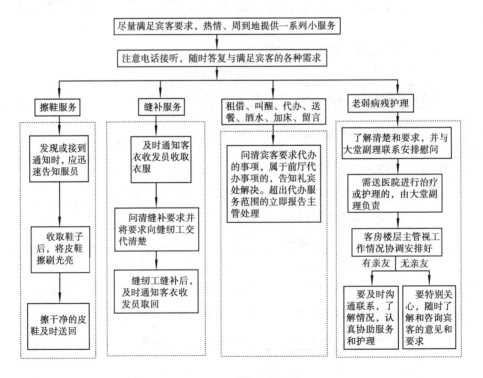

尽量满足宾客要求,热情、周到地提供一系列小服务

注意电话接听,随时答复与满足宾客的各种需求

擦鞋服务

缝补服务

租借、叫醒、代办、送餐、酒水、加床、留言

老弱病残护理

发现或接到通知时,应迅速告知服员

收取鞋子后,将皮鞋擦刷光亮

擦干净的皮鞋及时送回

及时通知客衣收发员收取衣服

问清缝补要求并将要求向缝纫工交代清楚

缝纫工缝补后,及时通知客衣收发员取回

问清宾客要求代办的事项,属于前厅代办事项的,告知礼宾处解决。超出代办服务范围的立即报告主管处理

了解清楚和要求,并与大堂副理联系安排慰问

需送医院进行治疗或护理的,由大堂副理负责

客房楼层主管视工作情况协调安排好

有亲友

无亲友

要及时沟通联系,了解情况,认真协助服务和护理

要特别关心,随时了解和咨询宾客的意见和要求

图 3.18 其他服务工作

3.2.2 客房接待服务

客房对客服务模式一般有两种:楼层服务台模式和客房服务中心模式。客房接待服务工作是酒店服务工作的重要组成部分,这一部分工作主要是围绕宾客"来、住和离"三大环节开展工作的。客房管理要提高服务质量,提供最佳服务,必须依据宾客"来、住、离"的活动规律,做好迎送服务和住店期间的服务接待及客房送餐、委托待办、来访接待等服务项目,以便利宾客。

1)迎客准备

宾客抵店入住前的准备是服务过程中的重要一环,做好准备工作是提供优质服务的前奏,准备工作做好了才能有针对性地提供服务,给宾客留下良好的服务印象,提高满意度,同时为后面其他服务工作奠定良好基础。

(1)了解宾客情况

在抵店前,根据总台传来的接待通知单,详细地了解宾客(团队)的情况如姓名、国籍、身份、宗教信仰、风俗习惯、年龄、健康状况、生活特点、活动日程安排、人数、抵达和离开的准确时间,房间安排及其服务要求等,以便为迎接和住店后的服务工作做好准备。

(2)房间布置、整理和设备检查

根据宾客的风俗习惯、生活特点和接待规格,对房间进行整理、布置,备好各种用品,补充小冰箱的饮料等。并对布置好的房间再作一次细致的检查。若是属于贵宾,则要严格按照接待规格,准备相应的鲜花、水果以及总经理的名片等。

(3)准备迎接宾客

宾客到达前要根据气候调节好室温,提前准备好托盘、茶水、香巾,整理仪容仪表,调节好心情,准备宾客的到来。如果预计晚上到达,可提前将夜床做好。

2)迎客服务(如表3.16所示)

(1)电梯迎宾

在高档酒店里,一般由行李员迎接宾客并陪同进入楼层。台班服务员只需面带微笑,站立在电梯口,热情欢迎即可。

如果宾客无行李员陪同到达楼层,服务员应按规范要求,问清房号,礼貌地请宾客出示房号卡,如没有房号卡,应礼貌地表示道歉,然后请宾客到前台领取欢迎卡,办理开门手续;如已持有房号卡时,逐一验证确认后开门,同时在工作表上记录情况。

（2）引领进房

服务员应主动帮助提行李,贵重物品让宾客自己拿。行走时,应走在侧前方,距离二到三步引导前行,遇拐弯应面向宾客,同时伸手示意行进的方向,到达房门口严格按照进房程序开启房门,目视无误后请宾客进房。

（3）介绍设施设备和服务

进房后视情况简明扼要地介绍房间设备使用方法和服务项目等,并敬告宾客离房时切实锁好门窗,睡觉时扣上保险锁。礼貌询问是否需要其他服务,道别后轻轻关上房门。

表 3.16　送客进房流程

流　程	具体内容及程序
楼层值班员介绍自己	①称呼宾客姓名 ②介绍自己
送客去房间	①帮助提行李 ②在送客途中可问候旅途情况或介绍服务设施 ③进电梯或房间时用手扶门,请宾客先进 ④开启房门时,介绍钥匙磁卡的使用方法
介绍房内设施及事项	①让房门开着,向宾客介绍房内设施(应视具体情况而定) ②询问是否需要擦刷皮鞋或熨烫衣服 ③告诉如有事吩咐,请拨服务中心电话
道别	①祝宾客过得愉快 ②离开房间,轻轻将门关上

（4）茶水服务

宾客进房后,服务员应视需要送上香巾、欢迎茶。

敬奉欢迎茶的操作流程（如图 3.19 所示）

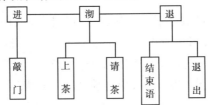

图 3.19　敬奉欢迎茶的流程

（5）值班记录

服务人员返回服务台或是工作间后，填好值班日志和相关的管理登记表格。

3）宾客住店期间的客房服务工作

宾客住店期间的客房服务工作是客房优质服务的主要内容，其目的主要是满足宾客在生活与工作中的需要，提供一个舒适、洁净、安全的环境。

宾客在住店期间能够享用到的服务项目主要有卫生清洁、房间整理、洗衣、酒水饮料、看护婴儿、擦鞋、缝补、租借、叫醒、委托代办、送餐、加床、留言、老弱病残护理、访客接待和私人管家服务等。这一部分内容在前面已经用图表形式表现出来，这里不再赘述。

4）宾客离店时的对客服务工作

（1）离店前的准备工作

接到退房通知后，记住房间号码，掌握好确切的离店日期和时间，了解所乘交通工具的班次；检查委托待办事宜是否完成；核对宾客楼层消费，检查所有费用是否已报账、结账；询问离店前还需要哪些服务，如是否要用餐、叫醒服务、租车等；提醒检查行李物品，不要遗留物品在房间；同时主动征求意见。

（2）送别宾客

协助行李员搬运行李，送客到电梯口，代为按下电梯按钮，道别，对于老弱病残宾客要加以关照，必要时专人护送。

（3）善后工作

待宾客离开楼层以后，迅速查房，在3分钟内报告前台。如有遗留物品，要立即通知总台转交；如发现小酒吧的食品饮料有新耗损、客房设备物品有损坏或丢失，要立即通知总台请宾客付账或赔偿。

认真处理善后事项，处理委托或交办事项，做好记录，清洁客房，及时同总台联系，以供再次出租使用。填写相应的报表资料。

妥善处理失物和遗留物品。酒店要严格规定，员工在本店范围内拾获宾客失物，必须如数上交。拾遗事务一般由客房部专门负责处理，设立宾客失物日志，详细记录上交的失物或遗留物品情况，包括物品名称、拾获地点时间、拾获人姓名等。对遗留物品还要注明房号、宾客姓名、离店时间等。处理拾遗时需要判断该物品是宾客扔掉的物品还是遗留物品。

【小思考3-2】

问：认定为宾客遗留物品有哪些？

答：遗留在抽屉或衣柜内的物品；具有文件价值的信函物件；所有有价值的

东西;身份证件;器材或仪器零件等。

对已知遗留物品的宾客姓名、住址或单位的,应及时交还宾客或通知或邮寄。按国际惯例,遗留物品保存期为一年,个别贵重物品可延长半年,超过保存期可按规定自行处理。宾客的遗留物品的处理方法如表 3.17 所示。

表 3.17　宾客的遗留物品的处理

拾到或发现宾客遗留物品时,必须迅速上报,并交客房部服务中心统一保管和处理	
及时在拾遗登记簿上记下物品的名称、数量和特征,捡获地点及捡获人的姓名	
将捡获的物品及时送交前厅部大堂副理统一处理,并填写失物招领单(一式三联)	
第一、二联	第三联
交给客房中心文员保管。其中第一联留存备查;第二联贴附在失物一起,以便查对	服务中心文员收到代为保管的失物时,查对无误后签名,然后由大堂副理留作存根,作为失物认领的记录
宾客来认领时,由大堂副理通知客房楼层主管,及时将失物和失物招领单送来,在办理认领手续后,连同失物招领单一起归档存查	

5) 酒店的 VIP(贵宾)宾客的接待与服务

酒店的 VIP 是指住店的非常重要的客人。VIP 的接待服务工作做得如何,对酒店树立良好的声誉,提高酒店的知名度和经济效益起着至关重要的作用。VIP(贵宾)客人因其身份特殊,酒店会在对其接待礼仪和服务规格上区别于普通客人。其接待与服务工作也可以包括为抵店前准备工作、抵店后的迎接和服务工作以及离店的欢送工作三个方面,具体情况可能会因为客人贵宾等级的不同而略有差异(如图 3.20 所示)。

(1) VIP 客人接待规程

①应认识到 VIP 客人是酒店极为重要的客人,需要对其在酒店居住前和居住期间提供细致、高质量的服务。

②提前 2 天以上获悉 VIP 客人入住的工作处理规程。

③客房部经理应及时与前厅经理确认房号。

④客房部经理确认房间卫生状况,如有必要应马上清洁、地板上蜡,使之保持高质量的清洁标准。

⑤客房部经理确认房间的设施状况,如有必要请工程部配合检查。

⑥客房部经理检查客史记录,如客人有特殊要求,应提前安排。

⑦客人入住前一天,房间的大清洁工作应完毕并通过客房部经理的检查。

（2）VIP 客人入住当天的工作规程

①如客房已提前清洁完毕并已经过客房部经理检查,在客房部经理确认花篮、果篮和报纸等用品派入完毕后,此房间应避免无关人员再次进入。

②客房部经理应提前确认客人的抵达的时间并尽可能在楼层恭候客人。

③如条件允许可协助前厅部向客人介绍房间的设施。

（3）VIP 房间的标准

①鲜花(按订单上的级别配备)。

②客用品(按 VIP 标准配备)。

③在客人入住前检查所有工程维修问题。

④清洁标准(按客房部大清洁标准)。

⑤果篮(按订单标准配备)。

⑥书报、杂志(按订单标准配备)。

（4）VIP 房住店期间的工作规程

①客房服务中心将房号和客人姓名在白板上注明并负责通知部门经理。

②客房服务中心负责将房号及时通知洗衣房。

③为保持 VIP 客人住店期间享受的服务是高质量和持续性的,VIP 房客人住店期间和房间应安排专人负责,如遇特别重要的客人,可考虑临时取消服务员和领班及经理的休息。

④VIP 房间每天的清洁时间尽可能安排在客人外出的时候,也可根据客人的习惯和外出时间临时安排。

⑤如客人在房间内,应提前做好准备工作,避免反复进入房间。

⑥楼层服务员和领班都应准确地记住客人的姓名并能有礼貌的主动向客人打招呼。

⑦在条件允许的情况下,楼层服务人员应主动询问客人有无其他需求并将客人的要求及时通报客房部经理。

⑧为客人提供所需要的酒店服务。

（5）VIP 客人退房时的工作规程

①如获悉客人的离店时间,客房部经理可在楼层迎送客人,同时征求客人意见并欢迎客人再次光临。

②楼层领班亲自检查房间,客人的遗失物品应严格按照"客人遗失物品的处理规程"执行。

③如客人填写"客人意见书"应及时交到客房服务中心并转交总经理办公室。

④客人退房后,客房部应总结客人在住店期间的工作表现及结合客人的意见进行总结并记录在客史档案中以免下次再犯同样的错误,对于工作上的不足之处应及时进行纠正。

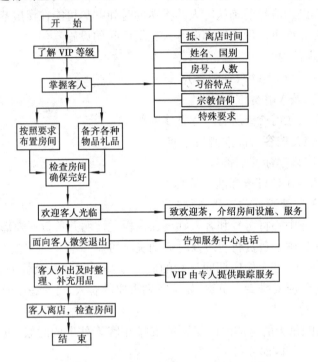

图 3.20　酒店的 VIP(贵宾)宾客的接待与服务

3.2.3　客房部管理重点

在我国酒店建筑结构中,客房建筑面积一般都占总面积的一半以上,客房是酒店基本设施和存在的基础,又是酒店档次和服务质量的重要标志。

酒店的档次与等级水平可以说主要是由客房水平决定的。人们通常主要依据设备和服务来衡量酒店的等级水平。而设备无论从外观、数量或是使用来说,都主要体现在客房,客人在客房呆的时间较长,较易于直接感受。与此同时,根植于设施设备的客房服务质量更直接决定着顾客的满意程度。客房部从设施设备到人员配置都是最为庞大的,在其工作的任何过程、任何岗位、任何环节出现差错都可能引起不满与投诉,因而有必要将客房管理作为酒店管理的一个重要内容与范畴,确保酒店质量与声望。

1）客房部的人力资源管理

人力资源管理是客房部管理工作的重要内容,做好这一项工作意义重大。它一方面关系到能否选好人、用好人和管好人;另一方面它也实实在在地影响着客房部的日常运转,最终会影响服务质量和经营管理效益。

在强调管理应"以人为本"的今天,客房部人力资源的管理中显得尤其重要。客房部的人力资源管理,就是运用科学的方法,吸引和保存基本的优秀员工队伍,充分地开发、运用员工的才智,不断训练及发展员工的技能,从而不断提高劳动效率,为酒店提供优质服务作重要保证。因此,进行合理人员配备,提高员工劳动效率,节约劳动力成本,营造一个和谐、进取的工作环境是客房部人力资源管理的重要内容。

客房部的人力资源管理是保证经营活动顺利进行的必要条件,是提高酒店素质和增加活力的前提基础,同时也是提高酒店服务质量,创造良好效益的有力保证。

对客房部人力资源的管理主要体现在以下几个方面:

①工作分析。这是一项基础性工作,目的是通过对客房部工作的分析来确定其任务和性质,以及从事此工作的人应具备的素质,以科学的理论来指导实际工作。

②人员配置。人员的配置是一个大的系统工程,它主要是包括确定岗位编制和人员招聘等工作内容。人员配置是否得当,直接关系到工作任务的完成情况与质量好坏情况。人员太少,必然会导致超负荷工作量,工作压力过大,积极性下降,难以保证工作质量;反之,人员太多,又容易引起人浮于事,工作效率低,造成人为的不公平,增加营运成本。

③人力调配。虽然在人员配置上做出了科学精确的计算,但是由于在实际工作中工作量的不断变化,还必须根据实际需要合理地调配人力,以求达到经营的正常运行,同时又不增加人力成本。

④人员培训。一流酒店要有一流员工。员工素质的高低直接影响着经营的成败,这也是帮助员工了解和适应工作岗位与工作要求、接受组织文化、提供高质量服务、减少投诉等方面的有效手段。

⑤绩效考评。对员工的岗位适应能力、工作表现及工作成果等进行评价,这是员工晋升、奖惩、待遇等方面的决策依据,是调动积极性和创造性、检查和改进管理工作的重要手段。

⑥员工发展。关注员工的发展问题可以激发员工积极性,从而提高组织效能,促使员工积极成长、自我完善、自我强化。

2）客房部的服务质量管理

客房是宾客在酒店中逗留时间最长的地方，宾客对客房更有"家"的感觉。服务质量水平的高低直接影响满意度与感受，是衡量"价"与"值"是否相符的主要依据，是衡量整个酒店服务质量，维护酒店声誉的重要标志。

对客房部服务质量的管理主要体现在以下几个方面：

①客房设施设备。设施设备是对客服务的基础与保证，缺乏相应的设施设备是难以形成高质量的服务的。与此同时，设施设备的破损和落后也难以让宾客满意。

②清洁卫生情况。清洁卫生情况直接影响到客房的质量。宾客在选择住宿时，清洁卫生通常作为首选条件之一，一个不洁净的场所很难吸引住宾客。另外对于设施设备的清洁保养有助于延长其使用寿命，对于开源节流有着重要意义。清洁卫生的情况还反映出管理水平，代表着外在形象，影响到公众的感受和评价，因此卫生质量状况是客房部重点管理的目标之一。

③对客服务质量。质量是生命线，没有质量的服务是不可接受的，客房对客服务质量直接影响到酒店的整体服务质量。对客服务过程中更多的是人与人之间的沟通和交流，现在酒店中提供的服务不再完全是过去的标准化服务，更多的是定制化、针对性的服务。服务质量的好坏往往是以宾客满意程度作为评价标准的。客房服务人员仪表是否整洁、端庄，服务态度是否热情、周到、细致、耐心，服务项目是否便利、周全、丰富、享受，服务技术是否安全、可靠、灵活、便捷，服务时间和时机是否适时、合理，服务技巧是否灵活、多样等方面因素都对宾客的选择有着直接影响，这也是评价酒店质量的重要依据，是宾客决定是否下榻于此的首选条件，服务质量直接影响着客房出租率的变化。

3）客房部的物资资料管理

客房部的固定资产、物资设备等占据了酒店全部固定资产物资设备的大半，如果加强管理，精心保养，控制使用，降低损耗，将对成本管理计划的实现有着直接作用。加强客房设备用品管理，可以保证酒店客房商品经营活动的正常进行，是提高服务质量的必要物质条件，是酒店提高经济效益的重要途径。此外加强客房设备管理，尽量节省不必要的开支，做好现有设备的技术改造，适时地更新设备，改造技术，有利于加速实现客房服务手段的现代化，提高酒店等级。因此客房部的物资资料管理与酒店利益体系关系重大，是影响整个酒店运行管理的关键部位之一。

对客房部的物资资料管理主要体现在以下几个方面：

①对家具、修饰品的管理。家具和修饰品是客房产品的重要组成部分,加强客房家具和修饰品的管理有利于保证产品质量,延长家具和修饰品的使用寿命,减少家具和修饰品的更新维修,对于完成客房管理任务和酒店成本支出有着重要意义。

②对客用易耗品的管理。客房部因为工作性质的因素,有一部分客用品属于一次性使用物品,这类物品虽然价值可能不高,但是由于品种繁多、适用范围广、经常性大量耗用与更换、不易控制和浪费容易致使在正常情况下产生相对庞大的费用支出。如若是管理不善,很可能发生偷盗、滥用、流失、积压或自然损耗的现象,带来额外经济负担。客用易耗品的使用既要力争节约,又要讲究适度,在两者中争取平衡,不能影响正常运转与服务。

③对棉织品的管理。酒店在经营运转过程中,需要储存和使用大量的棉织品,一般都要配置三到五套以供周转使用,这里面既有客用棉织品(如客房为宾客提供的五巾、床单、枕套、毛毯等),也有酒店职工自用棉织品(如员工制服等),还有公众场所的棉织品(如窗帘、沙发套、裙边、桌布、盖布等)。对这些棉织品的配备、储存、使用、质量、清洁程度、供应速度、洗涤、报损等方面若是操作与监管不到位,很容易造成资金积压或浪费。合理地管理配备棉织品、力争减少棉织品的损耗、尽量延长棉织品的使用寿命有利于有效控制成本费用,减轻经济负担,提高经济效益。

④对电器设备的管理。电器设备也是客房产品的重要组成部分,一般来说,客房里配备的电器设备主要有电视机、电冰箱、空调、电热水壶等,这一类设备物品的价值一般来说相对较大,使用时间也相对较为长久。要是使用或保养不当,很容易带来大的经济损失,而且这一类带电的客房设备也容易存在安全方面的隐患,管理方面更应该引起重视。

4)客房部的安全管理

旅游活动需要旅游安全,而客房安全是宾客住宿活动的必然要求,其安全系数的高低直接影响到宾客对酒店的选择,没有宾客愿意将生命财产的安全置于不确定的隐患之中。客房也是宾客停留时间最长并且存放财物的场所,因此客房的安全工作成为了整个酒店安全工作最为重要的组成部分之一,客房的安全是一个全方位的概念,不仅仅指入住宾客的安全,还包括了员工的安全以及整个酒店的安全。

对客房部的安全管理主要体现在以下几个方面:

①火灾。火灾始终是威胁酒店业的一个重大隐患,它不仅直接威胁着人员的生命安全,毁坏酒店财产和建筑,更重要的是会破坏酒店的名望与声誉。由于

现在酒店一般是高层建筑,客房一般设在高层,其楼层高、规模大、人员多,给逃生、疏散与扑救带来相当大的困难,因此客房部的防火工作是客房安全工作的头等大事。客房部应与酒店保安部门密切配合,定期检查监控设备、安全报警设备、消防设施与消防器具的有效性、完好性。此外,在日常服务工作中,要时刻留心,多加注意。

②盗窃。盗窃是发生在酒店内最普遍和最常见的犯罪行为之一,它不但造成宾客、员工和酒店的财产损失,也严重影响酒店的声誉和客源,在酒店发生的各类案件中所占的比例相当高。为了避免盗窃事件带来的损失,客房部必须严格执行各项安全规定,预防各种盗窃事故的发生。客房部应该建立健全部门管理制度,加强员工的职业道德教育,加强对住店和来访宾客的管理,严格磁卡钥匙的保管等。

③工伤事故。客房部员工在工作期间的人身安全也是客房安全工作的重要内容,工伤在理论上只有百分之二是由于自然灾害或一些不可避免的特殊情况引发的,其余的事故是可以避免的。客房部员工一旦发生工伤事故,除使本人受到伤害以外,还会直接影响到部门的工作进程、人力调配等。客房部应该制定安全操作规范,加强安全知识培训,严格监督操作流程,提醒个人安全意识等,以求减少和避免工伤情况的发生。

5)客房部的绿色管理

绿色客房是一种新的理念,至今尚没有一个被广泛认同的定义。"绿色"一词通常用来比喻环境保护和回归自然等,只是能够比较直观形象地将其与环保、可持续发展等概念联系起来。实际上,绿色是一种方向和目标,它要求将环境保护融入经营管理之中,以环境保护为出发点,合理利用资源,提供符合人体安全、健康要求的产品,引导公众的绿色消费意识与绿色环保意识。

对客房部的绿色管理主要体现在以下几个方面:

①提高空气质量和降低客房噪音。尽量向客房输送新鲜的空气,提供清净的空气以满足呼吸要求。隔断外来声响和降低室内电器的噪声,避免影响身心健康。

②客房采光与照明。所设的灯具产生的混合照明亮度要适度,而且灯具的选择要合理。

③化学药品的合理使用。对洗涤剂的使用量要加以控制,尽可能减少含氟漂白剂的使用,减少使用含氯氟烃的产品,减少使用含氯漂白剂和漂白过的布草。

④节约用水和提高饮用水质量。尽量减少水资源的浪费,对废水进行回收

利用,重复使用。客房部或酒店应安装自行净水系统,提高饮用水的质量,保证健康。

⑤减少对资源的消耗。这是绿色环保的要求,同时也是客房部节流的需要。在保证客房产品质量的前提下,尽可能减少对资源的消耗,减少客房整理次数。鼓励住宿超过一天的宾客,继续使用原有的毛巾,或不更换床单,以减少清洗所需的水和洗涤剂用量。

⑥加强对客房废弃物的管理。绿色客房应加强对废弃物的管理,注意回收旧报纸、易拉罐和玻璃瓶等,并将有机物垃圾专门堆放在一起。选择那些同意将其产品废弃物减少到最小程度的供应商,或者坚持生产厂商将非必要的包装减少到最少或重新利用。

绿色客房管理通常采用的是"3R"原则,即减量(Reduce)、再使用(Reuse)和再生利用(Recycle)。设置绿色客房,加强绿色管理,追求人与自然和谐共处,这不仅是酒店客房发展的需求,更是全人类社会文明发展的需要。

【相关链接3-4】

绿色酒店

绿色酒店至今还没有一个被广泛认同的明确定义。在提倡环保的年代,"绿色"往往用来比喻环境保护、回归自然、生命等,当一个与绿颜色无关的名词被"绿色"所修饰时,就表示该事物与环境保护有关。绿色酒店是一种比喻的说法,是用来指导酒店在环境管理方面的发展方向。它可以理解为与可持续发展类似的概念,即指能为社会提供舒适、安全、有利于人体健康的产品,并且在整个经营过程中,以一种对社会、对环境负责的态度,坚持合理利用资源,保护生态环境的酒店。绿色酒店只是出了一个原则和框架,并不涉及具体的内容和目标、指标。在操作过程中,酒店要根据这些原则,研究本企业的实际状况及对环境保护应做的贡献。通过对理论的探索和实践的总结,在现阶段,我国的绿色酒店应尽可能做到:整个酒店的建设对环境的破坏最小,运行过程中资源、能源消耗尽可能低,向客人提供满足人体健康需求的产品并能积极参与社会的环境保护活动。所以,绿色饭店的含义和内容是一个持续发展不断深入的过程。

3.2.4 客房部与其他部门的联系

客房部虽然不像前厅部一样处于酒店业务活动中心位置,但如果要生产出

高质量的服务产品,必须要同各个部门发生联系,取得支持与合作。做好相关沟通与协调工作是提高客房部服务质量的重要保证。

1)客房部与总经理办公室

①每天的 VIP 报表、客房部的重大活动和任务,以及宾客投诉和意见书均应及时报总经理办公室了解掌握,或由总经理办公室转报总经理阅示。

②客房部各部门要配合和协助总经理办公室安排来酒店参观者的接待工作。

2)客房部与前厅部的联系

客房部与前厅部联系最为密切,这一部分内容在本章第一节中已经详细叙述,不再赘述。

3)客房部与餐饮部

①按照宾客接待提出的要求,协助做好餐饮各营业点的台饰和环境布置所需要的鲜花和盆栽。

②配合餐饮部做好客房送餐服务,需要由客房楼层服务员收取餐具时,应在送餐时将开列餐具品种和数量的送餐单递交给楼层服务员,以便在收取餐具时清点核对后代为保管,并电话通知餐饮部派员收回。

③积极支持和配合餐饮部等有关部门将宣传资料分发至每个客房的宾客,协同做好促销工作。

4)客房部与销售部

及时掌握 VIP 宾客及普通宾客的入住要求,做好宾客到店前的准备工作。

5)客房部与采购部

客房部应对所需设备物资的种类、规格、数量、质量提出明确计划,由采购部负责办理;为控制客房成本费用,采购部也应对价格问题与客房管理部门进行协商、提出建议。

6)客房部与康乐部

经常保持沟通联系,掌握住店宾客信息,共同做好对客服务和促销工作。

7)客房部与财务部

①做好宾客洗衣、客房内小酒吧的账单累计工作并配合财务部处理好与宾客之间发生的异议和纠纷。

②做好布草和工作服的洗涤统计,以及各类物料用品的领用报账和清点盘存工作,并按财务部物资管理规定,按时制表填报。

③制定预算、核算员工薪金等工作要与财务部沟通合作。

8)客房部与工程部

①接受工程部进行的安全生产教育及专业技术和管理知识的培训,提高业务技能。

②主动配合工程部做好设备的管理和计划检修工作,搞好日常的维护保养。

③发生设备故障和事故,应及时报告工程部,并协助工程部查明原因,做出处理。

9)客房部与人力资源部

①及时将用工情况与人力资源部进行沟通并配合人力资源部做好员工招聘、面试等工作,协同把好人员素质关。

②积极支持和配合人力资源部主持的各项培训活动,不断提高队伍素质。

③配合人力资源部做好员工的出缺勤考勤和考勤统计,填报员工出勤情况报表。

④根据部门需要和人力资源部安排,做好员工岗位调整、人事调配工作。

⑤协同人力资源部做好部门员工的职称和技术等级评定考核与审核审报。

10)客房部与保卫部

①组织和教育员工自觉参加保卫部开展的宣传教育及保安业务的培训和演练活动,提高安全防范意识和保安业务知识,做好防火防盗等安全工作。

②主动接受保卫部对安全保卫工作的指导和检查,及时进行整改。

③配合公安、政法部门及保卫部做好对客房的安全检查。

④在管辖范围内如发现各种可疑的人和事,在做好监视工作的同时,立即向保卫部报告,由保卫部负责查证和处理。

3.3 酒店餐饮服务与销售管理

3.3.1 餐饮基本概念

1)中外餐饮业的发展概况

饮食是人类最基本的生存活动,通常讲的"民以食为天"便道出了其中的真谛。当我们的祖先仍处于"穴居"阶段时,便有了男子狩猎,女子哺婴的分工以及"刀耕火种"、"男耕女织"的生产活动,获得食粮,维持生命,繁衍后代。

中国餐饮业是世界上历史最悠久的产业之一。

北京人开始使用火,使人类走出了蒙昧时代,具有最初的烹饪餐饮活动;商代,青铜器、原始瓷器、酿酒作坊和食盐的出现,为餐饮业的形成创造了条件;随着社会生产力的发展和社会化大分工的形成,出现了商品的生产和商品的交换,到远处去交换便产生了旅行和由此而引起的一系列活动,随之而产生了沿着主要交通道路的"驿站"和市里的"客栈"、"客舍",并逐步由旅人自带干粮发展为客栈供餐,这样饮食活动便逐渐从社会化大生产中分工出来,逐步形成一个行业。当然在很长的社会发展时期内,社会始终只处于维持基本生存活动的水平上,并且处于最低一层的维持基本生理需求的层次上。正因为这样,人们并不注重服务,顾客也没有太多享受服务的奢望;秦、汉时期,中央集权发展了城市经济,丝绸之路引进了国外食品、饮品及文化,铁器更新了灶具和炊具;魏、晋至隋代,寺庙烹饪逐步形成,《食经》为中国烹饪与餐饮理论研究开了先导;唐、宋时期,封建社会进入了鼎盛时期,饮食文化得到大发展,传统烹饪趋于定型;元、明时期,民族融合与经济的繁荣使餐饮业日臻成熟;清代,人们创造出"满汉全席",为近代中国餐饮业的发展画了一个圆满的句号。

现代中国的烹饪形成了鲁、川、淮扬和粤菜为代表的中国菜。中国被誉为三大烹饪王国之一。中国餐饮业的发展长期受农业经济的影响,食物的植物性食品成分过大,有利之处在其搭配格局,形成三低结构,不利之处在于热能比值太低。随着经济的发展和人民生活水平的提高,在餐饮业"营养、卫生、科学、合理"的原则指引下,具有中国风味又符合现代科学营养的新膳食结构正在形成。中国餐饮业的发展深受封建社会儒家思想的影响。中国餐饮业在发展过程中也在不断借鉴和吸收其他民族和国家的精华。现代中国餐饮业菜肴开始注重造型、滋味和营养结构,以味为核心,以养为目的。

国外餐饮业起源于古代地中海沿岸的繁荣国家,基本定型于中世纪。

14世纪,土耳其形成以食羊肉为主、烤羊肉为其传统名菜的风格,对伊斯兰教国家的餐饮习俗和餐饮业有着历史功绩;16世纪,意大利成为文艺复兴的中心,形成追求豪华、注重排场、典雅华丽的风格,成为"欧洲烹饪之母";18世纪前后,法国成为欧洲政治、经济和文化中心。法国菜肴组合和烹饪技巧比较科学,还能顺应时代潮流。在20世纪提出"自由烹饪"口号,改革传统烹饪工艺,更加符合现代生活的要求,被公认为世界烹饪王国;20世纪,美国成为第一工业强国。美国烹饪注重营养,求新,求快。特色是营养丰富,快速简便;同是工业强国的日本餐饮业一方面保持和发展着传统的饮食风格,注重食品的颜色、线条和型器的配搭原则,食用过程程式化;另一方面又为适应现代生活的需求,吸收欧美餐饮精华,大力发展快餐食品,形成东西方结合、古今并进、富有民族特色的新型日本餐饮业。

由于西方经济的高速发展,餐饮业形成了以获取人体所需的营养为主、过分讲求营养质量的传统风格。但是因其食品结构有三高的特点,成为不利于健康的"文明病"的主要因素。

综观中外餐饮业的发展概况,世界餐饮业是随着人类经济活动的出现和文明程度的提高而产生和发展的。中外餐饮业在发展过程中既各自独立,又相互渗透。中外餐饮业一方面要纵向继承和发扬自己的优良传统,另一方面要横向交流,相互促进,共同发展,以开创世界餐饮业的新局面。

2)餐厅的概念

英文的餐厅(Restaurant)解释为:在一定的场所,公开地对一般大众提供食物及饮料的设施或公共就餐场所。英文的 Restaurant,原系拉丁文 Restaur 演变而来,其意指"恢复"。当时曾用来作为一种肉汤的名称。到了 16 世纪,法国人才引申其意,而用以称呼供应餐饮的企业组织。

一般说来,我国酒店餐厅必须具有下列 3 个条件:

①一定的场所,必须具备招待顾客的空间及供应餐饮的设施;

②必须能向顾客提供食品和饮料以及良好的服务;

③必须以营利为目的。

中国常见的餐厅种类因不同的分类标准可以有众多的分类方法,但常见的主要有以下几种:

①中餐厅:在中国最为常见,以提供中餐菜肴和中式服务为主。

②西餐厅:以提供西式菜肴和西式服务为主。

③咖啡厅:是一种规格较低的小型西餐厅,供应的食品较为简单,服务迅速,服务时间也较长。

④酒吧:以销售各种酒类和饮料为主,也提供各种下酒的食品,是宾客饮酒、消遣和娱乐的场所。

⑤自助餐厅:是一种快餐厅,事先将菜点和饮料等陈列在餐台上,宾客自由取食,但不得带出餐厅。

⑥大型宴会厅和多功能厅:一般面积较大,能提供配套菜肴,宾客用餐一般来说具有一定的共同就餐目的。

⑦特色餐厅:具有某种特性的餐厅,如图 3.21 所示。

⑧美食店(廊):提供一些风味小吃、饮料、点心和甜品等的经营场所。

```
          ┌ 中餐特色餐厅 ┤ 粤、川、苏、鲁、浙、徽、闽、湘风味餐厅
          │            │ 京、沪风味餐厅
          │            │ 少数民族(傣族、清真等)风味餐厅
          │            └ 特色菜肴(蛇、野味、烤鸭、素菜、火锅)餐厅
          │ 西餐特色餐厅 ┤ 法式、意式、德式、英式、俄式、美式特色餐厅
          │            └ 其他:墨西哥餐厅、巴西烤肉餐厅、北欧式餐厅
 特色餐厅 ┤ 东南亚特色餐厅——新马印餐厅、泰国餐厅、越南餐厅
          │ 东亚特色餐厅——韩国烘烤餐厅、日本料理餐厅
          │ 主题餐厅 ┤ 音乐餐厅
          │        └ 怀旧餐厅
          └ 户外花园餐厅 ┤ 啤酒餐厅
                      └ 户外池畔烘烤餐厅
```

图 3.21　特色餐厅

3)餐饮服务的概念

餐饮部是现代酒店的重要组成部门之一,它所提供的餐饮服务是酒店不可缺少的经营内容。

服务是一种助人或济人的行为,是友善友好的具体表现,是关心他人福利或利益的行为。餐饮服务可以定义为一种食品流程(即从食品的购买到供给顾客食用的过程)的状态,是餐饮产品的重要构成要素,它与设施设备、菜品酒水、餐饮环境共同为宾客创造一种良好的用餐经历。

餐饮服务的特点主要有:

①服务规范统一性。在我国,酒店都根据实际情况制定一系列规范统一的服务标准,使服务有章可循,形成一致的服务水准,养成一致的服务风格,最终形成酒店的特色,树立形象,提高声望。

②服务评价差异性。服务水平只能在就餐宾客购买并享用餐饮产品后凭生理和心理满足程度来评估服务质量的优劣,而宾客的差别本身就是很大的,其评价也是有着相当的差异距离,服务水平的高低就由千差万别的宾客来决定。

③服务手段灵活性。就餐的宾客来自不同的国家、地区、民族和层次,文化背景、风俗习惯、个性心理都不尽相同,这就要求服务的方法与手段需要灵活多变,具有针对性才能满足宾客各不相同的需求。

④服务内容一次性。餐饮其生产服务过程就是宾客的消费过程。餐饮服务只能当次使用,当场享受。餐饮产品其生产、交换和消费是同步进行的,餐厅所提供的服务一次见效,不可能返工,即使做得效果不好,那也只能通过以后的服务来修正和弥补。

餐饮服务直接影响企业效益,影响餐厅经营,它是企业形象好坏的关键,是餐饮品牌建设的基础,是评判餐饮管理水平的重要标志。

3.3.2 餐饮服务形式及服务流程

在酒店中,餐厅的存在形式是多样性的,服务的方法和手段也是多样化的,下面将依照我国餐厅的经营特色和服务方式以图表的形式来介绍一下相应的服务流程。

1)中餐零点服务

通常把宾客来到餐厅以后才临时性点菜就餐的服务方式称为零点服务,这是餐厅服务中最为普通、最为经常和最为大量的就餐服务形式。经营方式是提供菜单,接受宾客点菜,宾客随到随吃,食品茶点服务到桌,最后凭点菜单自行付款结账。早餐宾客较多、时间又短,其翻台率较高,因此必须及时撤下宾客用过的餐具,始终保持台面的清洁、美观,撤台时要注意不能影响其他宾客用餐。

（1）早餐服务流程(如表 3.18 所示)

表 3.18　早餐服务流程

阶段步骤	操作方法	注意事项
餐前准备	餐具、用具准备	消毒
	酒具	备齐
	服务用品	备齐
	酒水饮料	熟悉品种
	当日菜单	熟悉当日供应
	个人卫生	整理仪容仪表
迎宾服务	迎接,引领入座时,要根据宾客意愿和餐厅就餐分布情况,选择合适餐桌,拉椅让座	站立服务,面带笑容,礼貌问候

续表

阶段步骤	操作方法	注意事项
就餐服务	茶水服务	注意茶叶用量和操作卫生
	撤走筷套,调整桌面的餐茶具,增加不足或撤走多余	轻声操作
	开餐服务	介绍品种,主动推销点心
	餐间就餐	勤巡视、勤服务、勤清理
结账服务	将账单发票及宾客所点食品一一列出,一并交宾客	唱收唱付
清理台面	离座后,道谢,迅速清理台面	按要求摆好台面

(2)正餐服务流程

中餐的午、晚餐比较正式和隆重,对于任何档次的餐厅来说,中、晚餐服务都是最重要的,相对来说其服务也是比较繁琐、复杂的,如表3.19所示。

表3.19　正餐服务流程

阶段步骤	操作方法	注意事项
餐前准备	班前短会	全体当班人员到场
	清洁工作	讲究质量和效率
	准备工作	准备齐全
	铺设台面	按标准进行
	了解当日供应情况	了解供应品种
	全面检查	确保合格
迎宾服务	专人迎接,帮助拉门,迎宾员要面带微笑,礼貌问候,热情接待。引领到合适的座位,主动拉椅让座	留下一个好的第一印象
点菜服务	送茶递巾	及时递派
	接受点菜、酒和饮料	针对性,酌情推荐,复述
	开单和下单	

续表

阶段步骤	操作方法	注意事项
就餐服务	上酒水饮料	使用托盘
	上菜	核对桌号、菜肴名称、数量质色、卫生情况。报菜名
	巡台	主动了解需要,适时地询问,撤换烟灰缸,收去杂物。及时更换干净餐碟
结账服务	核对一下,查看有无错漏 宾客付款后将所收款项及时送交账台,然后将所找零钱及收据送交宾客	账单放入账夹内,在收款找零时应道谢。宾客有疑问时要礼貌地解释
送客服务	用餐完毕欲起身时,为主要宾客拉椅,提醒不要忘记携带随身的物品。发现宾客有意见,立即解释或解决。对于投诉要马上反映	视具体情况目送或陪送至餐厅门口,道别
餐后结束工作	收拾餐台	
	分类清洗、消毒各种餐具用具,并按原样放好	
	整理备餐室	
	及时查看宾客意见卡	
	工作小结	
	安全检查	

2)团体包餐服务

团体包餐是在事先预订好以后,以统一标准、统一菜式、统一时间、进行集体简易就餐的一种形式。就餐人数多且固定,次数多,就餐时间相对固定比较集中,就餐标准固定,每餐的菜肴也是统一的,要求迅速服务。

(1)早餐服务程序(如表3.20所示)

表3.20 早餐服务程序

阶段步骤	操作方法	注意事项
餐前准备	餐具、用具准备	消毒
	服务用品	备齐
	个人卫生	整理仪容仪表
	了解团体	名称、国籍、身份、职业、生活习惯、人数、开餐时间、用餐标准及特殊要求
迎宾服务	迎接,问清其团队或会议名称,引领到准备好的餐台	站立服务,面带笑容,礼貌问候
就餐服务	茶水服务	递上香巾,为宾客斟茶
	开餐服务	基本到齐后,即可按规定标准送上菜点食品
	餐间就餐	勤巡视、勤服务、勤清理
结账服务	统一结账,有的使用早餐券进餐	事先弄清形式
清理台面	离座后,向宾客道谢,迅速清理台面	按要求摆好台面

(2)团体包餐服务流程(如表3.21所示)

表3.21 团体包餐服务流程

阶段步骤	操作方法	注意事项
餐前准备	班前短会	全体当班人员到场
	清洁工作	讲究质量和效率
	准备工作	准备齐全
	了解当日供应情况	了解供应品种
	了解客情	名称、国籍、身份、习惯、忌讳、人数、开餐时间、用餐标准及特殊要求
	拟定菜单	根据宾客的用餐标准、口味特点、生活习惯和具体要求与经办人协商拟定
	布置检查	确保合格

续表

阶段步骤	操作方法	注意事项
迎宾服务	专人迎接,迎宾员要面带微笑,礼貌问候,热情接待。问清团队名称	留下一个好的第一印象
就餐服务	上香巾和准备酒水饮料	使用托盘
	将茶杯撤走(宾客要求保留的可不撤)准备上菜	核对桌号、菜肴名称、数量质色、卫生情况。报菜名
	席间巡台服务	适时地询问,撤换烟灰缸,收去杂物。及时更换干净餐碟。主动了解需要
结账服务	团体餐的结账收费程序与一般零点餐厅有所区别。一般是集中用餐完毕后由旅行团的陪同或团长签账单或宾客凭餐券用餐	事先弄清结账形式
送客服务	用餐完毕欲起身时,为主要宾客拉椅,提醒不要忘记随身携带的物品。发现有意见要立即解释或解决。对于投诉要马上反映	道别
餐后结束工作	收拾餐台	
	分类清洗、消毒各种餐具用具,并按原样放好	
	清扫卫生,整理备餐室	台面清、地面清、工作台清,餐厅中不留食物、不留垃圾
	工作小结	
	安全检查	

3)西餐服务

西餐是饮食服务的又一重要形式。西餐服务起源于欧洲的贵族家庭,它取材丰富,用料十分讲究,搭配丰富,调料、香料品种繁多,烹调方法独特,营养全面,在不同地区使用着不同的服务方式,经过多年的演变,目前在西餐中可以分出几大典型的烹饪方法及相应的服务方式,如法、英、美、俄等国的菜式及相应的

服务方式,都显示出各自的风味特色。

但是在现代,各国的西餐服务都不是指某一种服务方式,而是根据菜肴的特点和价格选用不同的服务方式,不同的餐厅或不同的餐次选用的服务方式组合也不尽相同。后来出现的大陆式服务方式就是前几种方式的综合服务方式,也成为了当前西餐服务中普遍采用的服务方式。其服务在国际上已形成规范,我国的西餐服务也遵循国际惯例,在服务中力求做到标准化、规范化、程序化。

(1)早餐服务程序(如表 3.22 所示)

表 3.22　早餐服务程序

阶段步骤	操作方法	注意事项
餐前准备	餐具、用具准备:餐巾、餐刀、餐叉、甜品勺、面包盘、黄油刀、黄油盅、咖啡具、果汁杯、胡椒瓶、盐瓶、糖缸、烟灰缸或禁烟标志和花瓶	事先备好
	早餐材料:面包、黄油、果酱、果汁、咖啡、鲜奶、水果	事先备齐
	西餐早餐摆台	
	整理并检查个人卫生、餐厅设备和环境卫生	
迎宾服务	迎接宾客,引领宾客进入餐厅,为宾客安排合适的餐桌并拉椅让座	站立服务,面带笑容,礼貌问候
点菜服务	茶水服务	斟饮料或是冰水
	递上餐牌并介绍当日新鲜水果	
	记录点菜,复述点菜内容,下单	问清宾客的口味要求,分开记录
开餐服务	松餐巾,补充相应的餐具	
	斟咖啡或茶	根据宾客的需要
	依次上面包、牛油、果酱、谷物食物、鸡蛋、肉类、水果或杂果杯	根据宾客的订单
	巡台	保持餐桌整洁,随时补充饮料
结账服务	按照结账的规范为宾客结账	提前检查,保证准确无误,问清结账方式
清理台面	离座后,道谢,迅速清理台面	按要求摆好台面

（2）西餐正餐服务

高级西餐厅(扒房)的午餐和晚餐服务讲究、注重情调、节奏缓慢且价格昂贵,体现酒店西餐服务的最高水准。按照传统习惯,英国人较重视晚餐,而欧洲大陆国家较重视午餐。但随着工作、生活节奏的加快,因午餐时间较短而晚餐时间较为充裕,现在欧美国家普遍将晚餐作为正餐。西餐午晚餐的用餐时间较长、服务技术要求较高,如表3.23所示。

表3.23　西餐正餐服务

阶段步骤	操作方法	注意事项
餐前准备	物品准备	菜单、点菜单、托盘、服务手推车、保温盖和笔;刀、叉、餐盘、杯具、酒篮、冰桶、花瓶、烟灰缸、调料架等;冰水、咖啡和茶;芥末、胡椒瓶、盐瓶、柠檬角、辣椒汁、番茄酱、奶酪粉以及各种色拉酱等调味品
	摆台	按要求摆台
	餐前检查	电器设备、环境卫生、摆台规格、个人仪表仪容等
迎宾服务	应在餐厅的进门处接待光临的顾客	留下一个好的第一印象
就餐服务	餐前酒水	餐前酒水或是冰水,及时递派
	点菜服务	一般按逆时针方向进行;发现疑惑要解释说明;某些菜肴要问清几分熟;做好点取菜品的标记;重复一遍,确保准确无误
	点取佐餐酒水服务	针对性,酌情推荐,复述
	重新安排餐桌台面	根据菜品来处理
	上黄油和面包	女士优先
	上佐餐酒或饮料	注意斟倒方法
	上头菜(头盆)	撤下多余或不用的餐具,清理台面
	上汤	
	色拉	常常作为主菜的配菜
	上主菜	
	上甜点和水果	
	上咖啡或茶	将糖罐、奶壶放在餐桌上
	上餐后酒和香烟	询问

续表

阶段步骤	操作方法	注意事项
结账服务	询问是否分单结账;核对有无错漏;付款后将所收款项及时送交账台,然后将所找零钱及收据送交宾客	账单放入账夹内,道谢,宾客有疑问时要礼貌地解释
送客服务	用餐完毕欲起身时,应为主要宾客拉椅,提醒随身物品。发现有意见要立即解释或解决。对于投诉要马上反映	视具体情况目送或陪送至餐厅门口,道别,欢迎宾客再次光临
餐后结束工作	收拾餐台物品	餐巾、玻璃器皿
	换上干净台布,重新摆台	尽量轻声
	分类送洗、消毒各种餐具用具,并按原样放好	
	整理备餐室	
	及时查看宾客意见卡	
	工作小结	
	安全检查	

4)自助餐服务

自助餐主要适用于会议用餐、团队用餐和各种大型活动的用餐,是一种以自我服务为主的服务方式。许多酒店更为普遍地对早餐提供自助餐服务。自助餐的菜肴丰富,装饰布置精美,品种繁多;就餐宾客可以不拘礼节,不受时间限制,随来随吃;价格便宜,经济实惠,如表 3.24 所示。

表 3.24　自助餐服务

阶段步骤	操作方法	注意事项
餐前准备	餐台设计	美观醒目,色彩搭配合理,装饰美观大方,方便宾客取食
	餐具器皿摆放	餐碟分类整齐地放在餐台上
	备好所需的调料	
	台面的布置	铺上台布,放上调味品、烟灰缸和鲜花即可
	检查布置与卫生	

续表

阶段步骤	操作方法	注意事项
迎接宾客	主动问候宾客,拉椅让座	请宾客出示房卡或收取早券
就餐与巡台服务	询问饮料,提取与服务饮料	
	递送餐盘等餐具,热情介绍	
	要及时整理菜台,添加菜肴	始终保持丰盛、整洁、美观
	及时撤走宾客用过的脏餐具	
	宾客用完甜点后,服务员要询问宾客要咖啡还是茶	
结账服务	及时准确递送账单,收款	多采用每客位价收费方法
送客服务	拉椅、提醒并礼貌致谢	
结束工作	与零点餐厅基本相同	将可回收利用的食品整理好,撤回厨房;动作迅速、手法卫生;注意保温锅火源与安全

5)宴会服务

宴会是国际和国内的政府、社会团体、单位、公司或个人为了表示欢迎、答谢、祝贺、喜庆等社交目的的需要,根据接待规格和礼仪程序而举行的一种隆重、正式的聚餐活动。宴请活动主办人都是非常重视的。

(1)中餐宴会服务(如表3.25所示)

表3.25 中餐宴会服务

阶段步骤	操作方法	注意事项
宴会准备	餐前会,做到"八知"、"三了解"	"八知"是台数、人数、宴会标准、开餐时间、菜式品种及出菜顺序、主办单位或房号、收费方法、邀请对象。"三了解"是了解宾客风俗习惯、了解宾客生活忌讳、了解宾客特殊需要。若是外宾还应了解国籍、宗教、禁忌等
	清洁工作	餐碟分类整齐地放在餐台上
	备好所需的物品与调料	
	台面的布置	
	摆放冷盘、酒水饮料、香烟、水果和鲜花等	
	检查	环境布置、卫生检查、安全检查、设备检查等

续表

阶段步骤	操作方法	注意事项
迎接宾客	主动问候,拉椅让座,递巾端茶	
就餐与巡台服务	铺餐巾撤筷套撤插花、桌号牌	
	询问酒水饮料,斟酒	
	上菜服务	大致顺序是头菜、热菜、汤、甜菜、水果等
	撤换餐具	
	席间不间断巡台	勤巡视、勤斟酒、勤换烟灰缸,并细心观察宾客需求,主动提供服务。保持台面整洁
	上甜品水果	
	撤去水果盘并摆上鲜花	
结账服务	核对账实数目,无误后引领宴会主人或经办人结账	
送客服务	拉椅、提醒并礼貌致谢	
结束工作	与零点餐厅基本相同	检查、收拾、清理

(2)西餐宴会服务(如表 3.26 所示)

表 3.26　西餐宴会服务

阶段步骤	操作方法	注意事项
宴会准备	餐前会,明确任务	
	清洁工作	
	摆好餐台	
	准备物品用具	刀、叉、盘、杯具、棉织品、服务用具
	备好所需的调料	
	检查	环境布置、卫生检查、安全检查、设备检查等
迎接宾客	主动问候,引入休息室,接挂衣帽,餐前鸡尾酒服务	引领宾客到休息室休息

续表

阶段步骤	操作方法	注意事项
就餐与巡台服务	引客入席	
	上黄油和面包	
	上佐餐酒	
	上菜	冷开胃品、汤、鱼类、主菜、甜点、干酪、水果和咖啡或茶
	席间不间断巡台	勤巡视,增添小餐具,细心观察需求,主动服务。保持整洁
结账服务	核对账实数目,无误后引领结账	
送客服务	拉椅、提醒、取送衣帽并礼貌致谢	热情相送,礼貌送别
结束工作	与零点餐厅基本相同	检查、收拾、清理、总结

6)酒吧服务

酒吧以销售各种酒类和饮料为主,兼营各种下酒小食,同时它也是宾客谈生意、聊天、消遣娱乐的场所,如表 3.27 所示。

表 3.27   酒吧服务

阶段步骤	操作方法	注意事项
准备工作	清洁工作	冰箱、地面、酒瓶与罐装饮料、表面、酒杯与工具的清洁
	领货	领酒水、酒杯和瓷器
	酒水补充	分类陈列、先进先出
	酒吧摆设	美观大方、有吸引力、方便工作和专业性强
	调酒准备	工具、酒杯、冰块、配料、棉织品
	检查	

续表

阶段步骤	操作方法	注意事项
酒水服务	热情迎客	
	递送酒单	
	接受点酒	
	调酒服务	
	送酒服务	
	巡台观察	
结账服务	仔细核对,宾客认可后,交收款员结账	
结束工作	礼貌送别	
	酒杯的清洗与补充	
	清理台面、处理垃圾	
	清点酒水	

7)冷餐会、茶话会、鸡尾酒会、咖啡厅、茶坊服务

(1)冷餐会服务

冷餐会一般在开始前就已经将需要提供的名菜佳肴烹调为成品,与酒水、饮料一起摆放在展示台上,供前来参加宴会的宾客自取自用。冷餐会的主要特点是不排席位,自由入座或站立,自选自取食品酒料;格调清新随和,不拘礼仪,气氛热烈;菜点丰盛,时间容易掌握。服务形式与自助餐相近,通常可以看成是一种自助餐形式的宴会。

(2)茶话会

茶话会,顾名思义,是饮茶谈话之会,是重"说"不重"吃"的,因此不上主食,不安排品酒,而是只向与会者提供一些茶点。在中国,茶话会已经成为各阶层人士进行互相谈心、表示情谊、交流感情的传统形式。其接待形式与宴会方式类似。

(3)鸡尾酒会服务

鸡尾酒会通常是以向宾客提供鸡尾酒为主要服务项目,附带一些小食品,多是立食,自由走动、交谈,自行选取食物和饮料。会中服务形式一般是由服务员不断地在餐厅内来回巡视,将酒和饮料送到宾客面前,并及时收下空酒杯与盘碟等。酒会结束工作与自助餐类似。

(4)咖啡厅服务

咖啡厅是提供简单菜肴的西餐厅,主要提供早餐和简单的午、晚餐。其服务方式与前面所述西餐服务方式一样。

(5)茶坊服务

茶坊服务是指服务人员接待宾客喝茶吃点心的服务工作,其接待服务形式与餐厅接待相同。

8)客房送餐和外卖服务

(1)客房送餐服务

客房送餐服务是大型酒店必不可少的一个服务项目,主要是为了方便宾客、增加收入、体现酒店档次而提供的服务项目。

客房送餐服务大致程序是:宾客用电话预约;服务员记录与确认;通知厨房准备,同时根据食品、饮品,先准备好用餐的器具;将厨房制好的热菜或冷菜,按预约时间准时送到房间;经宾客同意后开台摆位,按餐厅服务方式服务;一切工作就绪后即将账单拿宾客签字或付现金;道谢与告别;递交账单或现金给收银台;用完餐以后,同客房服务员配合及时将餐具等如数收回。

(2)外卖服务

外卖服务是酒店为了扩大影响、提高声誉、增加收入而提供的服务。一般是酒店派人到指定地点为其提供宴请服务。其程序一般是:接受预订;准备菜品、餐具和服务用具;输送到指定地点;按既定程序服务;结账收尾。

3.3.3 餐饮部管理重点

餐饮部是酒店重要的营业部门之一,在酒店竞争日趋激烈的当代,餐饮产品成为吸引宾客的重要项目,它主要满足宾客基本生活需求,是酒店营业收入的主要来源,也是平衡酒店经营中季节性差异的重要手段,其管理成效如何直接关系到酒店的切身利益。

1)人力资源管理

人力资源管理是餐饮部管理工作的重要内容,做好这一项工作意义重大。餐饮部服务质量的高低很大程度上取决于员工的素质、情绪、心态、意识与技能。现代酒店管理者都十分重视员工在保持高质量方面所起的作用。人力资源因素

最终会影响餐饮部的正常运转与经营效益。

对餐饮部人力资源的管理主要体现在以下几个方面:

①定编定岗与组织管理。组织是餐饮企业正常运转的神经中枢。组织管理主要解决三个方面的问题:确定内部组织结构和管理体制,设置职能部门、定位管理层次、配备管理人员、确定编制定员;划分和确定各部门职责范围,明确它们的责任和权力,健全规章制度;明确机构之间的相互关系、业务联系方式。此项工作能为餐厅编制各类计划和实施岗位责任制提供科学依据,能够防止人浮于事和劳逸不均等弊端,有利于提高员工积极性,方便进行合理地调配人力,以求达到经营的正常运行,同时又不增加人力成本。

②人员培训。一流酒店要有一流员工。员工素质的高低直接影响着经营的成败。餐厅要想在竞争市场中取得优势,首先得在人才培训上取得优势,大力培训员工服务技术水平,引导员工服务意识。尤其是由于历史和社会的原因,在过去相当长的时间里,人们对服务行业另眼相看,存在着低人一等、从事侍候人的行业等不正确的看法,导致酒店员工队伍不稳定或人员流动性大,影响酒店和部门的正常运转。

③考评与激励。对员工进行考评,掌握员工个人情况,形成员工晋升、奖惩、待遇等方面的决策依据,是调动员工积极性和创造性,检查和改进管理工作的重要手段。对员工进行激励,能激发员工的积极性和创造性,使员工始终处于良好的工作状态,进而提高服务质量。

2)服务质量管理

服务质量是酒店的生命线。服务质量不仅是宾客需求满足的综合反映,而且是酒店"软件"和"硬件"完美结合的具体体现。酒店在服务过程中要以质量求生存,以质量求信誉,以质量赢得市场,以质量赢得效益,让宾客体会到舒适感、方便感、亲切感、安全感和物有所值感。当前酒店竞争归根结底是服务质量的竞争,必须通过不断加强服务质量的管理与控制,才能在竞争中取得胜利。

服务质量的提高有赖于计划、业务、物资、设备、人事、财务、工程、安全等各方面工作的配合,服务质量的水平是酒店管理水平的综合反映。从服务质量的优劣表现可以判断出酒店经营者管理水平的高低。

对餐饮部服务质量的管理主要体现在以下几个方面:

①员工形象。这主要指的是仪容仪表、礼貌礼节和服务态度等方面,员工要给宾客整洁干净、礼貌大方、健康精神、易于接触等感觉。

②就餐环境。吃饭更多的时候吃的是心情与意境。就餐环境因素能够影响情绪与心态,进而影响消费。在一个糟糕的环境之中,人们往往是难以吃下饭

的。餐饮场所营造的环境氛围通常是能否吸引宾客的一个重要因素。

③清洁卫生情况。病从口入,清洁卫生情况是宾客在选择用餐时的首选条件,一个不洁净的场所是很难吸引住宾客的。餐饮部的卫生情况主要包括环境卫生、餐具器皿卫生、服务人员个人卫生、操作手法卫生和食品酒水卫生等内容。

④对客服务质量。质量是酒店的生命线,没有质量的服务是不可接受的,餐饮对客服务质量直接影响酒店的整体服务质量。对客服务过程中更多的是人与人之间的沟通和交流,餐饮服务人员的服务技巧和操作技能是否熟练,餐饮服务项目是否齐全、适用、方便、享受,服务时间和时机是否适时、合理,服务效率是否快速、便捷等因素对宾客的选择都有着直接影响,这也是宾客和公众评价酒店质量的重要依据,只要有一项出了问题,宾客对其服务质量的评价就会大打折扣。

3)物资成本管理

餐饮部的设施设备、家具、餐具器皿、服务用具等如果加强管理,精心保养,不仅可以降低损耗、减少成本,还能够延长各类财产物品的使用寿命,将对成本管理计划的实现有直接作用。加强物资成本的管理,可以保证餐饮经营活动的正常进行,是提高餐饮服务质量的必要物质条件,也是提高经济效益的重要途径。物资成本管理与酒店的利益体系关系重大,是影响整个酒店运行管理的关键因素之一。成本控制的好坏对餐饮经营的成败具有至关重要的作用。加强餐饮物资管理和成本控制,最大限度地降低餐饮成本,为顾客提供超值服务,是餐饮市场激烈竞争的客观要求,也是提高经济效益的重要环节,它直接影响到酒店的市场竞争力。

对餐饮部的物资资料管理主要体现在以下几个方面:

①对固定资产的管理。一般来说,餐饮部的固定资产主要有空调设备、音响设备、电视机、电冰箱、餐桌椅、餐车等,这一类设备物品的价值一般来说相对较大,使用时间也相对较为长久。如果使用或保养不当,很容易带来大的经济损失。

②对低值易耗品的管理。餐饮部的低值易耗品主要指的是盘子、饭碗、碟子、玻璃器皿、调羹等,这类物品虽然价值不高,但是由于品种繁多、经常性大量耗用与更换,不易控制。若是管理不善,很可能发生滥用、流失或自然损耗的现象,带来额外的经济负担。

③对高级餐具的管理。为了体现服务档次与服务质量,在日常经营运转过程中,需要储存和使用一些价格比较昂贵的餐具(如镀金餐具或玉杯银勺等),对这些物品的配备、储存、使用、清洁程度、洗涤、报损等方面若是操作与监管不到位,很容易造成损坏和丢失,不利于有效地控制成本费用,增加经济负担,变相

减少经济效益。

4)生产与食品质量管理

餐饮生产与食品质量管理是餐饮管理的重要组成部分。餐饮生产作为向宾客提供食品的生产加工过程,对餐饮经营状况的好坏至关重要。餐饮生产水平的高低和产品质量的好坏,又直接关系到餐饮特色、消费档次和市场形象,影响着在餐饮市场上的竞争力。

餐饮生产与食品质量管理是对食品加工过程中的各种活动进行计划、指导、监督、指挥和控制。具体包括餐饮生产组织结构的合理设置与安排;餐饮生产场地的安排与布局;餐饮产品生产过程的质量控制;餐饮生产环节的食品卫生控制与安全生产等内容。餐饮生产过程环节多、工种杂;生产流程专业性强,加大了管理难度,如管理不当将会带来灾难性后果。

5)信息与营销管理

在市场竞争相当激烈的情况下,只有掌握了市场的动向、消费的特征、宾客信息等内容,有针对性地进行营销才能吸引宾客前来消费,从而获得利益。餐饮部对信息资源的利用能力是构成餐饮竞争力和综合实力的一部分,会直接影响到餐饮服务质量、管理水平乃至生存和发展。

餐饮营销管理是指餐饮经营者为实现餐饮经营目标而展开的一系列有计划、有组织的活动,它是一个完整的过程,而不是一些零碎的推销活动。餐饮营销管理包括搜集市场信息、预测餐饮市场、制定经营销售决策、研究购买心理和餐饮产品的推销形式与技巧、精心策划促销方案等。

餐饮产品只有通过销售活动才能实现其价值,才能确保餐饮经营顺利运转,随着餐饮市场规模的空前扩大,餐饮竞争的加剧,应当树立消费者至上的信息营销观念,强化搜集信息、销售时机、加强公共关系意识。管理者必须重视信息的搜集、整理、分析、加工和利用,使信息与营销管理成为餐饮成功经营和快速发展的基础。

6)安全保卫的管理

加强餐厅安全保卫的宣传教育工作,保护餐饮部的设备和财产,保障宾客和员工的人身和财产安全,维护正常的餐厅治安秩序,创造一个优良的治安环境,使宾客有安全的就餐感,这也是餐饮部工作得以正常运转的有利保障。安全保卫工作已成为餐饮部管理工作的重要组成部分。

对餐饮部的安全保卫管理主要体现在以下几个方面:

①安全保卫意识教育。利用各种机会进行安全防范教育与模拟演习,使员

工明白安全保卫工作的意义和要求,从而时刻保持警觉,能够及时发现并排除事故隐患。

②加强巡视与检查。火灾始终是威胁酒店业的一个重大隐患,不仅直接威胁着生命安全,毁坏财产和建筑,更重要的是会破坏酒店的名望与声誉。餐饮部门的厨房生产烹饪过程主要是与火打交道,要是防范不当,出现事故的几率比较大;不法分子的盗窃行为是发生在酒店内最普遍和最常见的犯罪行为之一,它不但造成宾客、员工和酒店的财产损失,也严重影响酒店的声誉和客源,餐饮就餐过程中,人员众多,流动性强,极易发生偷盗事故。因此,管理者应该加强安全与保卫方面的巡视和检查,同时还要做好监控设备、安全报警设备、消防设施与消防器具有效性等方面的巡查,防患于未然。

③制定紧急预案。应该制定出各种可能出现突发事件与紧急情况的应急预案与措施,教会如何处理突发的事故,以防不测。

3.4 酒店康乐管理

康乐,是健康娱乐的简称,是指满足人们健康和娱乐需要的一系列活动。它包括康体健身活动、消闲娱乐活动、美容保健活动等。现代康乐是人类物质文明和精神文明高度发展的结果,也是人们精神文化生活水平提高的必然要求。酒店业康乐的地位和作用日益重要。

3.4.1 康乐部的服务项目

按照国际惯例,康乐部是高等级旅游酒店不可缺少的部分。新颖的康乐项目是吸引客源的重要手段,并且康乐项目也是酒店营业收入的重要来源。下面介绍一下康乐部的服务项目。

1)康体健身活动项目

康体健身活动项目是指人们凭借特定的健身设施和场所,通过自己积极参与和适度的运动量来达到强身健体目的的运动项目,它往往集中在一个多功能健身房内,不同的运动项目可以达到不同的健身效果,以休闲、娱乐、健身为最终目的,一般运动量适中,以身体承受能力为限,趣味性强是其特点。

①跑步机。这种器械可以帮助在原地做竞走、慢跑、快跑、马拉松跑等运动。使用者可以根据自身情况和需要,选择合适的速度、坡度。进行这类健身运动的

器械往往配有热量消耗显示和心率监测装置,训练者既可以直接了解每次训练所消耗的热量,又能及时掌握训练时的脉搏次数,以便随时控制训练强度,还可以显示出运动速度和运动时间,是一种适应性很强的器械。

②自行车练习器。这种运动是操作原地不动的类似于自行车的运动器械,模拟骑自行车上下坡和平地运动的逼真感觉,还能把骑车的速度、模拟场地的情况以及骑车者的心跳速度通过电脑显示屏反映出来,以帮助骑车者控制运动量,达到运动健身目的。

③划船模拟机。可以模拟原地不动的类似于船舶功能的运动器械,使用者划船时有身临其境之感。具有锻炼臂部、腰部、腿部的肌肉和扩张心肺功能。

④举重架。这是一种锻炼臂力和胸部肌肉的练习器材。

⑤健骑机。一种模拟骑马的全身性运动器材,运动部位与划船机相近,设计简单却很有趣味。

⑥其他健身类器材。主要有哑铃、大腿肌锻炼器、小腿肌锻炼器、臂肌锻炼器、腹肌锻炼器、背肌锻炼器等。

2)消闲娱乐活动项目

消闲娱乐活动项目是人们以趣味性强而且轻松愉快的方式,在一定的设施环境中进行各种既有利于身体健康,又能放松精神,舒缓压力,陶冶情操的活动项目。

(1)球类运动

①乒乓球运动。乒乓球源于英国,它是将网球打法改在桌上进行的运动。有单打和双打两种。

②台球运动。台球,也称之为桌球,是一种用球杆在台上击球、依靠计算得分确定比赛胜负的室内娱乐体育项目。根据起源可划分为英式、美式、法式和开伦式台球。

③保龄球。保龄球运动是一项集健身、休闲、娱乐于一体的趣味性很强的运动项目,适合不同年龄、性别的各层次人士。保龄球起源于公元前 7000 年在古代埃及流行的一种用大理石制的球打倒石柱的游戏。保龄球运动于 20 世纪 80年代初期传入我国,它的比赛规则并不复杂,比赛时,在球道终端放置 10 个木瓶柱,摆成三角形,参加比赛的人在投掷线后用球滚投撞击瓶柱。每人轮流投击,每次投 1 球,每两次为 1 轮,每 10 轮为 1 局,每局以击倒瓶数多者为优胜。

④网球。网球是一项很好的运动项目。其运动量较大,可以提高心肺功能,增强体力,还有助于动作连贯、流畅,增强人们动作的协调性。

⑤壁球。壁球于 1890 年前后出现于欧洲。顾名思义是往墙壁上打的球。

它不像网球或羽毛球那样需隔着球网交战,参与者应并排站立,面向墙壁交锋。打球时,击球的一方需将球击向正面或侧面的墙壁,待球反弹回才可由另一方击球。壁球可单人练习,也可二人对抗。

⑥高尔夫球。过去,打高尔夫球是一项贵族运动,高尔夫球最早产生于18世纪的欧洲,后来逐步流传到世界各国。该项运动对球场的要求很高,需要一大片绿化极好的丘陵地带,占地面积不小于60公顷。一般市区的酒店宾馆根本无法在本部建设高尔夫球场。

(2)戏水运动

①室外游泳。室外游泳主要是游泳爱好者在室外游泳池或天然游泳场所进行的活动,这类活动一般仅限于春夏秋三季进行,冬季只有冬泳爱好者才能入池。由于游泳运动能给人们带来诸多益处,因而热衷于这项运动的人越来越多。

②戏水乐园。这是近年来迅速发展起来的康乐场所,它具有游泳池的属性,又与游泳池有所区别,它比游泳池更具有娱乐性,因而受到广大消费者的青睐。在戏水乐园里可以游泳、冲浪、漂流、坐水滑梯、嬉戏海浪等,还有许多与水有关的康乐项目。

(3)歌舞娱乐

①跳舞。其分类主要有圆华尔兹舞、探戈舞、伦巴舞、布鲁斯舞、爵士舞、摇滚舞、霹雳舞、迪斯科舞等,这也是交际的一种需要。

②卡拉OK。卡拉OK是目前康乐企业或酒店康乐中心娱乐项目中较为普遍的一种形式,是宾客凭借当代先进的音响设备和电视录像设备进行自娱自乐的一种方式。

(4)游戏娱乐

①普通电子游戏。专用的游戏软件和只能使用这类软件的电子计算机硬件相结合供玩家操作,像投币街机和配电视操作的电子游戏机等都属于这一种。

②模拟游戏。真人模拟进入角色操作,像当今流行的红蓝双方射击对抗游戏就属于这一种游戏。

③电脑游戏。以电脑作为媒介,在电脑上运行的游戏,有单机版和网络版。

④虚拟现实游戏机。它是近几年出现的最新一代的电子游戏机。通过电脑模拟出一个现实生活中并不存在的"世界",使人能够在这虚拟的世界里遨游。使用者可以借助相关装置造成的感观错觉进入虚拟世界,通过浏览并与其进行某种程度的交流,产生已置身于一个奇妙逼真世界的幻觉。

(5)棋牌游戏

①中国象棋。中国象棋是中国的传统棋种。它由中国古代博戏发展而成,

是以黑红两色子代表两军对垒的智力竞技。

②国际象棋。国际象棋是一种国际通行棋种,它起源于公元5世纪古印度的"恰图兰卡",公元5世纪末变为现代国际象棋。国际象棋是在正方形的棋盘上分黑、白两方对弈。

③围棋。围棋活动起源甚古,围棋多为两人对局,用棋盘和黑白两种棋子进行。有对子局和子局之分。通常分布局、中盘、收盘3个阶段,每一阶段各有重点走法。终局时将实有空位和子数相加计算,多者为胜,也有单计实有空位分胜负的。

④桥牌。桥牌运动是一种纸牌游戏,它的前身是英格兰民间的惠斯特牌戏。桥牌共52张,分黑桃、红心、方块、梅花四组花色,各13张牌,按大小顺序排列。桥牌由四人分两对对抗。打桥牌分"叫牌"和"打牌"两个阶段。

⑤扑克牌。扑克牌的来历解释甚多,多数认为扑克牌是历法的缩影。一共54张牌,除大小王外,分黑桃、红心、方块、梅花四组花色,玩法多种多样,现在流行的方法有"双升"和"斗地主"等。

⑥麻将牌。传说,麻将108张牌隐喻梁山一百单八将,是元末明初一个崇拜水浒英雄的人发明的。麻将牌具有很强的趣味性、娱乐性和益智性,因而很受人们的喜爱,流行很广,影响很大,今又成为一种健康娱乐活动。

(6)酒水饮料吧

①自助式咖啡厅。这种咖啡厅别有情趣,厅内摆放着各种不同的咖啡磨和煮咖啡的器具。消费者可以根据喜好选择不同咖啡豆,磨出大小不同的颗粒,然后将亲手磨好的咖啡颗粒放在咖啡壶或蒸馏器中,不消几分钟,就可得到一杯滚烫、浓香的咖啡,怡然自得地饮用这亲手制取的咖啡,领略这不同一般的风情韵味,也是一种惬意的享受。

②酒吧。酒吧形式有多种,可以给宾客提供一个休憩场所;可以招待朋友、洽谈生意;可以观察各色人物,倾听他们的谈话;可以欣赏音乐,酒到酣处拿出吉他现场弹唱一首,无拘无束,其乐融融。酒吧可以向宾客提供各种酒水和软饮料,有专职的调酒师和服务员为宾客提供各种服务。还有专门的乐队为宾客演奏和演唱,以活跃气氛、增加情趣。

3)美容保健类项目

(1)美容美发

有的酒店是将美容室和美发室分别设置,但因为这两个项目的服务内容有许多共同之处,特别是有的宾客往往同时要求两个项目的服务,所以一般都是将这两个项目合并在一起。美发一般是为宾客清洁和整理头发,以满足宾客的不同要求;美容一般是生活美容,主要包括化妆、皮肤养护、修手指甲等内容。一个大酒店的美容美发室的名声好坏,将会对酒店的客源稳定性产生明显的影响。

（2）桑拿浴

桑拿浴的起源,说法不一,但是比较普遍的说法是起源于古罗马。当时的古罗马人出于强身健体的目的,用木炭和火山石,取热量健身,这就是现代桑拿的雏形。

传统桑拿浴是一种蒸汽浴,它分为干、湿两种。干蒸汽浴又称芬兰浴,整个沐浴过程是坐在小木屋里,房中有一个装满卵石的火炉,卵石被烧热后淋上冷水,水蒸汽立即笼罩在屋内,室内温度可达到 75 ℃左右;湿蒸汽浴又称土耳其浴,是利用浴室内的高温,使人大汗淋漓,再用温水或冷水淋浴全身。两种蒸汽浴都能达到清除污垢、舒活筋骨、消除疲劳的目的。

继传统桑拿浴之后,又出现了一种新的沐浴方式——光波浴。它是利用红外线发生器发出的红外光线照射人体,使之与人体内的红外线发生共振,产生内热,使浴者在 40 ℃的温度下就能大量出汗。光波浴又称红外线桑拿浴,它与传统桑拿浴的区别在于,浴者不必置身于高温高湿的环境下,因此不会产生胸闷、心慌、头晕等感觉。

无论是干桑拿、湿桑拿还是红外线桑拿,都是通过沐浴使浴者大量排汗,以此达到改善人体血液循环、调节生理机能、促进新陈代谢的目的,能达到减肥健身、恢复体力、缓和情绪、振奋精神和保持清洁等效用,从而起到健体强身的作用。

（3）按摩

按摩是通过专业按摩人员的手法或特定器械设备,作用于人体体表的特定部位,以调节肌体的生理状况,从而起到消除疲劳、恢复体力、振奋精神,甚至达到一定的治疗效果的参与式消闲康体项目(不完全是医疗范围的按摩)。现代康乐中的按摩越来越多地使用先进的高科技设备,以达到更好的按摩效果。由此,按摩又分为人工按摩和设备按摩。

①人工按摩。人工按摩是由受过专业训练的按摩人员运用推、拿、揉、按等各种手法技巧,作用于人体体表的特定部位或经络,达到放松肌肉、促进血液循环、使经络运行通畅、消除疲劳、增进健康的目的的按摩方法。

人工按摩可分为中式按摩、泰式按摩、足部反射区按摩三种。中式按摩是根据中医人体穴位的原理创造的一种按摩方式,它采用推拿、指压、揪拉、按捏、脚踩等手法刺激有效穴位,以达到治病健身的目的。对这些穴位刺激,可以有效地促使相应部位的病症好转,并在止痛、消除疲劳方面有独特的作用;泰式按摩则更注重人体经脉的理论,认为经脉通则气血通,气血通就会通体舒泰。泰式按摩主要是采用指压方式,从脚底开始按照经脉的走向一寸一寸地按摩,以细致著称,使宾客全身的筋骨和关节都能得到充分的伸展;足部反射区按摩简称足按摩,它是通过对两脚及小腿进行按摩,达到消除疲劳、解除病痛、健体强身的目的。这种按摩方式在国内和日本,以及台湾地区和香港地区很盛行。足部在足底、足两侧、足背、小腿等处有120多个反射区,它们分别与全身脏器相对应。采用不同手法按摩这些反射区,根据反射区的反应,就能初步诊断宾客的身体状况。然后再进行有针对性的按摩,就能起到调节经络、促进血液循环、恢复脏器功能、增强免疫力的作用,达到健体强身的目的。

②设备按摩。设备按摩是通过专门设备产生振动效果作用于人体,达到按摩效果的按摩方法。根据设备和振动方式不同又可分为以下几种:

热能震荡按摩。热能震荡按摩是融合"震荡按摩"和"热能疗法"两种功能而形成的按摩方法。宾客可以根据自己的需要,选择适合自己需要的程序,做个别的放松按摩。"震荡按摩疗法"能有效地放松脊骨及脑部交感神经中心,并对治疗脊骨神经痛有显著功效。而采用"高温热能疗法"会令皮肤出汗,将皮层下的污垢及体内废料排出,起到清洁皮肤的作用。

水力按摩。被按摩者身体在具有制造气泡和冲力作用装置的水池中,使气泡与冲力作用于人体,达到按摩的效果。水力按摩根据设备特点和按摩效果又可以分为瀑布浴、游泳练习水力按摩、缓步练习水力按摩、冲浪浴和按摩浴等。

(4)氧吧及头部按摩

现代社会紧张的工作和生活,使人体的耗氧量增大,人们往往会因供氧不足而产生疲劳甚至引发疾病,这时应设法增加体内氧的含量,提高血红蛋白的氧能力。较为简单、有效的办法就是吸入纯氧,氧吧于是应运而生。氧吧提供的氧气有两种来源,一种是用氧气瓶供氧,另一种是用电动制氧机供氧。

根据宾客的需要,很多氧吧还增加了头部按摩服务。通过按摩,既可以调节经络,促进血液循环,又可以促进氧的吸收,与吸氧相得益彰。

3.4.2　康乐部的管理

1)康乐部人力资源管理

(1)康乐部组织机构

康乐部作为酒店的一个部门,它的组织机构的设置是十分重要的。康乐部采取何种模式应根据自己的具体情况而定,一般要从方便宾客、管理幅度、分散管理与集权控制和机构精简等方面加以考虑,科学地确定岗位,为每个岗位制定最科学、最高效率的工作程序和工作方法,根据以上科学的工作程序和工作方法研究每个岗位所需要的人员数量,再根据已确定的岗位数,科学地确定企业人员的定额,对劳动力的计划、协调和控制,使人力资源得到最大限度的利用。机构设置一旦不科学合理,必然导致管理上的混乱,从而影响工作的正常经营与运转。

(2)康乐部的人员管理

康乐部的商品价值是借助一定的设施、设备,通过康乐部服务人员的服务而最终实现的。所以,康乐部工作人员的思想素质、工作态度、专业技术、服务技能等将直接影响康乐消费的质量,关系到康乐部的经济效益和社会效益。管理人员要坚持以人为中心的管理原则,引进竞争机制,激励员工的积极性和创造性,不断提高和充分发挥员工的聪明才智。与此同时,做好员工的技术培训和职业道德培训工作。

2)康乐部服务质量管理

现代酒店康乐部的经营项目最终要通过服务才能实现。服务质量的高低,直接关系到经营项目的质量和企业的经济效益的好坏。康乐服务,实质上就是康乐部凭借自己的康乐设施设备,服务人员的服务技能和服务行为给予宾客一次心身上的享受经历,宾客对康乐服务质量的评价主要来自对这一经历的感受。这种感受是否令他们满意取决于这些服务与其心中原有期望之间的相等程度。一般来说,康乐企业服务质量管理工作包括以下几个方面:

①合理规划服务项目。康乐服务项目有很多,但作为一个营业性部门,只能去做自己熟悉或能胜任的项目,也只有这样才能有提供优质的服务质量保证和基础。

②制定服务项目的质量标准。康乐产品中的服务质量只能依赖于在服务过程中对质量进行控制。而进行有效控制的首要条件就是制定明确的质量标准,所有的质量控制工作都以这种标准为依据。

③进行服务质量控制培训。无论是服务程序还是服务质量标准,制定只是服务质量管理的第一步,要将它们融于日常服务工作之中,就必须对所有服务人员进行培训,尤其是专业理论知识和技术、服务技能与技巧、各岗位特定的服务方法、服务规范和服务程序、服务语言、服务意识、服务礼仪知识、设备维护维修方法、法律法规知识、服务心理等方面知识的培养,使他们能够严格按照这些要求进行服务,以既定服务规程和质量标准为依据规范服务工作。

④现场管理。通过各级管理人员对服务工作进行以既定服务程序、服务质

量标准为依据的质量检查和监督来控制康乐服务过程中的服务质量,并根据检查结果对服务人员进行奖惩。

⑤对服务质量进行评估,不断改革服务工作。宾客在消费结束后,对所消费的康乐产品和服务的反映与评价为依据,找出服务中存在的质量问题,分析产生问题的原因,找出主要的影响因素,制定出解决问题的计划和措施。

3)康乐部设施设备管理

康乐设施设备是指构成康乐企业固定资产的各种物质设施,它是提供康乐服务,进行经营活动的生产资料也是员工赖以从事接待服务活动,为宾客提供有形和无形产品的物质凭借。酒店康乐部集中了现代先进的设施设备,这些设施设备是豪华、舒适、安全的康乐消费的保证。

康乐部设施设备的管理对于经营活动的开展和企业的经济效益有着十分重要的作用。要管理好这些现代化的设施设备,需要具有较高专业技术、技能的工作人员,要有一套严格的科学管理方法和科学的检修、保养制度,要建立严密、周全的岗位责任制,建立设备技术档案,制定科学的使用、操作、维修、保养规程,并定时考核设备使用效果。

4)康乐部收入支出管理

康乐部财务管理的任务则是要想尽一切办法管好、用好资金,提高资金利用效率,降低康乐部经营成本,正确分配收益,增加收入,使康乐部利润最大化,并为酒店经营决策提供依据。

康乐部的财务管理主要体现在营业收入和成本管理等方面:

营业收入的多少直接关系到企业利润的大小。康乐部往往由很多康乐服务项目组成,每个服务项目又由几个服务环节组成。康乐部的营业收入问题比较复杂,因此要求科学、严格地加强对康乐部营业收入的管理,杜绝从中截流和贪污的机会,以确保营业收入的收回。

康乐部成本管理影响经济效益,经济效益等于收入与成本之差,成本管理的好坏,直接影响着康乐部的经济效益。成本管理影响着康乐部的市场竞争力,成本管理是制定和实现企业经济目标的基础,可以及时、有效地监督和控制企业经营过程中的各种项目费用支出。必须加强成本意识,在不影响服务质量的前提下节约资源,杜绝贪污浪费与监守自盗的现象,做好设施设备的使用、维修和保养工作以降低部门的运营成本。

5)康乐部营运安全管理

康乐部是以消费为主要营运部门,宾客来消费是希望得到享受的,安全问题是比较关键和敏感的因素。此外一些服务项目都是宾客亲身参与的,甚至是与宾客的身体直接接触的,要是安全问题得不到保障,很容易在宾客之间传播病菌,产生交叉感染而酿成大祸。因此,有必要对营运安全状况加以严格控制与管理。

康乐部营运安全管理主要同以下几个方面相关:

①病毒细菌控制。为避免病菌传播对宾客的伤害,必须重视客用设备用具的消毒工作,以严格的制度将消毒工作落实到工作中去。如对游泳池、桑拿浴池等共用水必须按规定进行消毒,美容美发设备用具、健身器械、客用器具等每日进行消毒,尽量使用一次性耗用品,杜绝带有传染疾病的宾客进入康乐活动场所等。

②防盗。康乐部历来是人多手杂的地方,前来消费的宾客来源是多样化与多层次性的,这样不免给不良人员带来趁机偷盗的机会。要加强安全环境的监控,同时提醒宾客妥善安置和保管好自己的财务,贵重物品可以到前台暂时寄存。

③注意消防管理。康乐场地是火灾易发地,场所所用材料和设施设备材料很多都是易燃品,而康乐场所又是人群聚集地,一旦发生火灾,疏散十分困难,极易造成人员伤亡。因此要格外加强消防安全方面的管理,提高消防意识。用醒目标示安全通道,出入口要保证其通畅无阻,按规定配备足够的灭火器和自动消防装置,留心烟头等火灾隐患及可能产生火源的地方和时机,恰当地使用电子设备仪器,定期对工作场所进行全面的安全检查,加强消防监控。

④避免意外事故伤害。在康乐场所中,更常见、更明显、负面影响更大的安全隐患是宾客在康乐活动过程中发生意外事故或受到康乐设施设备的伤害。购买康乐设施设备时要极为注重其安全性能和保护设计,任何带有危险性的项目,必须配备专门的陪练人员或安全保护人员,在带有危险性的康乐项目入口处设置明显、完好的警示性说明牌,对于一般的诸如健身之类的行为也要事先进行安全提示或示范性操作,尽量将宾客受伤害的可能性减少到最低程度。

本章小结

本章主要介绍了酒店的前厅部、客房部、餐饮部和康乐部等一线工作部门的组织结构、业务范围、服务形式、业务流程、管理重点以及怎样同酒店其他部门进行协作,为酒店管理人员做好日常经营与管理,提高服务质量,更好地对客服务打下良好基础。

思考练习

1. 谈谈前厅部各岗位的主要工作任务和内容是什么?

2. 客房清洁流程是什么?

3. 怎样接待酒店的贵宾?

4. 如何理解"绿色客房"?

5. 简述中餐正餐服务程序。

6. 假如学校要举办一次交流会议接待,请问怎么设计和布置自助餐台?

教学实践

如何正确感知宾客

实训目的:作为酒店工作人员,要想做到了解、懂得并尊重宾客,为宾客做到针对性的优质服务,就必须善于观察,正确地感知顾客,让顾客相信、信任和接受我们。把握住顾客的需要,尽可能提供适合于他们需要的条件和服务,这是做好旅游服务工作的一个很重要的方面。

实训时间:授课时间

实训地点:教室或形体模拟室

实训工具:中餐圆桌、长条桌、椅子等

实训内容:我们可以从下面几个方面进行训练,以正确感知顾客,让顾客信任与接受我们。

A. 从外部特征训练观察(如相貌、体型、肤色、发型、服饰等),学会感性的认识顾客特征。

B. 从言语和动作训练观察(如言语、手势、走路姿势等),学会理性的理解顾客的意图。

C. 从形体上训练,练习站、立、行、走、坐等礼仪知识,给顾客职业感与安全感。

D. 从交际上训练,练习微笑、谈吐、手势、动作等社交知识,给顾客亲切与信任感。

实训方法:综合法。教师运用图片分析讲解,学生分组模拟情景练习,教师指出问题与不足之处,学生综合讨论评议。

【案例分析】

房间物品被盗

某酒店在接待一次会议时,总台按正常的接待程序将房间钥匙全部交给会务组工作人员。当晚,有人来到楼层服务台,拿出一张会议代表证,称其是会务组人员,钥匙在房间没有带出来,请楼层服务员打开会务组的房门。在服务员略显犹豫时,此人即非常生气,扬言要投诉。为了不得罪此人,服务员为其打开了房门。晚饭过后,会务组工作人员发现物品被盗,当即向饭店报失并索赔。

点评:

本案例中的服务员缺乏安全意识的做法,显然是导致会务组客房被盗的直接原因。服务员的失误主要在于没有遵守饭店的规范:一是没有确认宾客的真实身份就贸然为其开门;二是害怕宾客投诉,而没有考虑工作职责和住客的财物安全;三是当宾客从客房中拿出大量物品时,应上前礼貌询问,如发现不正常,应及时阻止或通知大堂副理等人或相关部门。

为了避免盗窃事件带来的损失,酒店各部门必须重视酒店安全问题,健全安全管理制度,严格执行各项安全规定,加强员工的安全意识教育,加强对住店和来访宾客的管理,与此同时应该同其他部门保持良好沟通与协作,尽最大努力扩大安全系数,保障宾客和酒店的财产安全,避免此类事件给酒店和顾客带来损失。

第 4 章
酒店物资设备管理

【本章导读】

通过本章相关内容的学习,了解酒店物资管理的概念、特点及物资用品分类,掌握酒店物资的定额管理和仓储管理;了解酒店设备管理的基本要求,掌握酒店设备的选择与运行、维修与保养,从而对酒店的物资设备进行有效的管理。

【关键词汇】

酒店　物资　设备　管理　定额　仓储　选择与运行　维修与保养

【问题导入】

酒店的物资设备是如何进行管理的?

酒店的物资设备,可以说种类繁多,不仅为客人提供齐全的消费用品,同时还为酒店本身的运作提供必需的物资设备,应有尽有。

物资设备成为酒店赖以运作的后勤保障。酒店需要有足够的物资供客人和各部门经营使用,还要考虑资金占用、物资积压等因素增加酒店的运作成本。其次,在越来越强调物资设备给客人带来舒适感的同时,也越来越注重物资设备的安全、环保和节能。搞好酒店设备是保证酒店服务质量的物质条件。酒店设备完好、清洁和卫生来自维护保养的质量,要管理好一家酒店,就一定要保护酒店的一切设备,一定要懂得有计划地抓好设备的保养,保养重于维修,使所有的设备始终保持美好的外观和良好的性能,还能节省相当可观的一笔维修费用,在使客人满意的同时,提高酒店的经济效益。加强对酒店物资设备的管理有着十分重大的意义。

4.1　酒店物资管理

酒店的物资管理,就是对酒店业务经营活动所需要的各种物资资料进行计划、采购、保管、使用和回收,以使它们有效地发挥应有的使用价值和经济效用的一系列组织和管理活动的总称。

　　酒店的物资以消费品为主,投资高、价值量大,其费用额一般占流动资金的80%左右。因此,加强酒店物资管理对提高酒店服务质量、加快资金周转、降低成本消耗、提高经济效益发挥着积极的作用。

　　酒店物资管理的基本内容:①核定酒店各种物资需求量,编制与执行物质供应计划,并根据市场情况、酒店业务情况的新变化不断修正供应计划,提高物资供应的科学性。②全面了解酒店所需的各种物资的特性,深入研究适合各种物资的保管、储藏方法,使物资安全度过采购——使用之间的过渡期。③编制科学、严密的物资管理制度。制定酒店各类物资的流通程序、设计物资流转过程的管理方法和严格的规章制度。④核定酒店各类物资的消耗定额,监督各类物资的使用过程,核算其使用效率,使所有物资在酒店的业务过程中充分发挥其应有的使用价值和经济效用。⑤用各种方法回收酒店各种尚有利用价值的报废物资并设法使其再生,再次为酒店经营做出贡献,达到物尽其用、节约经营成本的目的。

　　酒店物资管理具有"复杂性",其"复杂性"体现在以下几个方面:①客人需求的多变性影响着酒店物资管理的规定性。②酒店营销业绩的不稳定影响着酒店物资管理的计划性。③酒店物资的丰富性影响着物资管理技巧的多样性。④酒店部分物资的相对不可储存性影响着物资管理的时效性。酒店物资管理应达到的基本目标是:适时、适量、优质、优价、善藏、高效。

4.1.1　酒店物资用品分类

　　酒店所需的物资用品种类多而且杂,这些物资在定额制订、使用保管、计划购置上各有不同特点。为了便于管理,需要对酒店各种物资用品进行分类。

　　常见的分类方法有:

1)按物资用品在酒店经营中的不同用途分类

　　①保管品。指价值在十元以下,使用时间较长的物品,如:水杯、茶杯、口杯、衣架、镜子、刷子、烟缸等。它们的特点是:物体小、单位价值低,如果保管的好,使用时间长。

　　②服务用品。指直接供给客人的服务性消耗品,如:香皂、日历卡片、信封、信纸、卫生纸、浴帽、餐巾纸、牙签、针线包等。

　　③消耗品。包括灯泡、扫帚、拖把、去污粉、肥皂、灭虫剂等。

④食品原料。包括米、面、油、水果、水产品等。

⑤布件。包括床单、被套、枕巾、毛巾、台布、窗帘等各种棉织品。

⑥厨房餐具。包括刀、叉、碗、盆等各种餐具和厨房小炊具等。

⑦燃料和动力。包括煤、煤气、柴油、汽油等。

⑧五金材料。包括电料器材、水暖配件、五金工具等。

⑨建筑材料。包括木料、砖、沙、水泥、脚手架等。

这种分类方法便于制定各种物资消耗定额和实行成本控制。

2）按物资用品的自然属性分类

①日常生活用品；

②食品杂货；

③粮油酒水；

④能源燃料；

⑤机器产品；

⑥土建和金属材料。

这种分类方法便于根据物资用品的物理、化学属性分别保管、运输，也便于编制物资目录，进行计划管理。

3）按物资用品的使用方向分类

①客用物资用品；

②生产产品用料；

③办公用品；

④清洁和服务用品；

⑤基建和维修用料；

⑥安全保卫用品；

⑦后勤用品。

这种分类方法便于考核酒店各种物资用品的大类消耗，搞好物资消耗平衡。在实际工作中，酒店物资管理并不单独采用某一种物资分类方法，而是根据工作实际需要，综合运用。

4.1.2　酒店物资的定额管理

酒店物资的定额管理应遵循：①从实际出发；②统筹兼顾、保证重点、照顾一般；③参照历史、着眼现状、动态管理；④小处着手，全面管理；⑤制定制度，依法管理等原则。

1)酒店物资的消耗定额

酒店物资消耗定额是指酒店在一定时期、一定生产技术水平下,为完成某项任务或制造单位产品所必须消耗的物资数量标准。它是编制物资供应计划和计算其他指标的基础,它表明业务经营过程中物资的使用情况。因此,制定合理的物资消耗定额,对改善酒店的经营,降低消耗,增加利润十分重要。

(1)确定酒店物资消耗定额的工作程序

①考虑到各个部门的具体情况,酒店首先将物资消耗定额的任务下达到各个部门,并详细说明物资消耗定额的意义和内涵以及各部门进行物资消耗定额的工作要求和确定物资消耗定额的标准。

②各部门根据自己的特点详细制订单位产品或单位接待能力所需的物资配备表,注意区别一次性消耗物品和多次性消耗物品。

③确定客用一次性消耗物品单位时间或单位产品的消耗定额。

④确定客用多次性消耗物品在寿命期内的损耗率或一段时间的更新率。

⑤综合汇总。

(2)确定酒店物资消耗定额的方法

①经验估算法。以有关人员的经验和历史资料为依据,通过分析估计来确定物资消耗定额的方法。因为食品原料花色品种多,变化数量大,季节性强,进货质量和净料率各不相同,很难用一个统一的公式来计算。确定消耗定额的方法一般是以历史经验为基础,在分析各个餐厅的接待能力,淡旺季的差别后大致确定的。

②统计分析法。根据实际物资消耗的历史资料,通过简单的计算和分析,确定物资消耗定额的方法。这种方法主要适用于确定客房、餐厅的各种茶具、口布、台布、卫生用品的消耗定额。

③技术分析法。根据实地观察、测定资料或者通过技术计算确定物资消耗定额的方法。这种方法主要适用于酒店的燃料动力消耗定额的计算。这种方法比较精确,但工作量较大。

在实际工作中,往往把以上3种方法结合起来应用。物资消耗定额是按食品原料、调料、供应用品、燃料、动力和工具等分别制定的。

①食品原料:菜肴在生产前应有一定的规格并确定原材料配量定额,即对每一种产品规定每一单位的原材料实物数量定额,制定出"原材料耗用配量定额计算单"。

②调料:常与原材料配合使用,可按原材料消耗定额的比例来确定,一般是

按金额规定定额的。

③供应用品:按人/天消耗量规定定额。

④燃料、动力:根据设备开动时间或工作日来制定消耗定额。

⑤工具、劳保用品:按规定周期来确定消耗定额。

(3)确定酒店物资消耗定额的注意点

①合理选择物资消耗定额的计量单位。确定物资消耗定额要明确物资用品的计量单位,如:客房楼层每月规定消耗清洁剂10桶,应注明每桶的容量是多少,小桶装的和大桶装的清洁剂区别很大。

②建立健全的物资消耗定额奖惩制度。对超额使用物资用品的部门或个人应进行批评教育,说清超额使用的缘由,拿出切实可行的措施将物资消耗控制在合理的范围之内,甚至进行严厉的惩罚。相应的,对节约使用物资用品的部门或个人进行通报表扬,介绍其节约经验措施,并进行物质奖励。只惩不奖,或惩多奖少都是不可取的,应体现奖惩分明,奖惩对等的原则。

③提高酒店管理水平。物资消耗应在保证满足客人需求的前提下,尽量减少浪费。不能一味为了节约成本,减少物资消耗,这势必会为牺牲客人利益、降低服务质量而付出沉重的代价,那就舍本逐末了。相反,酒店制定合理的物资消耗定额是为了改善经营,满足客人需求,控制物资消耗,实现"双赢",从而提高酒店管理水平。

【相关链接4-1】

一次性消耗物品和多次性消耗物品

客用消耗物品按使用次数可分为一次性消耗物品和多次性消耗物品两种。一次性消耗物品是指供客人一次性使用消耗或用做馈赠客人而供应的物品,也称供应品。又因它的价值低廉,容易消耗,也称之为低值易耗品,如香皂、信封、明信片、礼品袋、针线包、纸杯等。多次性消耗物品是指可供多批客人使用,不能让客人带走的物品,如烟缸、衣架、酒杯、不锈钢刀、叉等,也称备品。

在实际工作中,客用消耗物品是按配备标准配置和补充的。由于并非所有客用消耗物品都在每天使用并消耗完,应对这些物品的消耗情况进行具体的统计分析,从中找出规律。

①一次性消耗物品消耗定额的计算公式:

单项一次性消耗物品的消耗定额 = 客人人数 × 每人每天配备的标准数量 × 平均消耗率

(注:平均消耗率 = 实际消耗数量 ÷ 按标准的配置数量)

实例:某酒店一客房楼层住有80位客人,酒店每天为每位客人供应2包小袋装茶叶,根据该楼层物资消耗的统计分析,茶叶平均每天的消耗率为80%。那么该楼层每天的茶叶消耗定额为:

2 包/人 ×80 人 ×80% =128 包。

根据这个公式,还可以计算出该楼层每月、每年的茶叶消耗定额,取决于该楼层每月、每年接待的客人人数。

②多次性消耗物品消耗定额的计算公式:

单项多次性消耗物品的消耗定额 = 客人人数 × 每人每天配备的标准数量 × 平均损耗率

(平均损耗率 = 实际损耗数量 ÷ 按标准的配置数量)

实例:某酒店一客房楼层住有80位客人,酒店每天为每位客人提供5只玻璃杯,根据该楼层物资损耗的统计分析,玻璃杯平均每天的损耗率为1%。则该楼层每天的玻璃杯消耗定额为:

5 只/人 ×80 人 ×1% =4 只。

根据这个公式,还可以计算出该楼层每月、每年的玻璃杯消耗定额,取决于该楼层每月、每年接待的客人人数。

2)酒店物资的储备定额

酒店的物资储备是保证酒店经营活动正常进行的必不可少的工作,但对不同的物资究竟储存多少才算合理,做到既不影响酒店的经营业务,又不积压资金,而采购、储存费用又最低,这就需要管理人员运用定量分析方法来研究确定物资最经济、最合理的采购和储存数量,并且选择最合适的采购时间,这是酒店物资管理的重要内容之一。

酒店物资储备定额是指酒店在一定时期、一定业务技术条件下,为保证接待服务质量,保证服务活动不间断地顺利进行所必需的、最经济合理的物资用品储备数量标准。它是编制物资供应计划的基础,也是采购、订货、仓库管理和储备资金管理的主要依据。

(1)酒店物资储备定额的分类及确定

①经常储备定额。经常储备定额是指前后两批物资进店的间隔期内,为满足酒店业务经营需要确定的物资储备数量标准。

经常储备的数量是周期性变化的,一般在每批物资进店时达到最高峰,随着酒店业务经营的消耗,在第二批物资进店前降低到最低点。故经常储备又称为周转储备,其计算公式如下:

经常储备定额 = 进货间隔天数 × 平均每天需要量

（注：平均每天需要量＝该项物资全年计划需要量÷365 天）

②保险储备定额。保险储备定额是为了防止因交货误期、运输受阻等因素造成物资供应脱节影响酒店正常经营确定的物资储备数量标准。保险储备在正常情况下不予动用，是一种相对固定的物资储备。保险储备在特殊情况下动用后应尽快补足；对正常供应或容易购买的物资可不设或少设这种储备，其计算公式如下：

保险储备定额＝物资的日消耗定额×保险储备天数

（注：保险储备天数很难确切规定，一般根据历史统计资料和物资供应情况决定）

酒店的物资储备定额一般是由经常储备定额和保险储备定额组成的，其计算公式如下：

某物资储备定额＝经常储备定额＋保险储备定额

＝平均每天需要量×（进货间隔天数＋保险储备天数）

由于经常储备是变化的，所以物资储备有它的上限和下限。上限为经常储备和保险储备之和，即物资的最高储备定额，下限是保险储备，即物资的最低储备定额，如图4.1 所示。

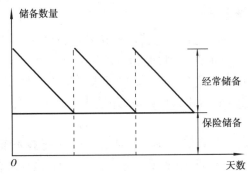

图4.1 物资的最低储备定额

实例1：某酒店计划全年需要毛巾 12 410 条，每 2 个月进货一次，则经常储备定额应是多少为宜？

解：平均每天需要量＝12 410÷365＝34 条

进货间隔天数＝30×2＝60 天

经常储备定额＝34×60＝2 040 条

答：经常储备定额应是 2 040 条为宜。

实例2：某酒店计划全年需要毛巾 12 410 条，每 2 个月进货一次，但由于厂家较远,有运输受阻的可能,需要有 10 天保险天数,该物资保险储备定额为多少? 总储备定额为多少?

解:平均每天需要量 = 12 410 ÷ 365 = 34 条

进货间隔天数 = 30 × 2 = 60 天

保险储备定额 = 34 × 10 = 340 条

毛巾的储备定额 = 平均每天需要量 × (进货间隔天数 + 保险储备天数) = 34 × (60 + 10) = 2 380 条

答:该物资保险储备定额为 340 条,总储备定额为 2 380 条。

③季节储备定额。季节储备定额是为了克服某些物资供应受季节性影响而建立的物资储备数量标准。季节储备是由进货的季节性和客房销售的季节波动所引起的,一般有两种情况:一是受客房出租的淡旺季影响,旺季出租率高,各种用品、食品消耗大;淡季出租率低、消耗量小。为了减少资金占用,加快资金周转,因而需要确定季节储备量。另一个是受某种货物的生产季节性影响。酒店只能在某段时间内组织进货,并应进足中断期内的全部用量,其计算公式为:

季节储备量 = 平均每天需要量 × 中断天数

实例 3:某酒店平均每天需要对虾 5 千克,需要在产虾季节储备,中断供应天数为 240 天,季节储备应为多少?

解:季节储备量 = 平均每天需要量 × 中断天数 = 5 × 240 = 1 200 千克

答:季节储备应为 1 200 千克。

以上 3 种方法是普遍适用的,但较多的考虑了外部供应条件,如交通中断、产供脱节等等,没有很好的照顾酒店本身的经济利益。因此还需要从酒店本身的经济利益出发进行计算的物资储备定额,又称经济储备定额。

④经济储备定额。经济储备定额是通过合理确定订货批量,从而使酒店的储存总费用最低的物资储备数量标准。合理的订货批量,也就是最优经济批量(Economical Ordering Quantities,简称 EOQ),其计算公式为:

$$EOQ = \sqrt{\frac{2FS}{C}}$$

式中　F——每次订货的费用

S——该物资日需求率

C——单位储存成本

实例 4:某酒店月消耗可口可乐 900 瓶,每次订货费用 5 元,每瓶每天的存储费用为 1/300 元,求可口可乐存储总费用最低时的经济批量?

解:根据公式:$EOQ = \sqrt{\frac{2FS}{C}}$

$$EOQ = \sqrt{\frac{2 \times 5 \times \dfrac{900}{30}}{\dfrac{1}{300}}} = 300$$

答：每次订 300 瓶时总的存储费用最低。

【相关链接 4-2】

与物资储备有关的各种费用

存储总费用：包括订货和储存有关费用的总和。

订货费用：包括与物资订货采购有关的差旅费、行政管理费。订货费用一般随订货次数增大而增大，而与每次订货的数量关系不大，但订货的数量越大，订货次数越少，这种费用越小。

存储费用：包括：库存物资占用资金应付的利息；库房建筑物和仓库机械设备的折旧费、固定资产占用费、修理费、燃料动力消耗、通风照明等费用；仓库管理费用，包括职工的工资、办公费、管理费；库存物资在保管过程中的物资消耗，以及由于技术进步而使库存物资性能陈旧贬值所蒙受的损失。

⑤订货点储备定额。订货点储备定额是指为了及时补充库存物资而确定的订货时间或库存数量标准。当酒店库存的某种库存物资下降到一定数量时就要发出订单，组织采购。这里重要的问题是确定备运时间，也称订货周期。备运时间是指从办理订货手续直到物资进店的全部时间，包括从发出订单、办理订货手续、运货和进库前验收等时间的总和。

正确地确定备运时间是酒店仓库保持合理储备的重要手段，如果订货周期过长，物资储备就会过多，反之订货周期过短，物资储备过少就会影响业务经营正常进行。备运时间确定后，订货点储备定额可按以下公式计算：

$$R = S \times T + M$$

式中　R——订货点储备定额；

　　　T——备运时间；

　　　S——每日平均需要量；

　　　M——保险储备量。

实例 5：某餐厅每月销售青岛啤酒 6 000 瓶，备运时间为 10 天，保险储备量为 1 000 瓶，求订货点储备定额？

解：已知：$T = 10$ 天　　　$M = 1\ 000$ 瓶　　　$S = 6\ 000 \div 30 = 200$ 瓶

　　求：$R = ?$

$$R = S \times T + M$$
$$= 10 \times 200 + 1\ 000 = 3\ 000 \text{ 瓶}$$

答:订货点储备定额为3 000瓶。即,当库存的青岛啤酒下降到3 000瓶时,就要发出订单。

如果市场上的这种啤酒供应有好转,备运时间只有5天,则:

$$R = 5 \times 200 + 1\ 000 = 2\ 000 \text{ 瓶}$$

订货点储备定额为2 000瓶。即,当库存啤酒只剩2 000瓶时,再发订单。由此可知,缩短备运时间可以减少物资的存储量,而需求增大时物资的存储量亦增加。

从图4.2可以清楚地看出,订货点的确定和库存储备量的关系:

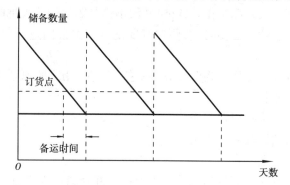

图4.2 订货点储备定额

(2)酒店物资储备定额管理的重点

①每个储备定额指标除量的规定性之外都应有质的规定性,谨防为了片面追求量的规定性而忽视对质的规定性的要求。这是因为物资本身质量的好坏,会影响对物资储备数量的需求。

②注意总、分仓库统计口径的一致性。酒店对物资储备定额的管理应使用统一的计量单位,避免因计量单位的不同而造成物资储备数量标准的增减,一般通过电子物流来管理的酒店不会出现这种现象。

③考虑储备定额管理的动态性。酒店一旦确定了物资储备定额后,虽然有相对的稳定期,但绝不是一劳永逸的事,随着内外部经营环境或因素的变化,物资储备定额也应随之调整,这也体现了管理实质的一面,动态管理。

4.1.3 酒店物资的仓储管理

酒店所需的绝大多数物质都需要仓储,搞好仓储管理是酒店物资管理的重要工作,但有些物资并不需要仓储管理,如:鲜活类物资、新鲜食品、果蔬以及操作工具等。按照物资分类的方法,酒店的仓储也相应的分为以下几类:五金交电仓、机械汽车零配件仓、家具设备仓、燃料石油库、软片布件仓、文具备品仓、建筑装修材料仓、干货仓、饮品仓等。

仓储管理的任务是为酒店经营活动的正常运转提供可靠的物资供应,保证物资不短缺、不积压、不破损、不变质。工作内容包括:

①组织物资验收入库工作。各种物资,不论是零星的或大批的,入库前都要通过严格的验收手续。必要时,有些物资要配合有关部门进行化验或其他方法检验。

②组织物资发放工作。物资发放要坚持"先进先出"的原则,特别是那些保鲜要求高的食品原料。

③组织物资的维护保养工作。

④组织废料的回收和利用工作。

⑤及时处理积压物资。

⑥通过物料台账及其他的统计分析资料掌握仓储物资的动态。

1)库存决策

仓储物资本身也是一项重要投资,一方面要保证供应,即:按质、按量、按品种、按时间供应所需的各种物资;另一方面要占用尽可能少的流动资金,发挥最大的投资效果。仓储管理首先应从这两个方面认真进行调查分析,反复权衡比较,从中选择最佳库存方案,从而取得最大经济效益。下面介绍一种简单实用的库存决策方法,如图 4.3 所示。

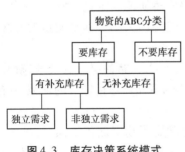

图 4.3 库存决策系统模式

(1)物资的 ABC 分类法

①什么是物资的 ABC 分类法。每个酒店需要的物资品种规格极为繁多复杂,各种物资品种占用资金的多少差异很大,因此,酒店应根据自己的规模,采用

ABC 分类法,对繁多的物资品种进行分类排队,实行物资重点管理。

ABC 分类法是按品种和占用资金的多少把酒店的全部物资划分成 ABC 三大类。A 类物资品种少,占用资金大;B 类物资品种比 A 类多,占用资金比 A 类少;C 类物资品种很多,但占用资金很少,如图 4.4 所示。

物资分类	占全部品种百分比	占全部资金百分比
A	10% ~15%	70% ~80%
B	20% ~30%	20% ~25%
C	60% ~65%	5% ~10%

图 4.4　ABC 分类示意图

A 类物资占用资金最多,物资储备必须严格控制,尽量缩短采购周期,增加采购次数,以利于加速资金周转;

B 类物资占用资金较为次之,一般可适当控制,也就是根据供应情况,适当的延长采购周期或减少采购次数;

C 类物资占用资金很少,其品种又繁多复杂,对这类物资可适当放宽控制,采购周期长一些也不会影响酒店整个资金使用效果。

②如何对物资进行 ABC 分类。ABC 分类法选择两个相关标志是物资数量的累计百分比和资金占用额的累计百分比。

分类标准的百分比可根据物资管理的要求由管理人员具体掌握确定。下面用一个实例说明进行 ABC 分类的具体步骤。

实例 6:某餐厅一年内使用餐具 3 400 件,共 9 个品种,占用资金 2 150 元,请将这些餐具进行 ABC 分类。

解:1.列出物资品种和资金占用表,其中,该物资占用资金额 = 物资需用量 × 单价,如表 4.1 所示。

2.根据各品种占用资金的大小,按从大到小的顺序重新进行排列并列表,如表 4.2 所示。同时计算每个品种物资所占资金额占资金总额的百分比,并计算资金累计百分比;计算每个品种物资数量占物资总数的百分比,并计算数量累计百分比。有关计算公式如下:

占资金总金额百分比 = 某品种物资占用资金额 ÷ 占用资金总额 ×100%

占物资总数量百分比 = 该物资年需要量 ÷ 全部物资年需要量 ×100%

表 4.1

物资名称	年需要量	单价/元	占用资金额/元
Q1	205	1.03	211.15
Q2	478	0.36	172.08
Q3	150	3.05	457.50
Q4	367	0.25	91.75
Q5	412	0.12	49.44
Q6	125	8.25	1 031.25
Q7	384	0.10	38.40
Q8	286	0.24	68.64
Q9	993	0.03	29.79
总计	3 400		2 150.00

表 4.2

物资名称	占资金额/元	占资金总额/%	累计/%	年需要量	占总数量/%	累计/%
Q6	1 031.25	47.9	47.9	125	3.7	3.7
Q3	457.50	21.3	69.2	150	4.4	8.1
Q1	211.15	9.8	79	205	6	14.1
Q2	172.08	8	87	478	14.1	28.2
Q4	91.75	4.3	91.3	367	10.8	39
Q8	68.64	3.2	94.5	286	8.4	47.4
Q5	49.44	2.3	96.8	412	12.1	59.4
Q7	38.40	1.8	98.6	384	11.3	70.8
Q9	29.79	1.4	100	993	29.2	100

3.根据物资占总金额百分比和物资品种占物资总数的百分比,将物资进行 ABC 分类,如表 4.3 所示。

③ABC 分类法的优点。由于致力于 AB 两类物资的管理和大量采购 C 类物资,降低了总存货成本;处理的订单少了,降低了采购成本;有较平稳的物资流程和供应计划,降低了生产管理成本,酒店的全部物资可得到更合理的分配和更有效的应用。

表 4.3

类别	物资名称	占资金额/元	占资金总额/%	各类占资额/%	各类占总数量/%
A	Q6	1 031.25	47.9	69.2	8.1
	Q3	457.50	21.3		
B	Q1	211.15	9.8	22.1	30.9
	Q2	172.08	8		
	Q4	91.75	4.3		
C	Q8	68.64	3.2	8.7	61
	Q5	49.44	2.3		
	Q7	38.40	1.8		
	Q9	29.79	1.4		

（2）要库存和不要库存

在进行库存决策时,酒店要先进行周密调查,从供应条件和经济效益两个方面进行分析,以确定哪些物资要库存,哪些物资不要库存。其中供应条件是指:

①有无可靠的生产企业,也就是酒店所需的物资,包括品种、质量、数量、交货期是否可靠;

②流通部门的服务质量,指物资流通部门是否按计划需要保证按时供应;

③有无可靠的运输条件,包括运输距离,运输方式和服务水平,能否保证按计划运输物资。如果某物资在这三方面都具备了条件,酒店就可不要库存。

经济效益是指有些物资供应条件很好,但是否要库存还要看以下条件:当采购费用大于保管费用,要库存;反之,不要库存。

（3）有补充库存和无补充库存

有补充库存是指这类物资的生产和供应都不会中断,这次采购一批,下次可继续订购,即有可靠的供应来源。无补充库存是指生产和供应具有季节性和时间性很强的物资,如果失去订货时机,供应会中断。对这类物资,抓住时机采购、订货,尤为重要。

（4）独立需求和非独立需求

所谓独立需求是指某种物资的需求量与另一种物资的需求量在数量上没有相互之间的依赖关系,是完全独立的。所谓非独立需求是指某种物资的需求量

是受另一种物资需求量所决定的,相互之间在数量上存在紧密的依赖关系。这对在酒店经营中需要配套使用的物资很重要。

2)物资仓储的管理方法

采购员采购回来的物资,无论是直拨还是入库,都必须经过仓管员验收。

(1)物资的验收

①外购物资没有到货前,采购员应将要到货的物资名称、数量、厂家、到货时间等信息提前通知仓库保管员,以便做好到货后的验收准备工作;

②购进物资的经办人员必须向仓管员讲清物资的名称、规格、数量、用途和特殊要求说明及注意事项,如怕潮、怕压、易碎等;

③一般物资入库后按计划发放,遇到使用急需或笨重设备到货时,可直接发往使用单位,由仓管员到现场验收,然后补办入库手续;

④采购员应与仓管员一起拆箱,按照单据明细认真核实品种、规格、数量和外观质量。对无差错的要及时入库,对有差错或有质量问题的,采购员应与供货单位联系;

⑤设备的技术资料图纸应由仓管员收集好,定期转给设备管理部门存档;

⑥验收合格的物资要根据发票上写明的物品名称、型号、规格、单位、单价、数量和金额,填写物品入库单一式四份。其中第一联是财务会计注账联,酒店财务处记账凭证,红色;第二联是实物会计记账联,物资部门会计的记账凭证,绿色;第三联是库房注账联卡,仓管员的记账凭证并供建卡时用,黑色;第四联是经办单位核算联,由采购员带回其所在部门,蓝色。附第一联格式,如表4.4所示。

表4.4　物品入库单

物　品　入　库　单

收货单位:＿＿＿＿＿＿＿＿　　　　　　　　　　　　　　No.12615

付货单位:＿＿＿＿＿＿＿＿　　　　年　　月　　日

品名	规格	单位	数量	单价	金额									备注
					百	十	万	千	百	十	元	角	分	
合　　　　　　计														

收货单位签字　　　　　　　　　　　　　经手人签字

第一联　财务会计注账联

（2）物资的入库存放与保管

①凡仓储物资，要根据入库单逐项建立登记卡片，如表4.5所示。

表4.5 入库物资登记卡片

入库物资登记卡片

品名规格：＿＿＿＿＿＿＿＿＿　　最高数量：＿＿＿＿＿＿　　供应者：＿＿＿＿＿

　　　　　　　　　　　　　　　　最低数量：＿＿＿＿＿＿

单　　位：＿＿＿＿＿＿＿＿＿　　编　　号：＿＿＿＿＿＿

日期	发领编号	领货单位	单价	调入		拨出		结存		备注
				台件	金额合计	台件	金额合计	台件	金额合计	

　　物品入库时要在卡片上作相应的加数，发出时在卡片上作相应的减数。登记好的卡片是清仓核资、盘点物资的依据，仓管员要利用卡片时时抽查实物、验核卡片与账目是否相符；实物会计与物资管理部门负责人也要常常核实账、卡、物是否一致。

②做好物资保管保养。

【相关链接4-3】

物资保管保养的几点具体做法

1. 各种物资的摆放要有通盘规划，并按类别、性能、形状及规格大小，以五或五的倍数在固定区域摆放。五五化的管理方法是将物资"五五成行、五五成方、五五成包、五五成堆、五五成层"，堆放要横竖整齐，上下垂直，过目知数。

2. 放置明显的标志。每种规格的材料要挂材料牌，牌上应记载物资的名称、

规格型号、有效期和储备定额。为了便于寻找,可使用"四号定位"法来标明物资在库房的位置。如某物资在账页上的编号是4-7-2-13,即该物资放在第4号仓库、第7号货架、第2层、第13号货位上。这便于发料盘点、核算,也便于新手迅速掌握业务。

3.确定不同的堆放和储存方法,防止霉坏和损失。①安排适应仓储物资性能要求的场所,如:油毡要立码、玻璃要竖放、橡胶物品要挂起来;②堆放的物资要注意通风,防潮,要有温湿度调节设备;③做好仓库清洁卫生工作,消除虫害;④定期检查维护工作,随时掌握物资质量变化的情况,及时采取措施,防止物资变质。

(3)物资的领发

①领用物品的计划和报告。凡领用物品,根据规定须提前若干天做计划,报告仓储部门做准备;仓管员将报来的计划按每天发货顺序编排好目录,准备好物品,以便领货单位派人领取。

②发货与领货。各部门的领货人员一般要固定,以便与仓管员相互沟通,出现差错时便于追查责任;领货人要事先填好领料单,如表4.6所示,并请负责人审核签字;领货人持领料单到仓储管理部门换取出库单,如表4.7所示,凭领料单领出所需物品。

出库单共四联。其中第一联为实物会计记账联,在物品出库后凭此联销账,红色;第二联为财务会计记账联,由财物部门用来掌握物资出库情况,绿色;第三联为库房记账卡联,由仓管员保管,以此作为物品出库凭证,蓝色;第四联为经办单位核算联,由领货人带回作为本部门核算的依据,黑色。

表4.6 领料单

领 料 单

领取单位:_____ 年 月 日

品 名	单 位	规 格	数 量	备 注

负责人签字 经手人

表4.7　物品出库单

物　品　出　库　单

领取单位：_____　　　　　　　　　　　No.0243156

付货单位：_____　　　　　年　月　日

品名	规格	单位	数量	单价	金　额									备注
					百	十	万	千	百	十	元	角	分	
合　　　计														

付货单位签字　　　　　　　　　　领取人签字

第一联　财务会计注账联

③货物的计价，一般按进价计价。若同一种型号、规格的物品有不同的进货价，则按平均价计价；有的物资调出酒店以外的单位使用，一般按原价或平均价加手续费和管理费调出。

④物资的发放原则，一律凭证发放，不论任何情况不得无证出库。严格执行计划限额发料；实行送料制，由仓储人员按计划实行定期、定时、定量、定点送到使用部门；贯彻先进先出的原则；实行退库和核销制度，领料单位由于计划变更或其他原因发生多余物资时，必须办理退料手续，仓储部门应按月对领料部门消耗的物资实行核销制度。

（4）物资的盘点

①仓储物资要求做到每月月中小盘点，月底大盘点，半年和年终彻底盘点。

②盘点期间停发物品。

③填写盘点表，如表4.8所示，报财务部审核。

表4.8　盘点表

盘　点　表　　　　　年　月　日

分类编号	物品名称	单位	单价	月初库存		本月进货		本月出库		月末库存		盈亏±		备注
				数量	金额	数量	金额	数量	金额	数量	金额	数量	金额	

续表

分类编号	物品名称	单位	单价	月初库存		本月过货		本月出库		月末库存		盈亏±		备注
				数量	金额	数量	金额	数量	金额	数量	金额	数量	金额	

审核：   管理员：

【案例分析】

财产盘点

某宾馆总经理办公室里正在举行部门经理以上管理人员会议，听取财务部郝经理关于半年一度的部门固定资产盘点工作的设想。宾馆总经理就盘点财产一事进行了动员，并要求各部门抓紧进行。

3天后，客房部率先拉开了部门财产盘点的序幕，其余各部门相继开始了本部门的盘点工作，财务部指派专人协助进行。客房部固定资产数量较大，但品种不多，由于平时管理较严，因此失散较少；另一方面，两个月前部门的财产保管员刚换人，当时财务部已派人盘点，填写过"财产交接清单"，因此部门内对财产盘点都感到比较轻松。

"我在财产卡片账上看到，我部门应有台灯350只，但客房内所有台灯加上库房里的备用台灯一共才338只，少了12只。其中4只在'财产调拨单'上有记录，是原保管员小宋批准后调拨到其他部门的，还有8只不知去向……"，新上任的保管员小贺感到纳闷。

"上个月9楼服务员小郭打扫房间时发现，有2只台灯接触不良，时亮时暗，客人早有投诉，已送工程部维修。另有4只台灯是上海一家公司在我宾馆召开会议，他们的会务组借去的，是部门经理批准的。还有2只台灯在一个月之前因无法维修报废了。你看，这里是'财产报废审批单'，上面有我们经理的签名。"客房部陈主管原原本本地道出了8只台灯的去向。

350只台灯交代得清清楚楚，无可挑剔。小贺对照"财产卡片账"一一认真核对,不时提出一些问题,被问者回答得头头是道,连小到一元钱左右一本的宾馆介绍册子都交代得一清二楚。

这样的场面在餐饮部、工程部、前厅部等部门几乎如出一辙。半个月以后,郝经理在部门经理以上管理人员回报了这次盘点的情况,对各部门配合财务部认真管好宾馆的各种财产,表示真挚的感谢,并对个别财产在一些部门长期闲置不用的现象提出建议,或调到别的部门,或削价出售。

[案例点评]

酒店财产是酒店经营的物质基础,约占酒店全部资产金额的70%,因此保管好酒店财产对于减少资本性与收益性支出、节约资金大有裨益。

本例中透露了宾馆财产管理的严格措施。"财产卡片账"、"财产调拨单"、"财产报废审批单"只是其中的3种。"财产卡片账"体现了"一物一卡"的原则。宾馆坚持"谁使用,谁负责"的精神,把每一件财产落实到使用部门,由专人管理。凡有人调动使用的财产,必须办理移交手续。每个使用部门都有几大本"财产数量卡片账",上面就有着各种财产来龙去脉的记录,而财务部则负责对财产统一核算、检查与监督财产的购置、调拨、盘点、清理和报废。

财产在部门间须转移时,必须填写"财产调拨单",分别由调出部门、调入部门以及财务部留存或调账。如遇各部门财产保管人变动时,必须填写"财产交接清单",由接收人、移交人、所在部门及财务部各留一份。

价值在200元以下的财产,一次报废总额不到500元的,由部门财产使用人填写"财产报废审批单"。若超过以上额度,还须由设备部门予以技术鉴定后报总经理批准,最后由财务部和使用部门共同销账。

该宾馆财务部对财产的核实与盘点工作很规范,使用部门对固定资产每半年盘点一次,并把"财产盘点表"的一联上交财务部,一联留存。至于各部门不需要的财产,则由设备部门与财务部及时处理,以减少财产闲置和场地占用。这些做法,值得借鉴。

4.2　酒店设备管理

设备在酒店中以两种运动形态出现,一种是它的物质运动形态,包括设备的订货、采购、验收、安装、调试、使用、维修、报废的整个过程;另一种是设备的价值运动形态,包括设备最初的投资、维修费用的支出、折旧费用的提取、更新改造费用的筹措等。

酒店设备管理包括上述两种运动形态的管理,它是一个集现代工程技术、质量管理、财务管理、人力资源管理、信息管理等多方面的知识内容,是一门多学科交叉的综合性学问,酒店设备管理绝不是简单的降点能耗、贴补墙纸、换换灯泡那么简单,它在呼唤着现代化的管理,同时也呼唤现代化复合型的设备管理人员,这是酒店设备管理中的关键因素。传统管理设备的思想是把全部管理工作的注意力放在设备上,忽视了我们的人是为设备服务的。现代酒店管理设备是以人为中心的管理思想。酒店经营管理者能不能把管理中心从"物"转移到"人"上,是酒店设备管理成功与否的关键。只有通过有主动性、有责任心的人才能真正管理好设备,才能使设备真正为宾客提供优质服务。所以说,管人才是酒店设备管理的要诀。

4.2.1 酒店设备管理概述

酒店设备管理是指对各种设备采取一系列技术的、经济的、组织的措施,从选购、验收、安装、调试开始,经过使用、维护保养、修理、改造直到报废、更新为止的全过程的管理活动,其目的在于最大限度地发挥设备的综合效能。

1)酒店设备管理的重要性

从系统管理的角度来说,酒店设备管理是酒店管理的子系统,是酒店管理的重要组成部分,它贯穿在各项业务管理过程中。具体而言,其重要性主要表现在以下三个方面:

(1)搞好设备管理是保证酒店服务质量的物质条件

酒店是通过提供客房、设备和服务来满足客人需求的。根据世界旅游组织历次调查表明,在星级酒店的客人中,有55%把设备完好、清洁、卫生视为最重要的因素,是客人决定是否住在这家酒店或以后再来的主要依据。设备出故障,如电梯把客人"关"在里面,空调不制冷,或水管漏水、停电等,都是客人投诉和拒付房费的主要原因,因此酒店必须有计划地切实抓好设备管理和保养工作。

(2)加强设备管理是提高酒店经济效益的关键环节

表面上看,酒店的设备管理部门不是直接创造利润的单位,并且这个部门花钱最多,买设备、维修、更新全要钱。尤其是合资酒店花几十万美金进口设备并不少见,但这恰恰从另一个方面说明了设备管理工作的好坏与提高酒店经济效益的关系。在酒店总的营业额一定的前提下,降低成本就是增加利润。

目前我国越来越多的酒店经营者已清醒地看到,光注意总台、客房、餐厅的管理还不够,必须把酒店设备的系统管理提高到应有的地位来认识。酒店设备的投资额约占酒店建设全部投资额的30%,要使这些设备正常运行,维护费、保养费要占酒店总营业额的20%以上,而且每年以7%的速度递增,如果加上能源费就要占40%左右。如果管理妥当,能节省其中的15%~30%,从而大大增加酒店的利润。

(3)酒店设备管理的水平必须与酒店的等级相符

我国的旅游饭店按一星至五星划分等级。《旅游饭店星级的划分及评定》对酒店设备设施质量这一项有明确的评分标准,此项累计最高分数达610分,按规定一星级应得70分,二星级应得120分,三星级应得220分,四星级应得330分,五星级应得420分。只有设备设施达到相应等级标准后,才有资格进行其他各项的评定。"三标"(GB/T 14308—2003)还特别强调设备设施有无附加功能,注重在使用时产生的效果,这样才有得分点,才能得高分。并规定了旅游饭店使用星级的有效期限为5年,取消了星级终身制,要求酒店加强对设备的维护保养,始终保持等级应有的标准。如果不加强对设备的管理,有可能受到降星或取消等级的处罚。要使酒店保持相应的等级,必须使设备保持正常,历久如新,才是上策。

2)酒店设备管理的基本要求

(1)系统性

系统性就是用系统的观点和方法对设备运动的全过程进行系统管理,把各个环节严密地组织起来,改善全过程各个环节的机能,使设备在经营中发挥最大的效能。

酒店在设备管理方面应形成一个严密的组织系统,各级领导分工明确,各负其责,上上下下紧密衔接配合,把设备管理工作纳入各级领导的职责中。

【相关链接4-4】

有关酒店高管的对设备管理的职责描述

世界十佳酒店之一的香港文华酒店对总经理、驻店经理、助理总经理的有关设备管理职责的规定如下:

总经理:执行酒店检查任务,保持和改进服务水准。每日掌握酒店前后台所有地方的清洁状况、批准预算之外的维修合同。

驻店经理:每天随时抽查客房和前厅,确保房间正常运转。重点注意设备的有效保养,尽可能控制成本,特别是使用成本,并且和总工程师联系,保证其他部门的要求得以贯彻落实。

助理总经理:不断检查酒店职工的仪容仪表和服装,提出对所有前台人员外

表的改进意见。对酒店的全面清洁负有完全责任。协调客房部和工程部工作,确保所有的房间以良好的状态供客使用。

(2)协调性

酒店的设备分布在各个部位,部门之间的密切协作和配合对搞好设备管理尤为重要。

有的酒店物资采购部门与使用部门配合不好,酒店所需要的用品和设备进不来,不合用的劣质用品却堆在仓库中用不完;有的酒店在装修和采购时盲目追求进口和高档的产品,造成日后的维修困难;有的酒店设备使用者对设备不负责任,只管用,不管维护,造成设备因使用不当的损坏。这都要求酒店内各个部门要在设备管理工作上协调一致。针对以上问题,应在采购制度中强调设备的使用者应在该设备采购前提出设备名称、牌号、生产厂家、规格型号等供采购者参考,并在采购回来后参与设备的验收。设备的使用者对设备维护所负的责任应在其岗位责任中予以明确的规定,包括如果设备被损坏后的经济责任。只有部门和部门之间协调好,设备管理的系统性才能得以实现。

【案例分析】

工程协调会

傍晚,某大酒店。

住在526房的福建客人告诉客房服务中心,淋浴装置的水量控制器不太灵活,水量不是太大便是太小,希望马上派人修理。服务中心立刻与工程部联系,接电话的是刚到酒店才五天的小张。

"这不可能,昨天金师傅刚修好526房的淋浴设备,如果仍有问题请他来解决。"小张把责任推给了比他年长10岁的金师傅。

服务中心只得把情况反映给客房部主管。小张最后还是来了,但心里不是太高兴,脸上没有笑容。

此事很快被值班的徐总知道了。近些日子也听到客房部和餐饮部埋怨设备保养和维修方面的问题,他还找过工程部姚经理谈话。姚经理则向徐总反映客房部和餐饮部个别员工操作设备不当,有些设备刚修好没过几天又来报修。工程部人手紧,有时安排不过来。另外,零件更换频繁造成工程维修费用急剧增加。

徐总获知这些情况后,请杨副总协调客房部、餐饮部和工程部3个部门之间的关系。3个部门经理聚集在总经理办公室,由杨总主持协调会。杨副总用短短的几句话点明会议目的后,客房部和餐饮部经理开诚布公地谈了本部门使用设备的实际情况以及需要工程部解决的问题。由于两位经理态度诚恳,原先部门之间存在的误会很快便消除了一大半,会议的气氛也缓和起来。工程部姚经理发言,他首先代表工程部全体员工表态:工程部的宗旨就是一切为了前台,一切为了客人,为前台解决设备方面的问题是工程部义不容辞的责任,他们一定尽最大努力解决前台的后顾之忧。这番话博得了杨副总和两个部门经理的一致好评。在充满理解的良好气氛中,姚经理又以极诚恳的语气指出,某些设备故障因使用不当所致,希望两位经理予以重视,应对本部门员工作必要的培训。

这个协调会开得很成功,三位经理互相握手,表达了密切配合的心意。会后,杨副总趁热打铁,协助三个部门制定了一系列措施,工程部将洗衣房、厨房、餐厅等使用的设备情况采用表格形式一一罗列,并提出了若干条具有较强技术操作性的建议,对于一些一时无法解决的进口配件马上与供应商联系,以求早日解决。客房和餐饮两个部门专门召开了员工会议,强调正确使用设备的意义,并组织了设备使用等相关知识的培训。该酒店的设备维修保养又进入了良性循环状态。

[案例点评]

酒店应就各部门之间的关系、信息传递与沟通制定必要的制度。其制度有两层含义:一是自上而下的指令下达和自下而上的信息传递;二是部门横向之间的协调与沟通。本例中召开的工程协调会包含了这两层内容。

首先,通过客房、餐饮和工程3个部门向总经理反映设备使用与维修保养方面的问题,这是一种纵向的工作规范,各部门经理有责任向总经理如实反映情况。

从横向来看,该酒店总经理采用协调会的形式解决部门间的矛盾,这是一种行之有效的管理手段。在酒店,任何个人或部门都不可能不借助别人或别的部门而单独完成对客服务。酒店管理者要做好下级或部门之间的协调工作。为使协调会达到预期效果,会前应先与各方有关人员交流意见,帮助解开疙瘩,并要求各方以高姿态参加会议。这正是该酒店协调会开得很成功的重要原因之一。

(3)全员性

全员性要求全体员工参加设备管理工作,这就是所谓"大设备"维护保养观念。具体地说,就是对酒店内的每一种设施设备都进行定期检查、维护保养,把每一项工作落实到每一个员工身上。酒店的每个员工都应认识到自己对酒店的设备负有责任,而不是自扫门前雪。

（4）技术性

酒店设备管理具有较强的技术性，主要表现在三个方面：管理的技术、设备的技术含量、维护修理的技术。管理的技术主要是指对设备运行管理的信息收集、统计和分析技术；设备的技术含量是指设备运行及控制中采用的先进技术的多少；维护修理技术则是指在操作维修这些设备中，维修人员需要具备、掌握的如状态监测和诊断技术、可靠性工程、摩擦磨损理论、表面工程、修复技术等专业知识技术。缺乏这三方面技术的任何一面，就无法合理地选购、操作、使用和维护设备。换句话说，需要懂技术的人才才能管好设备。

3）酒店设备管理的基本任务

酒店设备管理的基本任务，总的来说就是通过技术、经济和管理措施对酒店设备进行综合管理，做到全面规划、合理配置、择优选购、正确使用、精心维护、科学检修、适时改造和更新，使设备处于良好的技术状态，达到设备寿命周期费用最经济、综合效能最高的目的。酒店设备管理的具体任务包括以下几个方面：

（1）设备的选择和评价

根据技术上先进、经济上合理、经营上可行的原则，正确地选择和购置设备，同时进行技术、经济评价，为选择最优方案提供条件。有关部门还要掌握国内外技术发展现状和动向，有利于合理选择设备。

（2）设备的日常管理

设备的日常管理包括设备的分类、登记、编号、调拨、事故处理、报废等。

（3）设备的使用

设备的使用包括针对设备的特点，合理安排工作任务，制定有关规章制度，并用各种形式把操作工人组织到设备管理工作中来，使设备管理建立在广泛的群众基础上。

（4）设备的检查、维护保养与修理

设备的检查、维护保养与修理是目前酒店设备管理中最大的工作任务，它包括定期检查、维护保养、修理周期；编制定期检查、维护保养和修理计划及计划的组织实施；组织备品配件的供应和储存等。

（5）设备的改造和更新

设备的改造和更新包括编制设备改造与更新计划，进行设备改造和更新设备的技术经济论证，筹措更新改造资金，合理处理老设备等。

4）现代设备管理的3个典型代表

（1）美国"后勤学"派的管理观点

美国的后勤学派提出了设备寿命周期费用中不应把购置费和维修费截然分

开的新观点。

目前美国政府在购置产品、设备系统时都要求制造厂对制造成本和今后的使用、维修费用做出估算,然后以寿命周期费用作为衡量设备好坏的标准来签订合同。

设备制造单位要向用户提供技术文件、充分的维修保养措施、随时供应备件、提供设备使用和维修人员的技术培训等。

美国设备工程协会(AIPE)制定的设备工程纲领中规定,"设备工程"包括五大直接职能,即:设备的规划和设计;制造和安装;保养、修理和改装;生产运转;工厂防灾。可见,美国设备工程协会已把设备的整个寿命周期作为研究和管理的内容。

(2)英国"设备综合工程学"派的管理观点

①设备综合工程学派把寿命周期费用作为评价设备管理工作的最重要的经济指标,它追求最低的寿命周期费用。所谓寿命周期费用即设备一生的总费用。即:

$$寿命周期费用 = 原始费(购置费) + 使用费(维持费)$$

其中,原始费,指为添置某种设备所需支付的费用;使用费,指为保证设备正常使用需要定期支出的费用。

②把技术、财务、管理等各方面因素结合起来对设备进行全面研究。从工程技术方面看,高度现代化的设备正是机械、电子、化学、环保技术、安全技术等各种专门科学技术成果的产物。

从财务方面看,不仅要对设备的价格,以及制造和维修等费用进行核算,而且还要对折旧、经济寿命等进行认真的计算和比较。

从管理方面看,必须研究适合设备要求的组织、人员和制度,以及科学的管理方法。

③将管理重点放在进行设备的可靠性、维修性设计上。可靠性、维修性设计的理想极限是"无维修",无维修设计是设备综合工程学追求的目标。逐步接近"无维修"理想的具体步骤是:通过研究和设计,提高设备的可靠性,减少故障,使之易于维护保养。

④把设备的整个寿命周期作为研究和管理的对象,系统地改善各个环节的机能。从设备的研究、设计、制造、安装,一直到运行、维修,用系统的概念把各个环节紧密地组织起来,改善全过程各个环节的机能,使设备发挥最大的效能。

⑤把设备的信息反馈管理作为管理的一项重要内容。通过信息反馈,使设备的可靠性、维修性不断提高。

设备综合工程学的管理观点,摆脱了传统设备管理的局限性,突破了设备维修的旧框框,它为解决现代化设备面临的各种问题,提出了比较完整的经营思想、理论、观点和重要方法。

(3)日本"全员参加生产维修制"的管理观点

日本的全员参加生产维修制是在学习美国预防维修的基础上,吸收英国设备综合工程学派的观点,结合本国管理传统,逐步创造发展起来的设备管理和维修制度。它的观点是:

①把提高设备的综合效率作为目标;

②建立以设备一生为对象的生产维修总系统;

③涉及到设备的规划研究、使用、维修等部门;

④从企业最高领导人到第一线操作工人都要参加设备管理;

⑤加强生产维修保养思想教育,开展以小组为单位的生产维修目标管理活动。

它的中心思想是"三全",即:全系统、全效率和全员参加。全系统是指以设备一生为对象进行系统研究和管理,并采取相应的生产维修方式;在规划研究时采取系统分析;在设计制造时采取维修预防、改善维修和事后维修。全效率,也叫设备的综合效率,指用最少的资金、设备、材料和最优的管理方法,做到产量高、质量好、成本低、按期交货、安全无公害以及操作人员劳动情绪饱满。全员参加,指凡是涉及设备的各方面有关人员,从经理到员工都要参加设备管理。全员参加生产维修制,目前已成为具有代表性的一种现代设备管理制度。

以上三种典型的设备管理观点,无论哪一种,其目的都是为了追求寿命周期费用的最优化。后勤学的管理范围最广,不仅对设备,而且谋求降低包括产品、系统、程序的寿命周期费用;设备综合工程学的管理观点虽然只针对设备,但涉及从制造到设备维修的全过程;全员参加生产维修制则是以主动积极的态度进行设备的保养和维修的管理方法。美国的后勤学和英国的设备综合工程学侧重对管理的理论研究,注重宏观设备管理。日本的全员参加生产维修制则是加强并改善企业内部的微观设备管理方法。

5)我国酒店设备管理存在的主要问题

(1)有的酒店领导对设备管理工作的重要性认识不足

酒店领导往往比较重视总台、客房、餐厅等直接创造利润的部门,平时很少过问工程部的工作,往往在出了事故时才想到要批评工程部。在人员配备上,有些酒店把不适合在前台工作的员工,放到工程部。还有的酒店在安排办公用房等问题上表现出明显的不重视工程部门的倾向。

（2）员工缺乏基本知识，酒店设备损耗率高

酒店员工上岗培训的内容，主要是摆台、做床等餐厅和客房服务技能，缺乏对设备的管理知识，而每一个员工每天都要和设备相遇，无意中损坏设备的很多。如服务员缺乏使用吸尘器的常识，有的把玻璃碎片吸进去了，造成吸尘器故障；有的用刀子挖地毯上的口香糖，损坏了地毯；有的用去污粉清洁浴盆，使浴盆表面失去光泽；有的不向客人介绍客房内设备的使用方法，致使客人损坏设备等。

（3）部门之间缺乏相互协调，使设备管理难上加难

酒店设备的管理工作涉及酒店的每一个部门，每个员工都应有责任保养好各自使用的设备。但有的员工认为设备坏了要修理是工程部的事，使用者只管用着方便就行。如有家酒店的餐厅下水道常常被碎碗、馒头、筷子等什物堵住，水暖工人掏通后，过几天又堵住了，换上脸盆粗的陶瓷管子才算解决问题，这实际上一种将错就错的解决办法，纯粹出于无奈。

（4）客人使用不当，造成设备损坏

有些客人初次入住酒店，不会使用酒店的设备。如空调的开关、卫生间的单手柄水龙头常被掰坏，卫生间坐便盖被砸坏。甚至有的客人还把烟头熄灭在壁纸和地毯上，使设备寿命大大缩短。

（5）缺乏备件和相关资料，使维修困难

多数酒店的全套设备是进口的，但酒店的筹建者没有保存引进设备的资料和备件，一旦进口设备出了问题，因一无图纸，二无备件，维修就很困难。有的酒店就因为坐便盆盖的螺丝钉掉下来了，服务员打扫卫生时顺手就扔了，想配上，很困难，只能将此客房打入维修房不能使用，经济上损失很大。

（6）设备维护技术力量薄弱

现代化酒店的经营者应该是个全才，而相应的后勤队伍也应能适应维护高科技设备的要求。但有的酒店仅靠几个电工、木工、水暖工维持修理的情况很普遍，就连设备功能的开发和使用也很困难。

基于以上种种原因，设备管理成了各个酒店最为严重的问题，也是最急于解决的问题。这也是我们力主研究酒店设备管理问题的原因之一。

4.2.2　酒店设备的选择与运行

1）酒店设备的选择

酒店在选择设备时应考虑设备的技术是否先进，经济是否合理。具体考虑

以下因素：

（1）实际需要

首先要看该设备是否能改进产品质量、控制数量或降低成本并节约操作时间，如购买洗碗机时，就要考虑到它是否能节约劳动力成本或减轻劳动强度。

（2）费用

包括①买价；②安装费用；③修理、折旧和保险费用；④筹款费用；⑤经营成本；⑥创造的价值与损失的价值之比较。

（3）性能

主要看设备的各种性能指标能否达到酒店的要求，同时看这种性能能维持多长时间，性能和成本是否成正比。关于设备的性能可以这样考查：一是如有可能应该看一下机器实际做工时的情况；二是争取试用后再购买；三是多方了解用过该设备的用户的体会。

（4）特色

酒店要靠设备吸引客人，购置设备就应有独特之处，既方便客人，又使酒店的格调高雅。如天津凯悦饭店的门环就有别于其他酒店的门铃，它是呈奖杯型，上面装有门镜，并有金属环，敲门时，轻轻地叩一下金属环即可。又如烟台毓璜顶宾馆豪华套房的卫生间内采用三面镜子，互相反射，给人以看不到头的感觉。

（5）安全

主要看设备是否有防止事故发生的各种装置，如自动报警、自动断电、自动停车等装置。

（6）成套

由于酒店的设备种类多，因而在购置设备时要考虑设备的相互配套。①单项配套，是指某一用途的设备自身要配套。如酒吧吧台与酒吧设施配套、家具配套、卫生洁具配套、舞厅灯光音响配套、洗衣房设备配套等。②设备间相互配套，主要是指能源动力、供应设备、使用设备的相互配套。如客人使用的一些设备要求电源和各电源插座配套，冷冻水供应量和输送管道、空调用量相一致。③外观配套。设备的外观、风格、色彩、体积、造型都要与酒店的建筑风格、等级相一致，相互协调、相互衬托。

（7）使用方便

由于酒店人员流动性大。酒店的设备，尤其是供客人使用的设备应不需要什么知识和复杂的记忆，易于使用，同时易于修理。

（8）节能和环保

目前我国正大力提倡创建节能环保型酒店。节能是指设备利于能源充分利

用,工作效率高而能源消耗量低,是否节能已经成为衡量设备的一个重要因素。设备选择还要注意环保,环保的要求是要减少噪声、废气、污水、烟尘等的排放。对有污染的设备,要注意污染的程度,其污染程度越小越好,绝不能超过环保部门所规定的各项控制指标,这些设备应附带消声、隔音装置或备有污染处理配套设备。

(9)自动化控制

现代酒店绝大多数使用计算机进行管理。在购置设备时要看是否有计算机控制的接口,并为酒店向客人提供个性化的服务打下坚实的物质基础。如青岛海景花园大酒店,当客人打开电视机时,屏幕上就会出现"欢迎×××先生/女士入住青岛海景花园大酒店"的字样,让客人倍感惊奇和欣慰。

2)酒店设备的运行

酒店设备在大部分时间都处于运行状态之中,正常的运行不仅能延长设备的使用寿命,提供设备使用率,还能保证酒店的等级水平和服务质量。酒店设备运行的主要内容有:

(1)制定酒店设备使用保养规程

①由工程部对酒店各种设备制定使用操作规程和保养规程。规程要针对不同设备的用途、性能、操作要求、保养要求制定;要详细具体,简单实用。

②建立岗位责任制。本着谁使用、谁管理、谁负责的原则,定机、定人、定岗位,做到使用、维护、保管全面负责,把设备使用操作、保养规程落实到每个班组和个人。要做好设备运行记录和值班运行记录,如表4.9所示。对关键设备如锅炉、中央空调、供电、电梯、消防设备做好运行记录,做好交接班手续,以便相互监督、明确责任。

表4.9 值班运行记录

值班运行记录

年 月 日	星期	天气
交班负责人	值班员	
接班负责人	值班员	
运行记事:		

领导审阅:

（2）考核检查

设备使用操作、保养规程及岗位责任制的建立只是为合理使用设备奠定了良好的基础。要保证制度和规程的实施，还要建立设备设施和作业的检查制度。一是对各种设备保养情况进行考核检查，其主要指标有：设备能力利用、设备生产产量、设备状况、设备保养、运转正常程度、设备完好率等各项专业指标；二是对设备作业情况进行考核检查，考核有无违反操作规程的情况。考查主要由各级管理人员定期进行，考查结果要做认真详细的记录，作为对员工进行奖惩的依据。

（3）配备合格的操作人员

设备要靠人来操作使用。设备的操作人员应经过专业培训，懂得所操作设备的性能、特点、结构和使用方法，懂得操作规程和保养规程，并经过考核，持证上岗。同时要求操作人员有较强的责任心，能努力工作，能动脑筋想办法，遵守"五项纪律"，保证设备安全运行，不出事故。

【相关链接 4-5】

设备操作人员应遵守的"五项纪律"

1. 凭操作资格证使用设备，遵守设备操作规程；

2. 经常保持设备清洁，按时加润滑油；

3. 遵守交接班制度；

4. 管好工具附件，不得遗失；

5. 发现故障及时停车，本人如不能处理应立即通知检查。

（4）充分合理地使用设备

根据设备性能、精度、使用范围和工作条件，合理地安排设备的工作负荷。

①设备不要闲置。工程部对设备购置要有计划和时间安排。设备一经定购就要尽快进店安装，投入到整个酒店运行中去，设备安装调试完毕，应立即投入使用。

②设备的使用要充分，尽可能达到设计能力，特别是客用设备。酒店设备的充分利用有赖于酒店的推销工作，同时应尽量保证客用设备处于完好状态。

③设备要充分利用，但不能超负荷、超工时、超维修保养期使用。工程部要和使用部门配合，杜绝对设备的疲劳运行和摧残性使用，一般要求设备的使用率不超过 90%。

4.2.3　酒店设备的维修与保养

1)酒店设备的维修

(1)酒店设备的维修分类

酒店设备的维修主要分为计划内维修和计划外维修两大类,如图4.5所示。

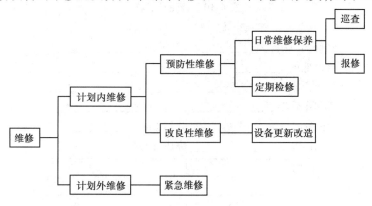

图4.5　设备维修分类示意图

①计划内维修是工程部管理的重点。加强计划内维修可以延长设备的使用寿命,也可以使设备正常运转,从而避免重大事故的发出,还可以改善和提高酒店的形象。它可分为预防性维修和改良性维修两种。

预防性维修是按计划对设备进行定期的保养和检修,以防止设备发生可能的故障和损坏。日常的维护保养工作首先是建立正常的巡查制度,保证设备管线无"跑、冒、滴、漏"现象,要求操作人员按照"清洁、安全、整齐、润滑、防腐"十字作业法进行维护保养。有效的报修制度随时对客人、服务人员、部门反馈回来的设备待修情况作出反应,及时安排设备维修工作。酒店对一些关键设备,如锅炉、空调系统、电梯、动力机械要定期检修。中修和大修应与相关部门事先协调,报总经理批准后实施。

改良性维修是指对设备进行更新改造,往往在酒店部门停业或全面停业的情况下进行。因而事先应制定详尽的改造方案,进行技术经济比较后作出正确决策,并加快工程进度。

②计划外维修是指设备由于外来因素发生意外事故或损坏时的紧急维修。意外事故会给酒店经营带来很大损失,工程部除了制定应急预案和预备材料外,更应加强对设备的计划内维修和保养,以尽量减少设备意外事故和损坏的发生。

（2）酒店设备的日常维修方法

酒店内最常见的维修是设备的小修。客用设备的维修主要采用服务员和工程部的检查与客人报修相结合的方法,实行日常维修订单制度。"订单"是维修工作的关键环节。订单的来源有三种,一是检查人员检查设备填写的维修订单;二是各使用部门填写的维修订单;三是客人填写的维修订单。维修订单也称请修单,一式三份,如表4.10所示,第一联自留,二、三联送酒店的指定地点或维修部门。

表4.10 请修单式样

请 修 单 No.03258

请修部门:＿＿＿＿＿＿ 日期:＿＿＿＿＿＿

维修地点:＿＿＿＿＿＿＿＿＿＿＿＿

维修内容:＿＿＿＿＿＿＿＿＿＿＿＿

部门主管签字:＿＿＿＿＿＿＿＿＿＿

委派:＿＿＿＿＿＿ 计划工时:＿＿＿＿＿

实用工时:＿＿＿＿＿ 完成日期:＿＿＿＿＿

维修用料	数 量	价 格	小 计
总 计			

维修人员签字:＿＿＿＿＿＿＿＿＿＿＿＿

请修部门验收签字:＿＿＿＿＿＿＿＿＿

备注:＿＿＿＿＿＿＿＿＿＿＿＿

维修部门接到请修单后,按工种派工。维修人员持第二联前往维修,第三联维修部门留存备查;维修完成后,由报修部门验收签字;维修人员返回维修部门,将已完成的请修单交回主管人员,如修理未完成,应将原因填在请修单的备注栏中,并口头说明情况;维修部门按期将请修单汇集在一起,按酒店要求做出维修所用工时、材料、费用统计。

（3）酒店设备的维修制度

酒店建立设备维修制度是为了保证维修工作的质量,主要包括以下内容:

①设备报修制度。酒店除了工程部掌握使用的设备外,还有许多设备置于服务现场,属客用设备,故很难及时检查设备的运行情况。为此,酒店必须建立切实可行的设备报修制度。有的酒店专门成立了"客房万能工制度",加强对客用设备的日常检查,发现异常情况,及时报工程部维修。

②维修速度和质量的规定。维修速度主要表现在两个方面,一是指报修到

维修人员到达现场的时间;二是指维修人员到达现场到排除故障、修复设备的时间。维修质量主要是指维修人员应按酒店要求使设备恢复到正常的运行水平。

③维修情况的报告制度。维修情况的报告,是根据维修的程度向上作逐级汇报。至于影响正常营业的维修,或不能修复设备的情况,必须逐级报告总经理,经批准后实施,并通报相关部门;修复和更新设备后同样要报告总经理和相关部门。

【案例分析】
万能工背后的"钦差大臣"

过去,某酒店的员工认为当质检员最开心,他们好像是古时封建社会的钦差大臣,到处找问题,成了只动口不动手的特殊人物。经过相当长的时期后,员工才慢慢认识到,质检员的工作不仅不轻松,而且十分艰巨。他们有时的确很严,严得不给人情面,但他们为的是整个酒店的利益,其中也包括了员工的切身利益。

动力部的质检员主要负责整个酒店设备设施的质量检查,对维持整个酒店的硬件水平发挥着重要作用。

某天上午,动力部的质检员小彭还在一个房间一个房间的检查。根据该酒店动力部新出台的制度,质检员每天须检查客房万能工所检修的 6 个房间、384 个项目和公共区域、前厅以及 3 个餐厅的设备,因此,作为"钦差大臣"的小彭不可能只坐在办公室读维修报告。这只是他繁忙工作的一个方面。从另一面来讲,他并非是那种蜻蜓点水式地到几个房间转悠一番就回到办公室的质检员。有些问题在别人眼里可能算不了什么,总可借口说设备陈旧、设施老化等理由解释一通,但在小彭眼里却不是这样,哪怕是一个最不起眼的小问题都无异于战场上冲锋陷阵的命令。当他检查到 306 房时,发现卫生间恭桶旁地面有积水。他把楼层服务员请来一问,了解到这个问题以前处理过多次,但始终没有解决好。小彭仔细观察了水箱及恭桶底部周围一切可能漏水的地方,终于查出是由于水箱开关密封不严所致。小彭立即通知本区的客房万能工,这个老大难问题当天便顺利解决。就在万能工修理 306 房的水箱时,小彭又在下一个房间检查万能工另外 65 项工作的维修情况了。

[案例点评]

该酒店的客房万能工制度贯彻得很好。由于"一专多能",工程部设的工作岗位相应减少了,推诿的现象也不多见了。该酒店为了进一步推行客房万能工制度,又公布了万能工管理条例,其中一条就是建立质量检查员检查万能工的检修情况,这便从根本上确保了全店客用设备的正常运行。

该酒店动力部的质检员小彭不仅工作认真仔细,日复一日地检查客房万能工检修的数以百计的项目,而且还协助万能工寻找问题的根源,这就比人们通常所理解的"钦差大臣"的内涵要广泛。他不仅动口也动手,他不是站在万能工的对立面,专从"鸡蛋里挑骨头",而是与万能工站在"同一条战壕",为提高酒店硬件水平携手合作,共同努力。这是酒店所有的质检员都应争取做到的。

2)酒店设备的保养

酒店中的设备绝大部分需要维护保养,以追加劳动的形式来保持设备的完好、提高设备效能。酒店必须针对不同设备的结构、性能和技术要求,建立设备保养制度。设备的维修和设备保养是相辅相成的,维修是在保养的基础上进行的,设备管理人员应牢固树立"保养重于维修"的观念。酒店的设备管理一般采用三级保养制度。三级保养制度是指设备的日常维护保养、一级保养和二级保养。

(1)日常保养

①保养内容:清洁、润滑、紧固易松动的螺丝,检查零部件是否完整。日常保养的部位较少,大部分在设备的外部;

②保养人员:操作人员;

③保养时间:每天例行保养;

④保养的具体工作:检查设备的操纵机构、变速机构及安全防护、保险装置是否灵敏可靠;检查设备的润滑情况,并定时、定点加注定质、定量的润滑油;检查设备容易松动、脱离的部位是否正常,附件、工具是否齐全;检查设备腐蚀、砸碰、拉伤和漏油、漏气和漏电等情况;搞好清洁卫生。

(2)一级保养

①保养内容:对设备进行普遍的扭紧、清洁、润滑,并做部分调整;

②保养人员:以操作人员为主,维修人员为辅;

③保养时间:一般在每月或设备连续运行 500 小时后保养一次,停机 8 小时;

④保养的具体工作:根据设备使用情况,对部分零件进行清洗;对设备的某些配合间隙进行适当调整;清除设备表面黄袍、油污,检查调整润滑油路,保证畅通不泄漏;清扫电器箱、电动机、电器装置,做到固定整齐、安全防护装置牢靠;清洗附件和冷却装置。

（3）二级保养

①保养内容：对设备进行内部清洁、润滑、局部解体检查修理；

表4.11 设备保养记录卡

设 备 保 养 记 录 卡

No.0023619

单位：　　　　　　保养级别：　　　　　　日期：

设备编号	设备名称	型号规格	保　养	停　车	钳　工	电　工
			定　额			
			实　际			
保养内容				专业负责人：		
提请下次保养解决的问题						
验收意见						
			专业负责人：　　　　　日期：			
			工程部经理：　　　　　日期：			

②保养人员：以维修人员为主,操作人员为辅；

③保养时间：一般是一年进行一次或设备累计运行2 500小时后进行一次二级保养,停机时间为32小时。二级保养也叫年保。

④保养的具体工作：根据设备使用情况对设备进行部分解体检查和维修；对各种传动箱、液压箱、冷却箱清洗换油,油质和油量要符合要求,保证正常润滑；

修复和更换易损部件;检修电器箱、电动机、整修线路;检查、调整、恢复精度和校正水平。

每一次保养之后(不含日常保养)要填写设备保养记录卡,如表4.11所示,并将此表装入设备档案中。

本章小结

本章主要介绍了酒店物资管理的基本内容,包括酒店物资用品的分类、物资消耗、储备定额的确定,如何进行库存决策和仓储管理的方法,以及酒店设备管理的基本要求和任务,现代设备管理的三个典型代表及其主要存在的问题,设备是如何选择、运行的,如何加强对酒店设备的维修与保养,为酒店经营管理者提供了一些经验和思路。

思考练习

1.什么是酒店的物资管理?

2.什么是经济储备定额,如何计算?

3.简述酒店物资仓储的管理方法。

4.选择设备应考虑哪些因素?

5.简述酒店的设备是如何运行的?

6.简述酒店设备的维修制度。

7.如何对酒店的设备进行维护保养?

教学实践

1. 到当地一家高星级酒店参观,了解该酒店为客人提供的物资设备有哪些新的发展趋势?

2. 到当地一家高星级酒店考察,了解该酒店物资设备管理的制度要求,试对该制度的有效性进行评价。

【案例分析】

试从管理角度来分析下面案例存在的问题。

一起电梯"关人"事件

傍晚时分,日本客人山本次郎乘车回到下榻的上海某酒店,这是他在上海旅行的最后一天。美丽的上海给他留下了深刻的印象,然而几天的旅行也使他感到几分疲惫。在回酒店的车上,他就想好回房后痛痛快快地洗个澡,再美美地品尝一顿中国的佳肴,为他在上海的旅行画上一个圆满的句号。

山本兴冲冲地乘上酒店的3号电梯回房。同往常一样,他按了标有30层的键,电梯迅速上升。当电梯运行到一半时,突然发生故障,停在15/F处不动了。山本一愣,他再按30键,没反应,按开门键,还是没反应,山本被"关"在电梯里了。无奈,山本只得按警铃求助。1分钟、2分钟……10分钟过去了,电梯仍然一动不动。山本有些不耐烦了,再按警铃,仍没得到任何回答,感到无助的山本显得十分紧张,先前的兴致全没了,疲劳感和饥饿感袭来,继而又都转化为怒气。大概又过了10多分钟,电梯动了一下,门在15/F打开了,山本走了出来。这时的山本心中十分不满,在被关的20多分钟里,没有得到店方的任何解释和安慰,出了电梯又无人应接,山本此时有一股怒气,他就乘电梯下楼直奔大堂,向大堂副理处投诉。

其实,当电梯发生故障后,酒店工程部很快采取了抢修措施,一刻也不敢怠慢。电梯值班人员小孟得知客人被"关"后,放下刚刚端起的饭碗,马上跑到楼顶电梯机房排除故障,但电梯控制闸失灵,无法操作。小孟赶忙将电梯控制闸从"自动状态"转换到"手动状态",自己就赶到15/F。拉开外门一看,发现电梯却停在15/F~16/F,内门无法打开。为了让客人尽快出来,小孟带上工具,爬到电梯轿厢顶上,用手动操作将故障电梯迫降到位,终于将门打开,放出客人。

从发生故障到客人走出电梯共计23分钟。23分钟对维修人员来说,可能是尽了他的全力,以最快的速度排除故障所需的最短时间,而对客人来说,这23分钟则是恐慌而漫长的。

【案例分析】

2 000多只节能灯

被国家旅游局评为全国百优旅游饭店之一的某酒店,随着酒店管理和服务水平的提高,经营状况也显现出一派蒸蒸日上的气象,大酒店海总经理却没有因此陶醉,他正在绞尽脑汁研究另一个课题——进一步节支问题。

早先酒店 200 间客房的浴室统统使用的是普通日光灯,功率 40 瓦。后来有人反映,市场上正供应一种荷兰进口的飞利浦高显色性细管径日光灯,每支功率仅为 36 瓦。工程部经过一番计算,平均每天按 12 小时照明计,200 间浴室的日光灯每年可节电 3.52 万度电左右,如果把公共区域的日光灯也用飞利浦替代的话,一年可以节电 10.55 万度电,三年便可节约电费 12.6 万元。

这份报告送到海总手里,海总十分欣赏,但他对进口日光灯管的使用寿命和光通量不太清楚,如果飞利浦的亮度不够,势必影响酒店服务质量,这样的节支是不可取的;另外,如果使用寿命不如普通灯,这条建议的可采纳性也会降低。于是海总责成工程部对这两点进行调查。当天下午海总便收到了另一份报告,称飞利浦的使用寿命为 6 000 小时,比普通灯管长 1 000 小时,而光通量为 3 350 流明,超过普通灯管 1 000 流明左右。有了这两个数据,海总当即批复同意。

酒店初尝节电甜头,全店上下甚为振奋。1 年后,海总指示进一步展开节支活动,先从能源降耗着手,成立节能降耗领导小组,由工程部经理任组长,设立节能专职人员。领导小组相当活跃,首先调查店内所有照明系统,接着去商场了解各种品牌的节能灯,经过反复核算比较,最后决定花 7 万多元购买不同规格的新型节能灯 2 000 多只,在不同的区域使用,使能耗大幅度降低。这样,光 200 间客房每年便可节约电费 2.7 万,同时还提高了照明度,延长了灯管的使用寿命,光线比普通白炽灯柔和。海总算了一笔总账,节约下来的电费和其他费用每月可达 1 万多元,半年便可收回 7 万多元的投资。

[案例点评]

节能降耗在各酒店都大有潜力可挖。酒店的大堂、客房走廊、消防楼梯等公共区域的照明设备都是昼夜 24 小时运行,几百间客房,每间有七八只灯,酒店每天的耗电量极大。

节能通常从以下两个方面着手:

第一、教育全店员工重视节流,培养他们的节能意识,减少无谓的浪费。国外有些专家在权威刊物上经常撰文讨论节能,可见这不是小问题。同时要鼓励酒店员工为节能出谋划策,领导应奖励那些肯积极出点子的员工,一旦采纳,应予以重奖。

第二、用节能产品替代一般产品。酒店是用电大户,每盏灯如都能节电 1 度,整个酒店的节约量就非常可观了,所以节能还得从小处着眼。

当然,酒店的经营宗旨是"宾客至上",一切节能措施都不能以降低服务质量为代价。正如本例中酒店海总考虑的那样,如果节能灯的亮度不够,影响服务质量,这样的节支是绝对不可取的。

酒店安全管理

【本章导读】

本章概述了酒店安全的基本概念和酒店安全管理的重要性、发展概况,通过本章学习,使读者了解酒店安全管理的主要内容、酒店各部门的安全管理工作以及酒店主要保安设施的类型,熟悉酒店消防管理制度,了解酒店消防系统。

【关键词汇】

酒店安全　安全责任　预防为主　日常保安　保安设施　消防系统　火灾防范　紧急事故

【案例导入】

凯迪克大酒店起火案:遇难香港少女父母索赔近 700 万

2005 年 12 月 1 日,"北京凯迪克大酒店起火致死案"在北京市第二中级人民法院首次开庭审理。两名遇难香港少女的父母按香港标准向凯迪克大酒店和两名火灾责任人索赔 692.7 万元人民币。

2002 年 7 月 13 日深夜,原告蔡先生的女儿芷欣和刘先生的女儿凯儿,跟随香港中保国际旅游公司举办的北京大学普通话 15 天游学团来到北京。到了北京后,他们被安排在凯迪克大酒店的同一个房间。当晚,因住在隔壁房间的两名香港男孩玩火柴,引发大火。大火被扑灭后,小芷欣和小凯儿被发现已经死亡。同时另一间房内的韩国女孩也在送往医院后死亡。北京市消防局经过调查认定,两名玩火的香港男孩是火灾直接责任人,凯迪克大酒店因消防设施不符合防火规范,对火灾负间接责任。

为此,两名香港女孩的父母在 2003 年 6 月将凯迪克大酒店和两名香港男孩推上法庭,后在 2004 年 5 月撤诉。在 2005 年 5 月 1 日最高法发布了"审理人身损害赔偿案件司法解释"后,两名香港女孩父母再次提起诉讼。根据该司法解释,他们在索赔时可按照香港的生活水平来计算,而在 2003 年,他们只能按照火灾发生地即北京的生活水平来索赔,其数额不会很多。为此,他们共提出了总计

692.7 万元的赔偿要求,其中 100 万元是只针对凯迪克大酒店提出的惩罚性赔偿。

2005 年 11 月 30 日下午,被烧死的韩国少女家属向凯迪克大酒店索赔 221 万元案也在北京市第二中级人民法院再次开庭。

5.1　酒店安全管理概述

5.1.1　酒店安全管理的重要性

随着我国改革开放的不断深入,经济持续地发展,人们更加注重生活质量的提高。每个住店的中外客人及来酒店消费的客人对安全都是极其关注的,安全是客人的基本生理需求,因此酒店要充分认识到酒店安全管理的重要性。"客人是酒店的衣食父母",保证客人人身及财产安全是酒店基本的职能之一。酒店业是一种服务性行业,酒店的主要产品是其热情好客的形象。如果不能有效地保证客人安全或安全措施不周都会有损酒店客人的利益,影响酒店的声誉,最终使酒店无法获得稳定的客源。

酒店安全管理有四层含义:一是保护客人人身及财产的安全;二是保护酒店财产的安全;三是酒店产品的安全;四是员工在生产和服务过程中的安全操作。本章主要论述一、二层含义的内容。酒店安全管理应以预防为主,而不是在发生伤害客人人身、财产事件之后的事后处理。因为细节决定成败,酒店安全管理在任何时候都应以预防为主。预防工作做好了,可以减少很多事故,减少很多处理事故所带来的麻烦和损失,从而降低营业成本,这对企业是十分必要的,所以必须注重细节消除一切隐患。

5.1.2　酒店安全部的任务

酒店安全部的主要任务有以下 3 方面的工作:

(1)经常开展安全和法制教育,不断提高职工对酒店安全保卫工作的认识;

(2)逐步健全安全防范管理制度,积极推行安全保卫岗位责任制。

酒店的安全制度有:门卫制度、巡逻制度、客人住宿验证登记制度、房门钥匙管理制度、总台安全防范制度、财物保管制度、防火安全制度、访客制度、情况报告制度、通缉协查核对制度、要害部位保安制度、员工更衣箱检查制度、临时工作人员管理制度、交接班制度等。

实行安全保卫岗位责任制的做法是：

①确立酒店的安全目标体系。

②经过逐级承包、专业承包、专项承包等形式，把各项安全保卫工作目标落实到各级领导和每个职工身上，使大家明确自己的任务和应负的责任。

③通过考核把各自完成的工作情况同奖惩结合起来。

（3）加强酒店内部的治安管理，维护内部治安秩序。主要包括：

①加强对酒店及下属业务部门的开业、客人登记及舞厅、KTV、音乐茶座的管理。

②加强对酒吧、咖啡厅、商场、康乐中心等公共场所的治安管理，维护内部治安秩序。

③加强对危险物品的管理。

④对员工中的轻微违法行为进行教育，严肃查处各种治安案件。

⑤配合有关部门做好消防、交通管理，防止火灾及其他灾害事故的发生。

⑥协助公安机关查处治安案件和侦破一般刑事案件。

⑦协助公安机关查处破坏性事故和治安灾害事故。

⑧确保酒店的重点和要害部位的安全。

⑨保障宾客的人身财产安全和心理上的安全感。

酒店安全部在执行上述任务的同时要处理好安全工作与日常营业的关系，结合酒店的实际，做到"内紧外松"，"宾客至上"，"安全第一"，"预防为主"，避免造成紧张空气，影响宾客情绪，从而干扰正常的营业氛围。

5.1.3　酒店的日常保安工作

酒店日常保安是安全部工作的重要内容，它占用人力、物力最多，工作面广，情况也复杂多变，应引起高度重视。

1）昼夜巡逻

以巡逻形式在酒店范围内进行安全检查，是日常保卫工作的内容之一。由于现代化酒店的活动面广，员工班次交叉不一，人员和财物的流量很大，这给保安工作带来很大的难度。采取昼夜流动巡检，可以弥补固定岗位的不足，在更大范围内防范可能发生的问题。

保安人员应根据酒店的具体情况，在不同的时间、针对不同的场所或部位，

有所侧重地进行巡检,特别要注意那些容易发生问题的场所或部位的安全情况。如宾客离店集中、行李运送频繁的早晨,公共娱乐场所集中开放、参加人员复杂的时候,夜深人静时的机房、厨房、仓库、银箱、商场等重地,都是巡检的重点。

2)公共场所的保安

酒店的公共场所是指茶座、舞厅、酒吧、咖啡厅和康乐设施等部位。对茶座、舞厅等公共场所的保卫,应贯彻公共部门的治安条例。

(1)安全部对公共场所的检查督促内容有:

①建筑物和各项设施的坚固安全和出入道口的畅通。

②消防设备的齐全有效、放置得当。

③在夜间营业时,必须有足够的照明设备和突然停电时的应急措施。

④核定宾客人员的容量,不准超员售票。

(2)督促公共场所治安员维持治安秩序,定期研究情况,做好预防工作。

(3)尽可能将公共场所与客房区、工作区划分开来。防止公共场所客人进入客房区和工作区,确保公共场所秩序井然。

3)客房区域的保安

这主要依靠客房部门从会客、客房钥匙管理和行李保管等管理制度上,切实贯彻楼面治安防范的措施。保卫部门的内务巡检员在各楼面巡检时,除了直接发现各种问题及事故隐患外,还要加强与客房部人员的协作,并收集有关情况,督促各项制度和措施的落实。

(1)协助客房部门从防火、防盗、防破坏、防事故出发开展工作,确保客房安全。

(2)协助客房部将上述内容纳入岗位责任制,并与奖惩制度相联系。

(3)加强对新员工进行有关遵纪守法和职业道德的教育。

(4)配合楼层巡检,设置安全监视设备,确保楼层安全。

4)重要宾客的保卫工作

这类保安工作通常由公安警卫部门负责,但酒店保安部门必须积极配合,做到万无一失。

(1)配合有关部门,认真审查酒店的接待人员、服务人员,严防在政治、经济、生活、生理等方面有严重问题或缺陷的人参与。对符合条件的人员,应开列名单和工作情况表,报送警卫部门备查,并对这些人员进行安全、保卫、外事、纪律等方面的教育。

(2)搞好重要宾客住房和活动线路的安全检查:

①打扫整理完的客房,安全部应派人进行安全检查,确认合格后,才移交警卫部门负责;

②巡查重要宾客将行经的路线,把有危险嫌疑(可能伤害贵宾或可能捣乱)的人物临时调开;

③检查清理停车场、电梯、进出口,使之安全畅通,或临时改为专用,并派人员看管。

(3)检查住房和活动路线上各类设备的安全,必要时增配备用设备。

(4)协助安全部门调查掌握敌对国、敌对势力或国内、国际恐怖组织人员的行踪、动向,以防不测。

(5)对重要宾客在住店期间所发生的任何安全问题,应组织力量认真清查,及时处理。

5)一般失窃案的处理

酒店安全部经常会接到各种类型的失窃报案。受理各种失窃案件的调查,是酒店保卫部门的经常性工作。保安人员必须十分注意依法办案。只有依法办事,才能打击真正的罪犯,维护客人的利益。

6)一般违反治安条例案的处罚

要维护酒店的公共秩序,必须运用法律的手段。按《治安管理处罚条例》处理那些违反《条例》者。要根据其违例的情节、认识和公安机关所授予保安部的职权,对当事人的陈述做好笔录存档,给予口头警告或报送公安机关处理。

7)对黑恶势力的处理策略

随着我国改革开放的不断深入,经济持续地发展,人民收入也大幅地增加,旅游、休闲消费能力不断提高,旅游业得到了空前地发展。酒店的经营项目也不断增多,吸引了众多的中外旅游者及商务客人的消费,酒店经营收入由此大幅提高,因此也吸引了黑恶势力的觊觎。他们有的蠢蠢欲动;有的涉及黄、赌、毒;有的寻衅滋事;有的巧取豪夺。对此酒店经营者必须予以高度重视,对他们的无理要求及威胁必须给予坚决抵制,敢于与他们作斗争,必要时果断地报警,协助政法机关对他们进行打击。同时要注意策略,切不可忍让,以免他们得寸进尺。酒店保安部要对寻衅滋事者作记录,并通报酒店全体员工,提醒员工在工作中要多加留意、高度警惕,以避免被黑恶势力所伤害,要坚信在法制社会里"邪不胜正"。

【相关链接 5-1】

失窃事故的处理方法

客人在住店期间财物丢失、被盗或被骗后,直接向当地公安机关报告,称为报案。如未向公安机关报案,而向酒店反映丢失情况,称为报失。无论是报案还是报失,酒店有关部门领导和工作人员均应积极协助客人或公安机关调查失窃原因,寻找线索,尽快破案。

在客房内丢失物品时,客人常常先向客房部报失,因此客房部在事故处理中承担大量工作。

(1)报失的处理

①服务员接到报失后,应立即报告客房部经理,由经理和大堂副理及保安部取得联系,共同处理。

②认真听取客人对丢失物品的详细说明并做好记录。

③到现场帮助客人回忆丢失物品的前后经过,有无放错地方等,分析是否确实丢失。

④征得客人同意后,在客人的陪同下,服务员和保安员共同帮助查找,对现场做一次彻底检查。如物品找到应将结果记录备案。

⑤如果调查显示客人财物确系被盗或被骗,要立即向总经理汇报,并由保安人员保护好现场。经总经理同意后向公安机关报案。

⑥做好盗窃案件发案、查访过程及破获结果的材料整理和档案工作。

(2)报失后的注意事项

①客人报失后,服务员只能听取客人反映情况,不得做任何猜测或结论性的判断,以免给以后的处理带来麻烦和困难。

②服务员个人不得擅自进房查找,避免产生不必要的后果。

③客人报失后,进过该客房的员工要受到询问。在此过程中员工应采取积极协助的态度,决不能有意隐瞒自己的失职行为。

5.2　酒店的保安设施

为保证客人和酒店的财产安全,酒店管理人员必须认真考虑保安人员、保安程序及设备的可靠性和有效性。酒店应配备必要的保安设施,明确各部门在保证客人安全等方面的责任。

5.2.1 酒店的保安设施介绍

酒店使用何种安全设备及配置多少由酒店决策者确定。设备从最简单的门窗插销到最复杂的报警系统,其繁简程度差异很大。以下从人身安全与环境控制、监视、通信系统、报警系统、客房安全等方面分别进行论述。

1）人身安全与环境控制

酒店客人需要有效的环境安全设施,以减少他们遭受损害的机会。影响人身安全的环境因素包括建筑物、场地、布局、设计、照明、围墙、大门等。

（1）环境情况

①栅栏是否有助于饭店的保卫工作;

②如果已有栅栏,它是否够高、足以防止坏人攀越,或已装有铁丝网;

③垃圾箱、焚烧炉等可以用来帮助攀越栅栏的物品是否置放于远离栅栏处;

④大门是否坚固、维修良好;

⑤在接待宾客的场所是否有必须转移的易燃品;

⑥垃圾是否经常清理;

⑦在饭店区内照明情况是否良好。

（2）门户

①门框是否坚固,是否安装稳妥;

②后门以及类似场所的玻璃门是否已用铁丝网或铁条加固;

③一旦玻璃门或轻型窗架被敲破后,是否依然无法摸到门锁;

④门上铰链的设计与定位是否可以防止链芯被人拔除或敲坏;

⑤门插销的设计和安装是否稳妥,是否可以防止坏人用"撬门棍"或其他工具轻易取下;

⑥门锁的设计和门框的固定是否可以防止门框被人拆毁,然后破门而入;

⑦门上装的锁是否保持良好的使用状态;

⑧门钥匙是否保管在可靠的员工手里,他们离店时是否交回钥匙;

⑨门锁搭扣上的螺丝是否无法拆除。

（3）窗子

①一切易于攀越的窗户是否装有格栅、铁条或其他限制出入的设施;

②不用的窗户是否已永久封闭;

③不用铁条加固的窗子是否已上锁;

④低层楼或其他区域不用的窗户是否可用玻璃障碍物或其他不易遭破坏的

物质所代替;

⑤窗户及锁的设计、位置是否合理,能否保证做到即使打碎玻璃仍然无法破窗而入。

(4)其他

①对不必要的易于被投掷物所击破的天窗是否已采取保护措施或干脆将其封死;

②易于攀越的天窗是否已用铁条等物加固;

③运送洗衣物和垃圾的通道是否备有铁锁;

④所有通风道和排气口是否已采取保护措施;

⑤下水道和维修通道的进口处是否已采取保护措施;

⑥安全出口和太平梯的设计是否既便于人员撤离,同时又能限制非法出入。

2)监视系统

为保护客人、酒店的财产安全而在外围控制方面所采取的措施中,监视也起了一定的作用。这一作用虽然主要依靠工作人员来发挥,但也可以通过使用各种设备予以加强或补充。电视监视系统是酒店较先进的监视设备。电视监视系统由电视摄像机、电视监视房、电视荧幕操作机台、录像等部分组成。酒店一般在出入口、大堂、收款台、收货、仓库、电梯、商场内某些重要柜台或其他存在潜在安全事故的敏感位置,安置固定的摄像机或电视监视器。它能较全面地掌握情况,如酒店的客流量,人员进出情况,可疑人、可疑事的情况,紧急情况等。都能通过电视荧幕显现出来。但这一系统只有在酒店有较严格的监视制度和对观察到的情况有能力做出反应时才是有效的监视系统。由于这一系统的机械性、被动性,故在关键部门、部位还必须派保安人员加强巡逻。

3)通信系统

为了对安全情况迅速做出反应,需要有一个能快速通知负责安全工作员工的通信系统。酒店管理部门应根据酒店的规模和结构布局选择适当的系统和设备。通信系统应能与酒店所有工作区域取得联系。酒店治安通信系统主要有治安专用电话、对讲机。

4)报警系统

现代酒店使用了各种报警系统,对预防偷盗、火灾等有着重要作用。当地消防法规对使用何种消防报警系统均有具体要求。有关饭店消防报警系统将在下节详述。此外,饭店还使用其他报警系统,如局部报警器、接触报警器和远程报警器等。无声报警器全是用硬线接到中央控制站的,可以在收款处、仓库或其他

区域使用。警报可以从这些区域无声地传到总机室、安全部办公室,引起店内安全人员的警惕。远程报警系统往往依赖某种信号波传送,如微波、无线电波和光电波。较精密的报警系统(如微波系统、无线电频率场、光电渡、地震报警器、红外线波等)也在一些酒店得到应用。

5)客房保安设施

使用以下安全设备可使客房的安全得以保证,这些设备是:酒店的功能锁、安全链以及类似装置;在滑窗、阳台、毗连客房门所装的二道门控制装置;经营性窗口所装的控制装置;客房门上所装的"窥视孔"以及向客人详细介绍安全情况的标贴或通知。

(1)锁

客房门锁是保护客人的一个重要的关键设备,酒店应选择坚固度强的门锁。坚固、安全的门锁和对锁的控制制度是饭店重要的安全措施。客房功能锁基本上分为五种:把手上带锁道的锁、标准型榫眼锁、调正程序带锁筒的榫眼锁、锁心可以调换的榫眼锁及电子锁。

电子锁是目前较先进的门锁系统,也是国家旅游局倡导在全国推广使用的门锁系统。电子锁安全可靠,客房的失窃率较低。使用电子锁时,客房门上装有与电子卡片读数相一致的榫眼锁,前厅有电脑终端,该终端可以制作卡片或钥匙,选择字码制作新的卡片或钥匙以便于新来者使用,并能拒绝持有以前使用过的字码组合者进入房间。

(2)窥视孔

考虑到客人在开房门前就知道来访者是谁的需要,门上应安装窥视孔。广视镜头的窥视孔能扩大视野,看到房门附近的走廊。坐轮椅的残疾人使用的特殊客房,窥视孔应安装在门的下端,以方便宾客使用。

(3)智能门禁系统

随着科学技术的进步以及现代社会发展的需要,传统以锁匙代表进出权限的时代正逐步消失。一种集信息管理、计算机控制、IC卡技术于一体的全新智能门禁管理产品已经走进了我们的生活。如非接触式 Misfire 卡智能门禁管理系统等。智能门禁系统一般有以下功能:

①读卡记录。当要进门时,需持卡到读卡区读卡,读写器接到 IC 卡读卡信息后,首先判断该卡是否合法,合法则指示灯亮,并向锁扣发出开门信息,门锁打开。同时将卡号、日期、时间等信息记录下来,供查询或直接传输到计算机进行处理。

②分类设置。系统根据管理的需要,可自由设置出入的区域,以限制人员出

入的范围;自由设置出入时间,以限制人员出入时间;自由设置门状态报警,以加强安防;也可以设置为按时、按次扣费。

③中心管理。管理中心可按部门建立员工资料库,定期或定时采集每个门的进出资料,同时按部门进行汇总、查询、分类及打印等,主机的各种参数均可在管理中心设置。

④异常报警。当门打开时间过长、非法闯入、门锁被破坏等情况出现时,系统会及时发出异常报警,信息传输到管理中心。

⑤信息传输。管理中心随时向各门查询有关资料,而各门也可定时向管理中心发送存储信息。

⑥打印报表。可自行选择条件范围,打印分类报表、统计表,可单份打印也可连续打印。报表的数据及格式、范围一经选定,系统便自动生成,并可根据要求,随时打印。

全智能门禁系统不仅具有对人员进出授权、记录、查询、统计和防盗、报警等多种功能,还可用作人事管理、按时扣费等。既方便内部人员或住户按权限自由出入,又杜绝外来人员随意进出,提高安全防范能力。智能门禁管理系统,不仅仅是简单的门锁工具,而且还是一种快捷方便、安全可靠、一劳永逸的多功能、高水平、高档次的管理系统。

在酒店实现门锁与消费的一卡通管理后,解决了客人到店后只用一张卡,既可以作为房间钥匙,又可以在酒店任何消费点消费的问题。在最大限度上方便了客人,同时又有助于酒店实现现代化管理的目标,树立酒店更加良好的企业形象,增强本酒店在同行业中的影响力和竞争力。能达到提高客房安全性、节省操作流程时间、加强对客人消费情况的安全保密、提高客人的消费积极性、加强酒店对客人消费情况的管理,通过发放内部消费卡等提高酒店声誉、刺激客人消费等作用。

(4)客房通信

酒店管理部门应考虑每间客房都有电话或其他通信装置。客人可以利用房内电话或其他通信装置向酒店报告紧急情况或可疑活动,酒店也可用通信装置通知客人发生了紧急情况(如火警)。

(5)房内安全须知

酒店要根据本店情况,提供房内安全须知,如一些酒店把安全和消防须知制作成录像带在酒店闭路电视上播出。此外,许多地方要求提供楼层平面图或注明客房与安全通道位置的须知卡。这种须知卡也列出发生火警时所应采取的行动步骤。

除消防须知外,应考虑在客房门上贴上安全须知,指导客人如何锁上房门,然后再上保险;告诫客人在未辨清来人身份之前不要开房门;介绍客房内特别的安全装置;指出前厅是否提供保险箱以及酒店管理部门认为有必要列入的其他情况。

5.2.2　各部门的安全责任

酒店有保护客人及其财产免遭种种危险的职责。为了达到这一目的,安全工作应成为每个员工和每个部门的责任。当然,每个部门涉及的安全事项、具体的保安责任是不同的。以下分别论述酒店各部门主要的安全工作。

1)人事部

人事部在雇用员工之前就应作安全方面的考虑。由于酒店要为其员工的所作所为负责,所以,除技能要求外,应注意聘用品行端正、身体健康的人。严格审查应聘人员,确认其身份证等证件的真实性,并留存复印件及相片。人事部对于雇用的可能会接触客人财产的员工,如客房服务员或接触酒店财产的员工,如仓库保管员、收款员、出纳员等,应特别注意其品行状况,并独立或配合保安部做好员工安全培训工作。

2)工程部

工程部在确保酒店的安全方面起着非常重要的作用。根据安全工作的职能,酒店内的安全装置和安全系统应由工程部维修,它应该把有关安全设施、安全装置或系统的修理、维护或更换工作放在第一位。工程部人员要对危及酒店客人或员工安全的各种紧急情况及时做出反应。此外,工程部的许多日常工作,如客房设备的维修,定期检查酒店的电梯、制冷设备、供热系统等都与保护客人的安全有关。

3)房务部

前厅人员是安全人员的重要助手。门卫、行李员、停车场服务员和总台服务员随时能观察到达或离开酒店的任何人。前厅人员应向安全人员报告进入酒店的人员中的可疑行动或情况。

(1)前厅接待人员可以在诸多方面起到保护客人和酒店安全的作用

①如果酒店没有采用电子锁,前厅通常负责保管和发放客房钥匙,他们在钥匙控制方面起着关键性作用。

②前厅住宿登记时,对客人实行住宿验证登记制度,对外国人实行临时户籍

登记和护照、签证检查制度。

③前厅部所属的总机房,一般也设有报警系统。

④门卫可以监视有无可疑人员进入大厅。

⑤行李员负责住店客人行李的安全。行李员在将客人及行李送至房间后,要告诉客人如何使用照明、收音机和电视机,并检查通风设施,同时向旅客示范客房门、套房隔门、滑动玻璃门和窗户上所有进入控制装置的用法。还要把有关安全的信息告诉客人,如保险箱、紧急情况时使用的电话号码等,告知客人房间内张贴的有关客人安全和酒店有限责任的告示等。

(2)客房部对安全也负有特别责任,因为它的员工直接接触客房和客人的财产,直接负责客人在住店期间的财产安全和人身安全。客房部的安全责任主要有以下方面:

①客房部员工应负责公共区域、楼面的安全工作。在发现公共区域、楼面有可疑人员,或发现客房内有异常情况、听到房间内有呼救或异常响声、发现住客、来访者擅自进入未经许可的地方或其行迹反常可疑时,要立即报告安全人员,或自己采取某些措施。

②客房部员工如发现有生病的客人,应提供某些帮助或建议,如提供冰袋、药品、食物等。

③检查客房、楼道等处有无火灾隐患,消防设施是否完好。

④客房部也应检查客房内、客房部所属区域有无妨碍客人安全的隐患,如卫生间地面是否能够防滑,楼梯、走廊是否有足够照明,所有设备是否完好无损、运转正常;一旦发现失效的控制装置如锁、固定螺栓、窗门插销等,应立即报告修理或更换。

⑤在酒店的钥匙控制制度中,客房部人员是重要的组成部分。楼层服务员一般掌握本楼层所有客房的钥匙,服务员应妥善保管和控制楼层万能钥匙的使用。客房服务员切不可把钥匙放在客房部清洁车上或其他容易失窃的地方。此外,客房服务员在清扫客房时,应把清洁车横放在客房门口。总之,客房服务员要有高度的安全意识和责任心。

4)餐饮部

餐饮部应确保客人的饮食安全。餐饮部的安全管理主要集中在食物的安全、卫生以及设备、设施的安全。

食品的安全卫生直接关系到客人的身体健康。不干净的食品将直接危害客人的安全,甚至食物中毒死亡。餐饮部应保证食品的安全卫生,防止食品污染。为此,餐饮部应首先确保食品原材料及食品生产全过程的安全卫生,严格把好食品原材料关,储存时要防止原材料生虫、霉变和腐败。制作生产过程必须符合食品卫生要求。其次,要确保餐饮环境卫生。从饮食卫生的角度,餐饮企业的环境通常由所有食品加工、储藏、销售场所、洗涤间、职工更衣室和卫生间、垃圾房等组成。餐饮部应确保这些地方的环境卫生保持良好状态,以免藏污纳垢,滋生蚊蝇、老鼠等害物。再次,餐饮部应确保设备、餐具卫生。设备、餐具卫生是将设备、餐具上的细菌杀灭至饮食安全的程度。目前我国大多数酒店和宾馆采用了餐具煮沸消毒、蒸汽消毒、漂白粉溶液消毒、新洁尔灭溶液消毒等方法。餐饮部应制订本部门设备卫生计划和各种餐具洗涤操作规程。最后,职工个人卫生也关系到食物的安全卫生,餐饮部应制订个人卫生计划,检查员工健康和个人卫生状况,要求员工按照正常的程序进行操作。

餐饮部除确保食物饮料的安全卫生外,也应确保餐饮设施的安全。餐饮部所使用的各类设施,如餐具、服务用具、家具等应十分安全,尤其是各类金属餐具、瓷器应便于客人使用。餐饮部管理人员应定期检查餐具、家具等有无破损,是否会损害客人安全。此外,厨房因使用大量明火,应特别注意防火。餐饮部应对厨师和其他员工进行消防安全教育,建立有关的消防安全责任制度,培训员工如何使用消防设施和掌握紧急事故的处理办法等。

5)康乐部

设有游泳池的酒店应该认识到游泳池会带来潜在的安全事故和法律责任。游泳池要建立有关的安全措施,如自备救生员,遵循有关游泳池建造和维护的合理程序,游泳须知应简明扼要,救生用品应置放在易于发现、便于取用的地方,准确标明池水深度等。

许多酒店设有健身房,为保证客人安全,酒店使用告示牌或请客人签署一份"使用健身设备的客人一切责任自负"的声明。健身房内的须知牌应说明以下几点;客人使用健身器械前应征求医生意见,遵照医嘱,客人不得运动过度。健身器械使用不当会导致人体损伤,因此使用设备要谨慎,专械专用。健身房若无人监护时,客人不得擅自使用。健身房如有年龄限制的规定,也应予张贴。

酒店对健身房内器械的维修和保养负有责任。服务员应经常检查器械,确保器械处于正常工作状态,可供随时安全使用。酒店在健身房内要安放电话机和张贴用于求救的电话号码。

提供桑拿浴和漩涡喷水浴服务的酒店应将使用说明贴在一旁,如患有心脏病、高血压、低血压、糖尿病的客人,孕妇以及在治疗过程中的病人,使用漩涡喷水浴应事先征得医生的同意。体力上容易疲倦的客人不应该用桑拿浴,在服务时应告知客人桑拿浴和漩涡喷水浴的合适温度,每次连续使用时不能超过的时

间限度等。

【相关链接 5-2】

食物中毒怎么办?

凡是健康人,吃了"有毒食物"而引起的以急性中毒症状为主的一类疾病,医学上称之为食物中毒。

(1)常见食物中毒的分类:细菌性食物中毒;化学性食物中毒;动植物性食物中毒;真菌性食物中毒。

(2)食物中毒的特点:来势凶猛,时间集中;与食物有关症状相似;无传染性;季节性明显。

(3)发生食物中毒后的紧急救护:

①呼救。立即向急救中心 120 呼救,送中毒者到医院进行洗胃、导泻、灌肠。

②催吐。用人工刺激法,用手指或钝物刺激中毒者咽弓及咽后壁,引起呕吐,同时注意,避免呕吐误吸而发生窒息。

③妥善处理可疑食物。对可疑有毒的食物,禁止再食用,收集呕吐物、排泄物及血尿送到医院做毒物分析。

④防止脱水。轻症中毒者应多饮盐开水、茶水或姜糖水、稀米汤等。重症中毒者要禁食 8~12 小时,可静脉输液,待病情好转后,再进些米汤、稀粥、面条等易消化食物。

⑤向上级报告。除做好以上工作外还应及时向所在地食品卫生监督机构报告。

食物中毒重在预防,预防措施如下:

①对食品生产人员要加强卫生宣传教育;

②生熟食物要分开存放;

③生吃瓜果、蔬菜要洗净、消毒;严禁食用病死畜禽;各种食物都不应放置过久;

④肉类食物要煮熟,防止外熟内生;剩余的食物在吃前应加热或高压处理;

⑤对不熟悉、不认识的动物不随意采捕食用;

⑥海蜇等水产品宜用饱和食盐水常浸泡保存,食用前应冲洗干净。

5.3　酒店火灾的防范及意外事件的处理

5.3.1　安全事故的预防

酒店安全事故的预防工作显得尤为重要。预防工作做好了，可以减少很多事故，减少很多处理事故所带来的麻烦和损失，从而降低营业成本，这对企业是十分必要的。

1)增强安全意识,加强安全管理

(1)加强对管理人员和服务人员的安全培训,强调以预防为主的安全管理原则

全体酒店工作人员都应该强调以预防为主的安全管理原则和安全服务意识。用什么手段来提高安全服务意识呢? 首先是培训。通过培训,使服务员认识到安全服务的重要性,认识到安全服务给企业、给顾客、给服务员带来的益处,提高服务员贯彻以预防为主的安全管理原则的自觉性;通过培训,使服务员认识并熟悉安全管理制度,提高处理安全事故的能力。培训的内容应涉及设备安全、人员安全、消防安全、治安安全等方面。

(2)加强对顾客的疏导服务

安全管理涉及的重点场所和重点部位,特别是酒店对社会开放的公共康乐场所,由于顾客流量较大,有时会出现拥挤现象,容易发生安全事故,如挤伤、踩伤等。另外,人多拥挤也给小偷作案提供了方便。这时,管理和服务人员就应该特别注意加强疏导服务,维持好现场的秩序,以防止发生伤害或失窃事故。

(3)各部门加强与保安部,与公安、消防安全部门的合作

保安部是酒店专门负责安全保卫的职能部门。保安部全面负责安全保卫工作,包括营业场所的治安管理、企业的财产安全管理和消防安全管理。保安部的工作与康乐部的工作有密切联系,康乐部为顾客提供服务的过程中需要保安部的协作与配合,在预防和处理安全事故或消防事故时应接受保安部的指导与帮助,以便共同为顾客提供安全的服务。

公安部门和消防安全部门是政府的执法部门,是制定治安管理制度和消防安全管理制度的权威机关,在检查治安保卫工作和消防安全工作及处理相关事故的工作中具有权威性,拥有执法权。康乐部在经营工作中经常与公安部门和

消防部门发生联系,接受监督、检查、指导,这对维持正常营业秩序、搞好经营工作具有非常重要的意义。特别是酒店的游泳场馆和歌厅、舞厅等,更要搞好与公安机关的合作。

2)建立完善的安全制度和安全管理体系

康乐部的管理人员应该特别重视安全管理,把安全工作放到重要的议事日程中,注意培养人员安全意识,建立和完善各项安全制度,包括安全管理制度、全天候值班制度、定期安全检查制度、安全操作规程和安全事故登记和上报制度。

安全管理的最主要目的是保证顾客的生命及财产安全和员工的安全。在某些存在有危险性的康乐活动开始前,特别是一些大型游乐项目,应该对顾客进行安全知识讲解和安全事项说明,并具体指导顾客正确使用设备设施,确保顾客能够掌握正确动作要领。某些康乐项目对顾客的健康条件有要求或不适合某种疾病患者参与,例如桑拿浴、游泳池、按摩、过山车、蹦极等项目,应该在该项活动的入口处以"警示"方式予以公布。在康乐活动进行过程中,应密切注意顾客的安全状态,适当提醒顾客注意安全事项,及时纠正顾客不符合安全要求的行为。酒店还应保护员工的安全:应该加强员工的安全操作技术培训,未取得专业技术上岗证的,不得从事操作带电的设备;开展经常性的安全培训和安全教育活动;建立安全检查工作档案,每次检查都要填写检查记录表单,检查的原始记录由责任人签字后存档。

酒店应该具备完善的安全设施:各康乐场所、公共区域均应设置安全通道,并时刻保持其畅通无阻;在酒店各游乐区域(封闭式的除外),均应按 GB8408—2008 的规定设置安全栅栏;严格按照消防规定设置防火设备,配备专人管理;安装报警设施,并按 GB13495—1992 设置警报器和火警电话标志;露天水上康乐场所应设置避雷装置;配备处理意外事故的应急救护设施设备。

安全管理工作还必须做到组织落实,要建立完善的安全管理体系,包括安全操作保证体系,安全维护保证体系。

3)建立酒店消防管理制度

(1)消防工作的组织领导与管理责任

①设立饭店消防委员会负责饭店的消防工作,各部门应把预防火灾作为整个经营管理工作的一个重要组成部分,使消防工作经常化、制度化。

②饭店必须确定一位主要行政领导人为消防负责人,全面负责消防工作。

③饭店在安全部内设置消防机构和建立各级消防组织,配备必要的消防专职干部和从事消防设施管理与维护的工程技术人员;成立义务消防队,并经常训

练,定期考核。

④制定各级消防组织及其负责人的职责。

(2)火灾的预防

①饭店动用明火时,必须严格执行动用明火的制度,采取严格的防范措施。

②餐厅、茶座、舞厅、酒吧、商场、游乐场所、展览厅及会议厅、影视会场等公共部位,必须规定容纳人数的最高限额,场内不准超员。

③饭店内禁止储存易燃、易爆、化学危险物品,洗涤部、餐饮部厨房等部门使用少量的易燃、易爆、化学危险物品,应建立严格的保管(必须有专人保管)、使用制度。

④员工、住客不得将易燃、易爆、剧毒、有放射性、腐蚀性等物品带入饭店内;遵守吸烟、用火、用电的管理规定,严禁焚烧可燃物品、燃放烟花爆竹,防止引起火灾。

⑤饭店员工应掌握消防报警、灭火器材装备的使用方法,熟悉安全疏散路线。

⑥工程部要定期对电气设备、开关、线路、照明灯具等进行检查,凡不符合安全要求的,要及时维修或更换。

⑦饭店内煤气(液化气)管道系统的仪表、阀门和"法兰"接头等,必须符合安全要求,并定期检查维修。

⑧饭店内的走廊、楼梯、出口等部位,要保持畅通,严禁堆放物品;疏散标志和指示灯要保证完整好用;各类报警设备必须灵敏畅通。

⑨饭店消防控制室(值班室)应设专人昼夜值班,随时观察、记录仪器设备的工作情况,及时处理火警信号。

(3)消防设备与器材的管理

①饭店应在客用区、公共场所、楼层服务台、电梯前室、走廊、各类机房、厨房、车库、仓库等部位,配置相应的灭火器材。

②饭店的自动报警和灭火系统,正压送风、排烟设备、防火门和消火栓、避雷装置等要定期进行检查测试;凡失灵损坏的,要及时维修更新,确保完好。

③消防水泵、消防给水管道、消防水箱和消火栓等设施,不得任意改装或挪作他用。

④消防水箱、消防给水系统,需停水维修时,必须经饭店消防部门报请上级主管部门批准。

⑤高层及超高饭店,宜配置供客人自救用的安全绳、软梯、救生袋等避难救生器具。

⑥管理人员要认真管理饭店消防设备、设施和器材装备,并建立档案。

（4）奖惩

饭店应定期对认真贯彻执行消防法规和各项消防安全规章制度,在预防火灾中工作积极、成绩显著,在灭火战斗中表现突出的部门或个人给予表彰和奖励。对违反消防法规和制度、对防火工作放任自流、玩忽职守以致引起火灾,使饭店、宾客遭受不应有的损失的领导及个人,应分情节轻重,予以行政违纪处分和经济处罚;情节严重的或触犯刑律的,交公安、司法机关依法查处。

5.3.2　酒店火灾的起因及防范

引起燃烧或导致火灾的要素有三个:燃料、氧气、引起燃烧的热量。预防火灾的关键是防止出现过热现象而引起燃烧。火灾通常可分为四类:

A类火灾:由普通的可燃物如木头、纸和纺织品引起的火灾。这类火灾用水或含水液体制冷扑灭效果最佳,并应同时浇湿燃烧物,以防止余烬重燃。通用固体化学品灭火器也可用于此类火灾的扑灭。

B类火灾:由易燃的液体或气体如汽油、石油、黄油、油漆、氢和乙炔引起的火灾。这类火灾可以通过切断氧气供应加以扑灭。二氧化碳灭火器、固体化学品灭火器和泡沫灭火器可有效地对付这类火灾。

C类火灾:由电气设备引起的火灾。这类火灾须用不导电的扑灭剂来对付,因此二氧化碳灭火器或固体化学品灭火器可用于扑灭这类火灾。

综上所述,扑灭火灾一般有三种方法:一是用水制冷灭火,二是断氧灭火,三是用二氧化碳气体灭火。

酒店常见的火警、火灾原因:

（1）吸烟不慎

①因乱扔烟头、火柴梗而引起地毯、沙发、衣服等可燃物起火。

②因躺在沙发上、床上或酒醉后吸烟而引起火灾。

③将未熄灭的烟头随意倒入垃圾箱,引起垃圾道起火。

④在禁止吸烟的地方违章吸烟。

（2）电气火灾

①使用电炉、电熨斗等电热设备后,没有切断电源,烤着可燃物。

②各类照明灯具设置不当,烤着了可燃物。

③电气设备安装不良或长期超载运行,使绝缘损坏,短路起火。

④因带电维修电气设备、线路而产生的电火花,引着了可燃物。

⑤因客房内家电设备使用时间过长,或设备电气线路发生故障,以致引起元件发热起火。

（3）生产过程中,因操作不慎等原因引起的火灾

①酒店厨房内发生的可燃气体燃烧爆炸,主要是使用煤气或液化石油气时,因设备破损、管道铺设不当、忘记关闭阀门等而造成可燃气体泄漏,遇明火或高温而发生燃烧爆炸。

②因油锅加温过高或开油锅时厨师离开炉灶时间过长而发生燃烧。

③因厨房内油渣等处置不妥,聚热后发生自燃。

④因各种烤箱使用不当或恒温开关失灵而发生燃烧。

⑤烟道所结油垢被炉火引燃。

（4）因其他违章动用明火作业和各种人为原因而造成的火灾事故等

5.3.3　酒店消防系统的管理

1）消防自动报警系统

消防自动报警系统由消防控制中心、火灾区域报警箱、烟感报警器、温感报警器等组成。

（1）消防控制总台

消防控制总台设在消防控制中心室内,是集火灾探测系统、确认判断系统、火灾报警系统、故障检索系统、通风疏散系统、防排烟系统、灭火设施控制系统、广播通信系统为一体的有效的防火监护。消防控制总台应指派专人昼夜值班,并落实专人维修保养。

（2）火灾探测系统

火灾探测系统由烟感探测器、温感探测器等组成。

①烟感探测器,是火灾前期的报警装置。烟感器的种类有离子烟感器、光电烟感器、激光烟感器、管道抽吸式烟感器等,主要装置在酒店的客房、走廊、大厅、各类机房、仓库等处。

②温感探测器,是用热敏感的元件来探测火灾,并进行报警的装置。温感器是受热至某一特定温度,或环境温度升速率超过某一特定值时感应报警装置。主要装在锅炉房、厨房等处。

（3）区域火灾自动报警箱

区域火灾自动报警箱主要由光报警单元、时钟音响控制单元及电源部分组成,是对酒店某一区域进行有效防火监护的消防中间报警装置。

2）消防广播通信系统

（1）消防广播

消防广播是酒店在发布试验警令、组织消防演练和发生火警、火灾时通知人员疏散时所用的广播通信设备。设有消防控制中心的酒店，则由消防控制中心利用广播设施发出通知。

目前，越来越多的酒店开始采用智能公共广播系统，如 TOA 智能公共广播系统，这种广播系统具有自动选择优先功能，能够获得输入的多样化，并将它们分配到特定的选择组的输出功能。在紧急情况下，这种智能公共广播系统提供优良的广播灵活性，允许启动响应来自火警系统信号的自动广播或手动操作。TOA 一体化紧急公共广播系统可连接多达 330 分区的扬声器线路，借助软件驱动功能如扬声器分组和优先级设置，可容易将系统设置的特殊功能自检功能保持系统持续的安全运行状态。这种常规检查，是针对必须设备，如紧急控制面板功效、电池、确认系统能及时响应紧急情况，若某一设备失效，可以立即报告，一个数字预录警报信息提供警报信号，接着每段播音警报和着火楼房信息；在警报错误启动情况下，可启动一个开关忽略警报前送出播音，通知没有紧急情况，避免恐慌，使人易于区分真的和错误的警报触发。在警报期间，数字记录语音命令和用于操作指南的 LCD 面板自动启动。这样可以不必要求熟练的操作技术，除了在一个控制单元的手动操作外，可以选择两个自动播音模式，用于响应火警信号的紧急广播，自动播音可扩展至 60 层建筑。

（2）消防专用电话

消防专用电话是酒店发生火警、火灾事故时，由发现者在报告火情和火灾扑救过程中与指挥人员联络的专用通信工具。一般分为两种，一种是酒店内部的，在各楼层服务台、公共场所、走廊等处通往消防值班室或消防中心的报警专用电话；另一种是消防值班室或消防中心向公安消防队报警的专用电话。

3）消防给水系统

消防给水系统由消防水源、消防水泵、水管网、消火栓、喷淋头等组成，是迅速有效扑灭火灾的重要设施。

①消防给水的水源，必须充足可靠，保持一定的水压和水量，以保证消防用水的需要。

②消防水泵是保证管网给水的机械设备，消防水泵房应由专人负责维护保养，保证昼夜值班。消防水泵的电源等，应装置两套。一用一备，以确保发生火灾后消防用水的需要。

③消火栓是灭火供水设备之一,有室内消火栓和室外消火栓两种。室内消火栓通常设置在消防箱内,并配有水枪和水带。室外消火栓分为地上和地下两种。地上消火栓适宜于气温较高的地区,地下消火栓则适宜于北方寒冷地区。它们主要是供消防车或消防泵取水扑救火灾。

④喷淋器是在起火部位(区域)达到一定温度时,能自动喷水灭火或控制火势,并能同时报警的关键性设备,在室内消防给水系统中,它能直接参与灭火。

4)防烟、排烟与正压送风系统

防烟、排烟设备,在高层酒店建筑防火中占有很重要的地位。特别对防止烟火蔓延、保障人员安全疏散、火场施救及减少伤亡等,有着特别重要的作用。防烟、排烟的设施,主要有风机、风道、排烟阀、防火卷帘、排烟口、送风口、防烟垂壁及控制系统等。

防烟、排烟与正压送风系统,应经常保持良好的运行状态,并建立定期的维修、检查、试运转的管理制度。

5)防火门系统

防火门是用于建筑物内部隔绝空间区域的设施,具有防火、隔热等特点。适用于高层建筑的防火分区、楼梯间、电梯间、仓库、机房、配电间和客房等。防火卷帘门,由钢质板条、导轨、卷轴、自动、手动、电动启闭系统组成,状如卷帘,具有结构紧凑、不占使用面积、密封性好等优点。火灾发生时,只要将卷帘门关闭,即起防火分区的作用。

6)安全疏散系统

合理布置安全疏散、避难的设施,并在使用时正确地加以管理,是保障酒店一旦发生火灾后使人员得以安全疏散的基本条件。

酒店的疏散、避难设施,主要包括安全出口、疏散通道、安全通道示意图、方向指示标记、高层酒店的消防电梯和避难层、避难间等。

5.3.4　酒店意外事件、紧急事故的处理

酒店可能面临客人突然病危、溺水、受伤、食物中毒甚至死亡等种种问题,安全部人员应协同其他部门恰当处理这些不幸事故。酒店应制订紧急情况或意外事故处理计划。紧急情况或意外事故计划是酒店安全工作的一个重要组成部分,包括以下内容:

1）酒店首先需要考虑可能遇到的意外事件、紧急事故

酒店可能遇到的意外事件、紧急事故有：火灾、炸弹威胁、爆炸、台风、洪水、地震、停电、冰雹、雷暴、绑架、人质扣押、紧急医疗事故、伏击、骚乱、滑坡、食物中毒、停电、暴动、恐怖行动、电梯紧急事故、森林火灾及危险品外泄等，酒店需分析发生各种紧急情况的潜在可能性，并针对不同情况，采取不同的防范措施。

2）酒店需了解一旦发生紧急情况，向当地哪些机构寻求援助

酒店一旦发生紧急情况，应向消防大队、警方、红十字会等机构寻求援助。

3）发生紧急事故时所需要的人员、技术

在发生紧急情况时，应考虑到酒店是否有医生，经过验证的急救员、救生员、人工呼吸救助者或其他技能者。

4）设备、供应及通信需要

①紧急照明（包括电筒、带保护罩的蜡烛）、备用发电机或备用燃料供应，解决洪灾的排水泵，紧急通信联络设备等；

②食物及饮用水储备；

③停电时使用的工具、煤气、蓄电池或手工操作的工具，或由于火灾、风灾或地震造成的房屋倒塌时所需的切割、剥离或搬动断墙残壁的工具。

5）对员工进行紧急情况处理的培训、演习，使员工掌握必要的知识和处理办法

（1）一般安全事故的应急处理办法

①擦伤或切割伤的应急处理。擦伤，一般伤口较浅，出血不多，因而可用卫生棉稍加挤压，以挤出少许被污染的血液，如果伤口很脏，则可用清水冲洗后再用酒精消毒，然后再用创可贴或纱布包扎。

切割伤，多为锋利物所伤，其伤口比擦伤要深。如果伤口较浅，可参照擦伤的应急处理进行，如果伤口较深或很深，流出的血是鲜红色的且流得很急，甚至往外涌，则可判断为动脉出血，这时首先应设法止血。可采用压迫上血点的方法，即压住伤口近心部位的动脉，再经简单创面处理后迅速将伤者送医院治疗。如果手指或脚趾被全部切断，应马上用止血带扎紧伤口，或用手指压住受伤的部位止血，将断指用无菌纱布包好，把伤者连同断指立即送医院手术治疗。注意在夏天最好将断指放入冰桶护送，禁止用水或任何药液浸泡，也不要做其他处理，以免破坏再植条件。

②扭伤和拉伤的应急处理。扭伤和拉伤多因顾客在参与康乐活动中姿势不正确或用力过猛所致。由于肌肉或韧带已经损伤，会伴有较强的疼痛感。发生

这类事故时,服务员应该马上扶顾客坐下,然后查看扭伤或拉伤的部位,观察伤势。如果伤势不严重,可以喷一些"好得快"之类的局部外用药,并嘱咐顾客注意休息。此时,如果顾客决定中止消费,服务员应协助办理相关手续,如果伤势较重,服务员在对伤者进行简单护理后嘱咐他马上去医院治疗。同时应立刻将事故情况逐级上报,由康乐部经理决定是否派服务员陪同顾客去医院。

③烫伤与烧伤的应急处理。发生这类伤害事故时,首先要局部降温。一般,只有红肿的为轻度烫伤,这时可用冷水冲洗几分钟,再用纱布包好即可;重一些的烫伤,局部已起水泡,疼痛难忍,这时须立即用冷水较长时间冲洗,一般情况下,注意不要碰破水泡,以防止细菌感染。如果烫伤的局部很脏,可用肥皂水清洗,但要特别注意不可揉搓擦洗,以免碰破表皮,不然,不利于以后的治疗,而且也会增加伤者的痛苦。清洗之后,醮干表皮的清水,盖上纱布,用绷带包好,送到医院做进一步治疗。

如果由电击或火灾引起的烧伤,可先用生理盐水冲洗一下,如果伤口被脏物污染,可先按烫伤清洗办法处理,再用生理盐水冲洗,保持伤口及其周围皮肤的清洁,再盖上消毒纱布,用绷带包扎,并尽快送医院治疗。

④骨伤的应急处理。若骨伤有出血现象时,应先止血,然后包扎。包扎出血伤口后再固定,可用木板、杂志、纸板、雨伞等可找到的物品作支撑物,固定伤骨。不要试图自己扭动或复位。固定夹板应扶托整个伤肢。固定时,应在骨突处用棉花或纱布等柔软物品垫好,以减少伤者痛苦,然后用绷带包扎。包扎的绷带要松紧适度,并要露出手指或脚趾,以便观察血液流通情况。包扎后应当立即送医院治疗。

在酒店对客服务中,有可能遇到颈椎创伤,这时候更要认真对待,切不可掉以轻心。应急处理时应将伤者平移至担架或木板上,并迅速送到医院治疗。

(2)紧急事故及其基本处理办法

①火灾事故的应急处理。酒店应制定《火灾险情应急规程》和《人员安全疏散方案》,并定期组织演练。酒店发生火灾时,员工应按《火灾险情应急规程》和《安全疏散方案》行动。主要内容有:

第一,当发现糊味、烟味、不正常热度时,应马上寻找产生上述异常情况的具体部位,同时将发生的情况逐级上报。发现火情后,如有可能,酒店员工则应立即扑救,采取应急措施,然后再报警。以防止火灾的扩大和蔓延,在扑救过程中应注意保护现场,以便事后查找失火原因。当火灾情况紧急时,应立即打碎墙上的报警装置报警,并马上打店内报警电话。报警时要讲清火灾的具体地点、燃烧

物质、火势大小，报警人的姓名、身份和所在部门及部位，同时拿上本区域的轻便灭火器进行自救灭火。要正确使用火警报告的通信、报警设备。

第二，电话总机的话务员以及消防控制中心在接警后应立即采取相应的行动。

第三，发生火灾后，对工程部门的供水、供电、供气（煤气）、电脑、制冷（暖）、通风、电梯、音响、通信等要害部门工作人员的具体要求。

第四，客房、餐饮、人事、财务、行政各部门在接警后的行动。确认火情时应注意：不要草率开门，可先试一下门体，如无温升可开门察看，如温度已高，可确认门内有火情。此时如房间内有顾客，则应设法救人。如果房间内无人，则应做好灭火准备后再扑救。开门时不要把脸正对开门处，以免烧伤。

第五，安全部组织火场施救抢险，维护治安秩序，接应公安消防队，保护火灾现场，协助火场勘查以及对事故原因的调查处理和上报等。

酒店发生火灾时，有组织、有计划、有步骤地疏散人员，对减少伤亡极为重要。火灾发生后，在疏散的步骤上，应首先疏散受烟火直接危害的人员，接着疏散受烟火威胁最大部位的人员，再疏散起火层下一层或下二层的人员，为火场施救腾出必要的活动区域。其次，明确疏散的路线和方向及人流的分配，以免大量人员拥向一个出口，造成挤死、挤伤事故。应确定疏散人员的临时集中地点，一般选择附近的空旷地带。整个疏散方案要考虑周密，对抢救人员、医疗救护、救护车辆、集中点名等，都应有明确的分工。

②地震事故的应急处理。发生地震时的一般做法是建议员工和客人呆在室内，躲到一件坚固的家具下面，如写字台或桌子下。门框也起一定的保护作用。客人应呆在一个不易被倒塌物砸倒、危险最小的地方。如果员工和客人在建筑物外，则建议他们到开阔地带。地震发生后，由安全部、工程部及客房部人员组成搜索组，检查是否有人员受伤。在送到医院之前为他们提供必要的急救。搜索组同时要检查店内有无发生水、煤气或其他化学物泄漏情况。因这些物品的外溢可能会引起诸如火灾或爆炸等危险事故。同时，检查食品及饮用水供应，与有关部门联系，等候援助人员到来。

③停电事故的应急处理。停电关系到客人、员工及酒店和客人的财产。应考虑使用蓄电池紧急照明，大酒店要考虑使用备用发电机。不管有无紧急照明设备，安全人员或其他管理人员应随时使用手电筒照明，保护店内的各种货币和任何可兑换现金的票据。

必要时，安全人员应协助工程部人员、警方及消防部门把客人从停止运转的

电梯中解救出来,管理者应考虑提供电梯内的照明和联络的附属设备。如有可能,在停电时,发电机可给一架电梯供电,使之正常运转。

最重要的是在停电时保证有人巡逻以稳定客人和员工的情绪,把破坏捣乱的行为控制在最低限度。要清醒认识潜在的抢窃行为,制订应付这些情况的紧急行动计划。要特别注意因停电在客房内使用蜡烛可能会酿成火患。如果有足够的安全人员,要增加外围的巡逻人员,特别在进出口处。

④溺水事故的应急处理。溺水事故是水上乐园、室内外游泳场馆易发的事故,严重者往往导致溺水者死亡。一旦发生溺水事故,进行现场急救十分必要。其过程如下:

第一,立即清除口鼻内的污物,检查溺水者口中是否有假牙。如有,则应取出,以免假牙堵塞呼吸道。

第二,垫高溺水者腹部,使其头朝下,并压、拍其背部,使吸入的水从口、鼻流出。这个过程要尽快,不可占用过多时间,以便进行下一步抢救。检查溺水者是否有自主呼吸,如没有,应马上进行人工呼吸,方法是:使溺水者仰卧于硬板上或地面上,一只手托起其下颏,打开气道,另一只手捏住其鼻孔,口对口吹气,每分钟 16 ~ 18 次。

第三,在做人工呼吸的同时,检查溺水者的颈动脉,以判断心跳是否停止。如心跳停止,则应进行人工呼吸的同时进行体外心脏挤压,方法是:双手叠加对溺水者心脏部位进行每分钟 60 ~ 80 次的挤压。

第四,迅速将溺水者送医院急救,在送医院途中不要中断抢救。

⑤治安事故的应急处理。在服务中,对治安事故应采取以下几项措施:

第一,主动巡查,注意疑点。服务员在服务中应经常巡查,仔细观察,发现可疑的人应采取继续观察、主动服务等方式,进一步了解和掌握情况。

第二,出现事故,尽快报案。一旦出现治安事故,服务员应马上向本部门报告,情况严重时,可立即向保安部报案,然后再向本部门汇报。

第三,紧急情况,及时处理。有些事故应立即采取紧急措施,以免事态扩大,造成更大损失,例如制止毁坏公共财物、阻止小偷行窃等。

第四,采取措施,保护现场。遇有重大案件发生,服务员在报案后应注意保护现场,以便于保安部或公安部门侦破案件。在公安部门侦破案件过程中,服务员应实事求是地主动反映情况,提供线索。

【相关链接 5-3】

防火怎样巧用毛巾

毛巾是日常生活的必需品,不仅具有洗脸、擦手去污之功用,还能在紧急时刻用于灭火自救,有效保护自己。

使用煤气或液化石油气时,如能常备一条湿毛巾放在身边,万一煤气或液化气管道漏气失火,可以利用湿毛巾往上面一盖,立即关闭阀门,就可以避免一场火灾。

若酒店楼层失火,人被围困在房间内,浓烟弥漫时,毛巾可以暂时作为"防毒面具"使用。试验证明,毛巾折叠层数越多,除烟效果越好。在紧急情况下,折叠8层的毛巾就能使烟雾消除率达60%。

湿毛巾在消烟以及消除烟中的刺激性物质的效果方面比干毛巾好。但其通气阻力比干毛巾大。对于质地不密实的毛巾要尽量增多折叠层后捂住口鼻,避免有毒烟气侵害。

高层建筑着火时,还可以向窗外挂出毛巾,作为求救信号,引起救援人员的注意,及早获救。

被困电梯后怎么办

当遇到电梯出事时,千万不要惊慌。假如电梯从高层快速滑下,要赶快把每一层楼的按键都按下。

如果电梯里有手把,一只手紧握手把。整个背部跟头部紧贴电梯内墙,呈一直线,膝盖呈弯曲姿势。等情况稳定后设法和外界联系。

电梯发生故障时,不必担心电梯冲顶或坠落。一般的电梯,轿厢上面都有多条安全绳,其安全系数很高,很难掉下电梯槽。

被困后不要扒电梯门或爬紧急出口,被困电梯时,有些人会用棍子奋力扒电梯门,这种做法不可取。电梯一般都有电脑纠错功能,出现故障后便自动开始工作,万一在你扒开门往外爬到一半时,电梯纠错成功突然启动,就可能发生不测。

本章小结

酒店安全工作重于泰山。酒店安全体现在酒店、宾客和员工三方面。酒店必须将保安设施按国家要求配置完备,建立健全安全措施,并使全店员工具备高度的安全意识和处理安全问题的能力,才能在日常安全管理、火灾防范、各种意外事件和紧急事故中,将不安全因素减少到最低。

思考练习

　　1. 酒店的安全管理有哪几层含义,有何意义?

　　2. 酒店的日常保安工作是如何开展的? 如何做好重要宾客的保卫工作?

　　3. 酒店的全智能门禁系统有何功能?

　　4. 人事部、餐饮部如何负起在酒店安全工作中的责任?

　　5. 酒店常见的火警、火灾原因有哪些? 治安事故应如何处理?

教学实践

　　有条件的学校,可组织学生参观当地有代表性的酒店的安保设施,组织学生听取有关酒店的安全讲座,并组织学生将参观酒店、听讲座后的印象和感受通过课堂发言、讨论等形式加以总结,使学生在初学酒店管理阶段,就能对酒店安全管理及细节有直观的印象和亲身的体会,进而引起他们对酒店安全管理知识的兴趣及重视。

【案例分析1】

　　深圳某四星级宾馆,客房服务员小张晚间巡视客房时,发现1416房间的香港客人王先生带着一位小姐回房间,当时已是晚上11:30,超过访客探视时间。小张礼貌地告诉王先生:"客人来访已超过探视时间,请让小姐明日再来。如今晚确有事相商,可另开一个房间。"王先生塞给服务员小张200港币,让小张照顾一下,小张接过钱后退出房间。第二天,王先生送走小姐,向客房部投诉服务员小张,饭店核实后,将小张开除。

　　[案例思考]

　　小张为什么被开除? 我们从该案例中得到什么教训?

　　[案例点评]

　　本案例中服务员明知留宿非住店客人是违反饭店规定与治安条例的,但因贪图贿赂,不加制止且不上报,给了客人可乘之机。客人违反饭店规定,反过来还理直气壮地投诉服务员,服务员只能是自食苦果,被店方开除。这个教训是应该很好地吸取的。正确的做法是,服务员应拒收美金,并请值班经理或有关部门与客人交涉。

【案例分析2】

一天傍晚,北京某酒店服务总台的电话铃响了。服务员小姚马上接听,对方自称是住店的一位美籍华人的朋友,要求查询这位美籍华人。小姚迅速查阅了住房登记的有关资料,向他报了几个姓名,对方确认其中一位就是他要找的人,小姚不假思索,就把这位美籍华人所住房间的号码818告诉了他。过了一会儿,酒店总服务台又接到一个电话,打电话者自称是818房的"美籍华人,说他有一位谢姓的侄子要来看他,此时他正在谈一笔生意,不能马上回来,请服务员把他房间的钥匙交给其侄子,让他在房间等候。"接电话的小姚满口答应。

又过了一会儿,一位西装笔挺的男青年来到服务台前,自称小谢,要取钥匙。小姚见了,以为就是刚才电话中说到的客人,就把818房钥匙交给了那男青年。

晚上,当那位真正的美籍华人回房时,发现自己的一只高级密码箱不见了,其中放有一份护照,几千美元和若干首饰。

小姚接听的三个电话,其实就是由一个犯罪分子分别扮演"美籍华人的朋友"、"美籍华人"和"美籍华人的侄子"三个角色打来的电话,演出了一出诈骗酒店钥匙进行盗窃的丑剧。

几天后,当这位神秘的男青年又出现在另一家酒店,用同样的手法搞诈骗活动时,被具有高度警惕性、严格按酒店规章制度、服务规程办事的总台服务员和大堂保安员识破,并当场抓获。

[案例思考]

1.本案例中骗子为什么能够得逞?

2.此案例给了我们哪些启迪? 对我们今后的工作有何帮助?

[案例点评]

冒名顶替是坏人在酒店犯罪作案的惯用伎俩。总台服务员只要提高警惕,严格按规章制度办事,罪犯的骗局是安全可以防范的。

首先,按酒店通常规定,为了保障入住客人的安全,其住处对外严格保密,即便是了解其姓名等情况的朋友、熟人,要打听其住房号,总台服务员也应谢绝。

其次,"美籍华人"电话中要总台让其"侄子"领了钥匙进房等候,这个要求也是完全不能接受的。因为按酒店规定,任何人只有凭住宿证方能领取钥匙入房。仅凭一个来路不明的电话"委托",不能证明来者身份的合法性。

此案例的教训告诉我们:服务工作要"内紧外松",酒店无小事,细节决定成败。处处留心是学问,安全意识要常有。

CANKAO WENXIAN
参考文献

[1] 张浩. 现代酒店(酒店)主管领班工作标准[M]. 北京:蓝天出版社,2004:36.

[2] 王起静. 现代酒店成本控制[M]. 广州:广东旅游出版社,2004:282.

[3] 蔡维溪. 星级酒店客房服务 ISO/9000 质量国际标准化管理[M]. 北京:中国旅游出版社,2004:81-82.

[4] 杰克·E. 米勒. 酒店督导[M]. 宿荣江,译. 大连:大连理工大学出版社,2002:59-63.

[5] 邓兰珍. 客房服务[M]. 北京:中国劳动社会保障出版社,2001:129-136.

[6] 张庆菊. 康乐服务与管理[M]. 北京:高等教育出版社,2002.

[7] 万光铃. 康乐经营与管理[M]. 沈阳:辽宁科学技术出版社,1996.

[8] 谢玉峰. 旅游饭店前厅客房服务与管理[M]. 郑州:郑州大学出版社,2004.

[9] 刘建华. 康乐服务[M]. 2 版. 北京:中国劳动社会保障出版社,2007.

[10] 刘哲. 康乐服务[M]. 北京:旅游教育出版社,2001.

[11] 吴克祥. 饭店康乐经营管理[M]. 北京:中国旅游出版社,2004.

[12] 曹希波. 新编现代酒店(饭店)管理实务大全[M]. 北京:企业管理出版社,2006.

[13] 梁颖,黄浏英,敖峰. 旅游饭店物资管理[M]. 杭州:浙江摄影出版社,1998.

[14] 袁富山. 饭店设备管理[M]. 天津:南开大学出版社,2001.

[15] 赵平建. 酒店设备管理[M]. 北京:中国商业出版社,1993.

[16] 黎洁,肖忠东. 饭店管理概论[M]. 2 版. 天津:南开大学出版社,2003.

[17] 马勇. 饭店管理概论[M]. 北京:清华大学出版社,2006.

[18] 李丽. 杨国堂. 饭店管理概论[M]. 北京:科学出版社,2007.

[19] GB/T 14308—2003 旅游饭店星级的划分与评定[S]. 2003.03.05 发布.

[20] 陆净岚. 饭店设备管理[M]. 北京:旅游教育出版社,2005.

[21] 蒋丁新. 旅游饭店管理概论[M]. 北京:高等教育出版社,2002.

［22］F. D. 波斯尼克.饭店业设备维修与工程［M］.北京:旅游教育出版社,1991.

［23］David M. Stipanuk.饭店设施的管理与设计［M］.杭州:浙江摄影出版社,1991.

［24］蒋一枫,张楠,韩万国.酒店管理180例［M］.上海:东方出版中心,1997.

［25］梁玉社,白毅.饭店管理概论［M］.北京:旅游教育出版社,2006.

［26］刘代泉.饭店客房管理［M］.重庆:重庆大学出版社,2003.